公共關係學
Public Relations

劉俊麟◎校閱　　熊源偉◎主編

序　言

　　我們從一九八五年開始創辦中國大陸第一個公共關係專業至今已有十七年的歷史，而這個過程一直是與臺灣公共關係學界的朋友一起共同度過的。

　　八○年代中期的中國大陸，當市場經濟和資訊革命帶來包括公共關係學在內的大量西方舶來品時，我們借助了許多臺灣同胞的學術成就，深圳大學也是因為鄰近香港、與港臺交流便利而在公共關係教學方面捷足先登的。因此，臺灣公共關係學界前輩們的著作是我們耳熟能詳的，臺灣公共關係學界先進們的大名也是我們如雷灌耳的。

　　九○年代中期，我們曾兩次訪問臺北，走訪了台大、政大、世新等大學，與臺灣同仁進行過多次面對面的交流，也在西雅圖、多倫多、墨爾本、新加坡、香港、北京、深圳、廈門、廣州、福州等地的公共關係研討會上與臺灣學界先進進行過探討與切磋，深圳大學也邀請過多位臺灣的公共關係學教授來作學術報告，這對於提升大陸的公共關係學研究是十分有益的。

　　進入二十一世紀以後，隨著互聯網的普及、全球一體化的進程加快，兩岸公共關係界的互動已進入全新時代，理論上相互溝通、實務上相互合作、教學上相互交流、成就上相互分享，可謂是其樂融融。本書臺灣版的出版和修訂當然也是交流的產物、分享的手段。

　　我們算是中國大陸的第一代公共關係學研究者，並且在繼續為之努力。回首二十多年來公共關係的發展，曲折而輝煌。中國大陸一九八一年出現公共關係部（在深圳的中港合資酒店），一九

八五年得到官方認可（《經濟日報》發表社論，深圳大學獲准招該專業學生），一九八六年中國公共關係協會成立。至今已出版的公共關係學著作有近五百種之多，公共關係專業媒體兩種，公共關係協會遍佈全國的各省市自治區，幾千家公共關係公司，幾萬名從業人員，構成輝煌的景象。

說實在的，當我們得知臺灣的出版界要出版本書的臺灣版時，我們忐忑不安，我們是學生，是學習了包括臺灣學界先進的成就而發展起來的，怕有班門弄斧之嫌。同時，我們也格外高興，因爲有機會比較完整地把大陸公共關係研究的成果展示給臺灣同道，也算是學習國內國外同行的既有成果以後，總結大陸二十多年公共關係實踐以後所交的一份作業，至於成績如何，我們將樂於接受批評和評分。

感謝臺灣出版界和學術界對本書及我們的抬愛，也感謝大陸出版本書的安徽人民出版社的朋友們。

熊源偉、余明陽

2002 年 6 月 24 日，深圳大學

目　錄

第一章
公共關係的基本問題

公共關係學作為一門獨立完整的學科，有其特定的概念、要素和特徵，這些問題不但使這門學科有其存在和研究的必要，而且決定了該學科的總體性架構。這裏，我們首先來討論公共關係學的最基本的理論問題。

第一節　公共關係的涵義

公共關係的定義，是公共關係學研究中首先面臨的問題，也是公共關係理論中的核心內容之一，更是學術界爭論不休的課題。我們將透過對既有理論觀點的綜合考察，確定核心概念，然後再來勾勒出公共關係的具體涵義。

一、對歷史上各種公共關係定義的綜合考察

歷史上關於公共關係涵義的表述非常之多，在某種意義上可以說，有多少公共關係學家便可以產生多少種公共關係的定義。在眾多的公共關係涵義表述中，有一些表述是很有代表性的。在這裏，我們先來研究一下以往對公共關係學的發展產生過重要影響的公共關係定義，並對這些表述進行分析。

我們把歷史上各種公共關係定義分為如下五種類型：

(一)管理職能論

持這種觀點的研究者認為，公共關係是一種管理職能。

國際公共關係協會曾給公共關係作過如下定義：公共關係是一種管理功能。它具有連續性和計劃性。透過公共關係，政府的和私人的組織、機構，試圖贏得和他們有關的人們的理解、同情

和支援——借助對輿論的評估，以盡可能地協助它們自己的政策和做法，依靠有計劃的、廣泛的資訊傳播，贏得更有效的合作，以便充分實現它們的共同利益。

這個定義非常鮮明地強調了公共關係的管理職能，其活動形式是「有計劃的、廣泛的資訊傳播」，結果是「更能充分實現它們的共同利益」。

美國人萊克斯・哈羅（Rex Harlow）博士對公共關係所下的定義更爲細緻。他認爲：公共關係是一種特殊的管理職能。它幫助一個組織建立並保持與公眾之間的交流、理解、認可與合作；它參與處理各種問題與事件；它幫助管理部門瞭解民意，並對之作出反應；它確定並強調企業爲公眾利益服務的責任；它作爲社會趨勢的監視者，幫助企業保持與社會變動同步；它使用有效的傳播技能與研究方法作爲基本工具。

(二)傳播溝通論

持這種觀點的研究者大都是從公共關係的運作特點上來考慮，認爲公共關係是社會組織與公眾的一種傳播溝通方式。

英國人法蘭克・傑夫金斯（Frank Jefkins）認爲：公共關係是由爲達到與相互理解有關的特定目標而進行的各種有計劃的溝通聯絡所組成的，這種溝通聯絡處於組織與公眾之間，既是向內的，也是向外的。

無疑，傑夫金斯特別強調公共關係是由「各種有計劃的溝通聯絡所組成的」，強調了公共關係在運作方式和手段上依賴溝通聯絡的特點。

美國人約翰・馬斯頓（John Marston）講得更爲坦率：公共關係就是運用有說服力的傳播去影響重要的公眾視聽。

一九八一年出版的《不列顛百科全書》將公共關係定義爲：

旨在傳遞有關個人、公司、政府機構或其他組織的資訊,並改善公眾對於其態度的種種政策或行動。

這一類定義強調的是公共關係的手段,認為公共關係不能離開傳播溝通。在中國大陸也有大量研究者持這種觀點,以至於與上述管理職能論構成勢均力敵的管理學派和傳播學派兩大體系。

(三)社會關係論

持這類觀點的研究者避開了管理職能論傾向於公共關係的目標、傳播溝通論偏重於公共關係手段的爭論,認為公共關係是社會關係的一種,必須從此入手來把握公共關係的實質。

美國普林斯頓大學的希爾滋(H. L. Chils)認為:公共關係是我們所從事的各種活動、所發生的各種關係的通稱,這些活動與關係都是公眾性的,並且都有其社會意義之存在。

希爾滋的定義比較抽象化,更多地是從公共關係的本質屬性上去思考問題的。

英國公共關係學會對公共關係所作定義為:公共關係的實施是一種積極的、有計劃的以及持久的努力,以建立及維護一個機構與其公眾之間的相互瞭解。

這一類定義往往比較籠統而抽象,理論色彩濃厚。

(四)現象描述論

持這一類觀點的研究者往往傾向於公共關係實務。與社會關係論偏重學理、抽象正好相反,現象描述論則傾向於直觀形象和淺顯明瞭。他們通常抓住公共關係的某一功能或某種現象進行描述,所以有非常具體實在的呈現。

美國公共關係協會徵詢了兩千多名公共關係專家的意見,從中選出的四種公共關係定義,都帶有很濃的現象描述色彩。

(1)公共關係是企業管理機構經過自我檢討與改進後,將其態度公諸社會,藉以獲得顧客、員工及社會的好感和瞭解的經常不斷的工作。

(2)首先,公共關係是一個人或一個組織為獲取大眾之信任與好感,藉以迎合大眾之興趣而調整其政策與服務方針的一種經常不斷的工作。其次,公共關係是對此種已調整的政策與服務方針加以說明,以獲取大眾瞭解與歡迎的一種工作。

(3)公共關係是一種技術,此種技術在於激發大眾對於任何一個人或一個組織的瞭解並產生信任。

(4)公共關係是工商管理機構用以測驗大眾態度、檢查企業本身的政策與服務方針是否得到大眾的瞭解與歡迎的一種職能。

以上四種公共關係定義非常具體生動,還有一些定義就更為直接了:

(1)公共關係是百分之九十靠自己做得對,百分之十靠宣傳。

(2)公共關係即透過良好的人際關係來輔助事業成功。

(3)公共關係就是善意的表達。

(4)公共關係是信與愛的運動。

(5)公共關係不是一台打字機可以買到,也不像一張訂貨單可以延期。它是一種生活方式——時時刻刻表露在各種態度與行動中,對於工作人員、顧客以及整個社會都有影響。

(6)公共關係就是爭取對你有用的朋友。

(7)公共關係使公司得到的,就是那些稱為禮貌與德性的個人修養。

(8)公共關係是說服和左右社會大眾的技術。

(9)公共關係是創造風氣的技術。

(10)廣告是要大家買我,公共關係是要大家愛我。

(11)公共關係就是討公眾喜歡。

　　這一類定義對於宣傳公共關係是很有用的。它們簡潔明瞭,生動具體,便於記憶。不過,它們只是揭示了公共關係的部分涵義,從總體上講不夠全面、準確。

(五)表徵綜合論

　　持這一類觀點的研究者採用將公共關係的各種表徵綜合起來的辦法來解決問題。

　　一九七八年八月,在墨西哥城召開的世界公共關係協會大會上,代表們對公共關係的涵義形成了共識:公共關係是一門藝術和社會科學。公共關係的實施是分析趨勢,預測後果,向機構領導人提供意見,履行一連串有計畫的行動,以服務於本機構和公眾利益為依歸。

　　這個定義目前在國際上有一定的代表性和權威性。

　　美國《公共關係季刊》將公共關係的表徵綜合為十四要點:

(1)公共關係是一個完整的職能,目的在於增進公司利益和達到其他整體目標。

(2)公共關係並不制定政策,但是可以幫助管理當局展現公司政策。

(3)對於受公司措施影響的人們,公共關係人員注意他們的印象與可能的反應,雖然重大的措施表面上與公共關係無關,但也應在公布前先向公共關係部門諮詢。

(4)行動比空言有力,所有信譽都建立在行動而非語言文字之上,但如果要讓他人知悉並瞭解公司的行動,就得借助於

語言文字。

(5)公共關係雖然是管理部門的職責，但也必須配備適當的預算及人員，至於所擔負的任務必須限於公共關係範圍以內的工作。

(6)公共關係人人有責，公共關係部門的最終目標，是使人人瞭解傳播對於良好管理是必要且不可分割的。

(7)公司的形象是相對的，依某種公眾對於公司的具體要求和興趣而定，例如股東、金融界、政府、教育家及輿論界，就各有各的看法。

(8)人們經常根據不完全的證據形成對公司的印象，例如公司的名稱、與某一位員工通信或偶然的會晤，雖然這些都是小事，但應盡力去注意為公司爭取良好的印象。

(9)因為公司是在輿論所形成的環境下營運發展的，因此對於任何人士所具有的訪問權利均應尊重。

(10)人們通常對於瞭解最少的事物感到厭惡、恐懼或猜疑，如果不提出理由並加以解釋，人們就會自行想像，因此透露、傳播資料及資訊不要吝惜。

(11)不可歪曲和誇大事實，公共關係的主旨在於陳述事實，以便他人對於公司能公平地評估，同時引起公眾興趣，進而對公眾產生影響。

(12)少做做得好，比多做做不好要強。

(13)在觀念的領域中，要引起特別的注意，其間競爭非常激烈，公共關係的一項基本任務就是要引起別人對於公司的好感和興趣。

(14)公共關係藝術成分多於科學成分，這種藝術一定要以社會科學的嶄新知識為基礎，對於公眾物件的組成及態度要作科學的評估，對於公司本身要有透徹的認識。

歷史上關於公共關係的定義十分繁多，上述五類有著相當強的代表性和影響力。

對於諸多關於公共關係涵義的表述，我們認為可以作出如下評價。

首先，公共關係定義的多樣性源於公共關係涵義的多元性，我們不必立即強求有一個統一定義。公共關係學的研究物件相對來說是比較確定的，只要我們從總體上把握住公共關係的實質，形成共識，就能對學科理論作深入研究。

其次，歷史上形成的各種定義各具特色，各有優缺點。不少有代表性的定義，對推動公共關係的理論研究和實務活動產生了積極影響。也有一些定義具有相當大的片面性，導致了觀念的偏差和行動的失誤，均有待釐清。

最後，公共關係的定義尚需進一步改善。隨著公共關係實踐和理論的發展，有必要也有可能進一步對公共關係作出更為科學的定義。為此，我們可以從核心概念入手，作為思考的起點和共識的基礎。

二、公共關係理論的核心概念

核心概念是學科的理論基石，並作為一條主線貫穿於整個學科的各個方面。

我們認為，組織形象是公共關係理論的核心概念。

組織是人們依照一定的規範和目的所進行的社會組合。組織包括三個因素：第一，組織是社會成員的組合，即組織是群體的一種，須有一定數量的人員；第二，組織是依照一定規範組合起來的，即組織不是隨機或雜亂無章的組合，而是以一定的規範為基礎的；第三，組織具有一定的目的，是為實現或達到某一目標

所進行的組合。

形象是公眾對於社會組織的總體評價，是主客觀因素的統一。展開來說，第一，形象是一種總體評價，這種總體評價當然是各種具體評價的總和。具體評價構成局部形象，總體評價組合成總體形象。第二，形象確定者是公眾，公眾是形象的評定者。第三，形象源於社會組織的表現，即公眾對於社會組織的印象不是憑空產生的，而是基於社會組織的表現。

所謂組織形象就是公眾對於社會組織的總體評價，是社會組織的表現與特徵在公眾心目中的直接性反映。

(一)組織形象的構成

組織形象的構成主要有以下三個方面：

1.組織的總體特徵與風格

組織的總體特徵指組織的最為顯著且能代表整體情況的一些特點，是公眾對組織及其行為的概括性認識。組織的總體特徵與其他形象要素相比，具有如下特點：組織總體特徵的形成，需要較長的時間；比較抽象、概括，能比較全面地反映組織的情況；資訊適用面比較廣泛，一般不強調針對具體的某類公眾；它具有更大的穩定性，對公眾的影響力也更持久一些；具有相對獨立性，即一旦形成以後，可以相對地脫離其他形象要素而存在，並產生作用。

組織的總體特徵可以分為兩大類：一類是內在總體特徵和風格，另一類是外在總體特徵和風格。

組織的內在總體特徵和風格，是構成組織形象的「軟體」，包括：

(1)組織精神和風格：比如積極進取精神，實事求是、精誠合

作的精神，以廠爲家的精神，或是日本一些企業的團結合作精神等等。

(2)組織的凝聚力：組織內部具有共同的價值觀，員工有著較強的歸屬感等等。

(3)組織的實力：資金的實力、技術的實力、人才的實力、企業的等級等。

(4)辦事的效率：組織機構及工作人員辦事認眞、講求效率。

其次談到服務對象的選擇和風格的選擇。根據公衆的層次和組織本身的情況來看，選擇、確定合適的服務對象和風格，例如松下電器公司追求充任「家電之王」，三洋公司奉行「薄利多銷」的方針。

接下來談到組織的外在總體特徵和風格，是組織形象的「硬體」部分，它包括組織建築的佈局，房屋的裝飾，技術設備的狀況，衛生及環境保護、美化的狀況，員工的儀表、著裝、態度，辦公用品及設施中獨特的色彩與標誌，工廠的廠旗、廠徽、廠歌，特有的產品包裝裝潢等等。外在特徵可以使人一目瞭然，在大腦中產生鮮明的形象。

內在的特徵與風格和外在的特徵與風格是相對的範疇。內在特徵、風格是外在特徵、風格的支柱和根據，它決定了外在特徵、風格的取向，但它比較含蓄。外在的特徵和風格是內在特徵和風格的直接表現，很主觀，易造成第一印象，使公衆迅速瞭解組織的特色。因此，塑造組織形象時，兩者均不可偏廢。

2.知名度與信譽度

評價組織形象最基本的指標有兩個：知名度和信譽度。

知名度是一個組織被公衆知曉、瞭解的程度。這是評價組織「名氣」大小的客觀尺度。

信譽度是一個組織獲得公眾信任、讚許的程度。這是評價組織社會影響好壞程度的指標。

知名度和信譽度分別從量和質兩個方面評價組織形象。一個組織的知名度高，其信譽度不一定高；知名度低，其信譽度不一定低。因此，一個組織若想樹立良好的組織形象，就必須同時把提高知名度和信譽度作爲工作的目標。

3.組織形象定位

組織形象定位是組織在公眾心目中確定自身形象特定位置。這個特定位置通常是特定組織與同類組織相比較而確定的。因此，組織形象定位總是根據組織的自身特點、同類組織的情況和目標公眾的情況三個要素來實行的。

(二)組織形象的特性

1.組織形象的主客觀雙重性

組織形象作爲組織在公眾心目中的印象，必然會受到公眾自身價值觀、思維方式、道德標準、審美取向以及性格差異等主觀因素的影響。因此，一個組織在不同的公眾心目中會產生有差別的形象。

但是，以公眾對組織的總體評價看，還是具有客觀性的。公眾心中的組織形象不是從天上掉下來的，也不是他們頭腦中固有的，它是組織自身行爲及形象在他們心靈上的投影。根據統計學上的「大數定律」，評價的人多了，主觀偏見自然就會減少。因而可以獲得比較客觀、比較眞實的評價。

2.組織形象的多元性

由於組織自身構成具有多元性，它必然會向社會發出各種各

樣的資訊。從形象構成的要素分析看，比如從時間、空間上，人
員素質、設施配備上，內在精神和外在風格上，都能反映出一個
組織的形象。任何一個方面出現失誤，都會使組織形象受損。

3.組織形象的相對性

由於組織形象具有主客觀雙重性和多元性，所以組織形象就
不能不具有相對性。

首先，一個組織整體形象如何，它的實力的強與弱，知名
度、信譽度的高與低，以及自身的特色、設備的先進程度等等，
都是與一定的參考物相比較而顯現的。

其次，因為組織形象的美與醜、好與壞受主客觀兩方面因素
的影響，任何一個因素的變化都會對組織形象產生作用。因而，
組織形象只能是相對的，不可能一成不變。

4.組織形象的相對穩定性

雖然由於諸多原因使組織形象不能不處在一個動態變化過程
之中，不能不具有一定的相對性，但是，一個組織的形象一旦形
成，就會具有一定的穩定性。形象的變化不會是不可捉摸、瞬間
即逝的。像中國的「老字號」大企業和小商店，幾十年乃至幾百
年前塑造起來的形象至今還令人難以忘懷。不論是作為「硬體」
的外在形象、建築風格、特殊標誌，還是作為「軟體」的組織精
神、傳統風格，往往會伴隨著一個組織歷經生命的整個過程，並
會在一定的時空條件下，在一定的公眾之中形成一些概念化的東
西，造成一種心理定勢。我們必須十分珍惜這種無形的財富。

對組織形象的分析、瞭解，使我們有理由來進一步確認它在
公共關係理論和實務中的地位。

(三)組織形象是公共關係學的理論核心

組織形象問題是公共關係理論的核心問題，組織形象概念是整個公共關係理論概念群中的核心概念。這一認識是基於它在公共關係歷史、理論和實務中的地位而得來的。

1.從歷史的角度來考察

縱觀公共關係發展的歷史，我們不難發現，這是一部以塑造組織形象為主導的發展史。

◎組織形象的塑造由自發走向自覺

有不少學者認為，古代有許多爭取民心的活動就是公共關係實務。當然，更多的研究者對此持否定意見，而認為美國人艾維‧李（Ivy Lee）才是「公共關係之父」。故以一九○三年為界，將公共關係發展的歷史分成「準公共關係時期」（或「前公共關係時期」）和「公共關係時期」，或稱之為「古代公共關係時期」和「現代公共關係時期」。

古代的準公共關係活動從形式上看與現代公共關係運作確實非常相似，但是，從根本上講，這些活動是建立在公眾主體性意識的缺乏上，即公眾的自主意識比較模糊，而公共關係活動者則保有更多收買、操縱人心的色彩地帶。換句話說，主體對自身組織形象的塑造比較盲目，故帶有很強的自發性。因此組織形象意識到了現代才顯得越來越清晰。

◎組織形象的塑造由被動走向主動

現代公共關係的早期代表人物艾維‧李提出「公眾必須被告知。」對於公眾的重視以及關注公眾對組織形象的評價，無疑是出於無奈的，這是歷史發展到一定階段後社會所提出的客觀要求。即使到了愛德華‧伯內斯時期提出「投公眾所好」的口號，

比艾維‧李顯得自覺，但還是出於迫不得已，其利己的功利色彩十分明顯。到後來，卡特利普和森特提出「雙向對稱公共關係模式」，才開始真正主動地考慮組織在公眾心目中的形象，組織形象的塑造從此由被動走向主動。

◎組織形象的塑造由單一走向全面

　　早期公共關係活動手段非常單一，或是直接的人際溝通，或是透過新聞媒介作簡單解釋、宣傳。第二次世界大戰以後，公共關係運作技巧上有了相當大的提高，從方法論上來說完全得益於塑造組織形象的手段不斷改進，現代化的傳播技術被廣泛地應用。從中我們不難發現，塑造組織形象手段發展的軌跡決定了公共關係運作發展的方向。

2.從概念所涵蓋的角度來考察

　　能夠將公共關係的理論做到全方位涵蓋的層次，目前只有組織形象這一概念。為了說明這一點，我們將對關係、傳播、公眾等一些公共關係的基本概念做進一步分析。

◎關係

　　公共關係是關係的一種，但並不能因此說公共關係就是「搞關係」、「拉關係」。關係這一概念的內涵非常複雜，因此，如果將關係作為公共關係理論的核心概念的話，一方面顯得極為空泛，另一方面也無法真正反映公共關係活動的本質特徵，從而給公共關係理論和實踐造成一定的混淆。

◎傳播

　　傳播是公共關係活動的手段。在公共關係運作中，傳播發揮著不可替代的重要作用。但是，傳播畢竟只是公共關係運作所必須借助的手段而已。如果將公共關係學對於傳播的研究和傳播學對於傳播的研究相互比較的話，就會發現公共關係學對於傳播的

研究帶有強烈的目的性和選擇性，更加關注傳播對於組織形象塑造的功用等。傳播無疑是傳播學的核心概念而非公共關係學的核心概念。

◎公眾

公眾無疑是公共關係理論中的重要概念。公眾是構成公共關係的要素之一。但如果將公眾作為公共關係理論核心概念的話，整個理論立足點將偏向於公共關係的客體方面，這顯然重視了「標」而忽視了「本」，與公共關係理論本意並不相符。

所以，從概念所涵蓋的角度來觀察，選用組織形象作為公共關係理論的核心概念是比較妥適的。

3.從職能的角度來考察

公共關係有許多社會職能，比如蒐集資訊、決策諮詢、協調關係、解決危機等等。在這些職能中，塑造組織形象的職能是最為重要的。

公共關係活動可以為社會組織塑造良好的形象。一個社會組織有了良好的形象，可以贏得公眾的理解和合作，從而促進組織的發展。

透過以上三個方面的分析，我們認為，組織形象理應也必然成為公共關係理論的基石。這一核心概念的確立，不但可以使公共關係涵義的界定有了基礎，而且還可以將公共關係活動、公共關係學與其他社會活動和相關學科區分開來，並以此作為一條主線，建構公共關係學的學科理論體系。

三、公共關係的涵義分析

確定了公共關係理論的核心概念和公共關係實務的核心問題之後，我們便可以對公共關係的涵義作具體分析了。

(一)公共關係涵義的多種範圍

「公共關係」一詞源於英文public relations，簡稱PR，也可以譯作「公眾關係」。在英文原意中，有多種範圍，其中最常見的有公共關係狀態、公共關係活動和公共關係學科三種意思。

1.公共關係狀態

公共關係狀態是社會組織的現實形象狀態，即社會組織在公眾心目中形象的總和。比如：在公眾心目中的知名度是否高，信譽度如何，相互間的關係是否親密，是相互合作還是彼此對抗等等。

公共關係狀態是無形的，卻是客觀的，不以社會組織的主觀設想爲轉移。

一般來說，我們從良好或不良、自覺或自然兩種角度剖析組織的公共關係狀態。

◎良好的公共關係狀態和不良的公共關係狀態

良好的公共關係狀態指社會組織擁有良好的組織形象，處於被公眾支援和信賴的狀態。這是社會組織存在和發展的環境基礎，是無形的財富。

相反，不良的公共關係狀態指社會組織形象欠佳，不被社會公眾支援和信賴。這種公共關係狀態不但使社會組織無法取得「人和」之便利，而且還使社會組織處於潛在危機之中，一旦產生

某種契機，便會對社會組織造成危害。

◎自覺的公共關係狀態和自然的關係狀態

　　自覺的公共關係狀態指社會組織透過開展有意識的公共關係活動之後所擁有的組織形象。

　　自然的公共關係狀態則是社會組織在無為的情況下自然而然地獲得的組織形象。

2.公共關係活動

　　公共關係活動是社會組織為了塑造自身的良好組織形象而從事的各種實際運作。其中主要包括協調、溝通和傳播等活動。通常情況下，我們從以下三方面對公共關係活動進行具體分析和掌握。

◎自覺的公共關係活動和自發的公共關係活動

　　自覺的公共關係活動是有直接明確的目的，在一定的公共關係理論指導之下，經過周密計劃和科學組織所進行的公共關係活動。

　　自發的公共關係活動則是目的比較模糊，缺乏明確指導的公共關係理論，沒有科學組織和系統計劃的公共關係行為。

◎兼職的公共關係活動和專門的公共關係活動

　　兼職的公共關係活動並非由公共關係部門和公共關係從業人員所從事的，只是在組織日常事務中，兼顧了公共關係活動。

　　專門的公共關係活動是由專門的公共關係機構和公共關係專業人員所策劃和從事的公共關係活動。

◎單一的公共關係活動和系列的公共關係活動

　　單一的公共關係活動指目標單一、運作方式獨立、規模較小的公共關係活動，一般由組織內部的公共關係部門來完成。

　　系列的公共關係活動指一組系統的公共關係活動，它們互相

配合，往往由幾個部門甚至幾家公共關係公司介入組織中實施互動。

3.公共關係學科

作為一門應用性很強的學科，公共關係學有著完整的研究對象、任務和方法。

◎公共關係學的研究對象

公共關係學籠統地說是研究公共關係理論與運作過程的學科。主要包括如下內容：

(1)一般理論研究：公共關係學研究公共關係的概念、公共關係的功能、機構、人員、公眾、手段等。這些是公共關係學科賴以建立的理論基石。

(2)相關理論研究：即研究公共關係學在學科群中的地位以及學科間的相互滲透問題。

(3)發展歷史研究：研究公共關係理論與運作的發生、發展和逐步完善的過程。

(4)實際運作研究：即研究公共關係的具體運作。

(5)分類研究：即研究不同社會組織或同一社會組織面對不同公眾展開公共關係活動的特定方式與方法。

◎公共關係學的任務

公共關係學的研究，是為了弄清理論、指導實踐、培養人才、服務社會。

◎公共關係學的研究方法

公共關係學的研究，從方法論角度講，主要有經驗的方法、實驗的方法和測驗的方法三種。透過這些方法來總結概括理論，探討公共關係活動內在規律。

(二)公共關係涵義的表述

公共關係是社會組織為了塑造組織形象，透過傳播、溝通手段來影響公衆的科學與藝術。

具體來說，這一表述包含下列三個方面的意思：

(1)公共關係活動的根本目的就是塑造組織形象：組織形象是公共關係理論的核心概念，是貫穿公共關係理論與運作的一條主線。

(2)社會組織透過傳播、溝通手段影響公衆：公共關係的主體是社會組織，客體是公衆，手段是傳播與溝通。換而言之，社會組織、傳播溝通、公衆是構成公共關係的三大要素。

(3)公共關係既是一門科學又是一種藝術：從理論上講，公共關係是一門科學；從運作上講，公共關係又是一種藝術。它是科學與藝術的合一體。

第二節　公共關係的要素

學科的要素是依據特定的分類方式來框定學科內涵的基本構成要素，從而更為清楚地認識學科的內在結構。

研究和認定公共關係理論內在結構的構成因素，必須以要素分析作起點才具有根本的意義。公共關係是關係的一種，認識公共關係就必須從「關係」這一公共關係要素的分析起點出發，從而把握住公共關係的內在結構。

一、「關係」是公共關係要素分析的起點

(一)關係的性質

「關係」從詞義上分析，是指事物之間相互作用、相互影響的狀態，也表示人和人或人和事物之間的某種性質的聯繫。但在現實生活中，人們在運用「關係」一詞時，遠遠超出這裏對「關係」一詞的簡單理解。簡單地說，「關係」一詞是用得最多、最廣、最亂的辭彙中的一個，似乎一切有靈性的辭彙都可以與「關係」一詞構成新的專用術語。如果缺乏對「關係」一詞的科學分析，就不可能對它有準確的理解。

從關係的性質而言，關係是對人而言，離開了人的存在和介入，它就沒有任何意義可言。正如馬克思所指出的：「動物不對什麼東西發生『關係』，而且根本沒有『關係』；對於動物說來，它對他物的關係不是作爲關係存在的。」（《馬克思恩格斯選集》第1卷，第35頁）動物雖與外界環境發生聯繫，但動物只是憑藉其本能去適應環境，它與自然只是一種聯繫，而不產生一種「關係」。人則不同，他在與外界發生聯繫時，並不是被動地去適應環境，服從自然的「權力」。人一方面要遵循自然規律，依賴於外在生存環境；另一方面，人也將發揮自己的主觀活動性和創造性。人們改造自然、改造現存環境，使其更能適應人的生存需要。人與環境是相互作用的關係。這就是人與動物在與自然發生聯繫時的區別所在。離開人的存在和介入，所談論的關係是空泛的說辭。

人不僅與自然發生關係，也與社會、與他人發生關係。馬克思在談到人的多種關係時說：「人們在生產中不僅僅與自然界發

生關係。他們如果不以一定方式結合起來共同活動和互相交換其活動，便不能進行生產。爲了進行生產，人們便發生一定的聯繫和關係；只有在這些社會聯繫和社會關係的範圍內，才會有他們對自然界的關係，才會有生產。」(《馬克思恩格斯選集》第1卷，第362頁) 馬克思在這裏一方面指出了人不僅與自然界發生關係，而且還要與社會、與人發生關係；另外，他還從人類的生產關係論述到人類的社會關係，把社會生產關係作爲決定其他一切社會關係的基本的、原始的關係。這兩點都是十分重要的。

由於社會生產關係決定著其他各種社會關係，當社會生產關係由簡單變爲複雜時，其他社會關係也變得更爲豐富和複雜，人們的相互依賴性也變得更爲明顯。隨著現代社會大型工業生產的出現和各種社會因素的變化，社會組織日益複雜化，人與外界的關係也變得更爲複雜和多樣。即便如此，關係的性質並沒有改變，關係對人、對社會的影響力並沒有削弱，相反，關係的性質表現得更爲充分，關係對人、對社會的影響力則更加強化了。

(二)公共關係是特定的社會關係

儘管學術界對於公共關係在社會關係中的地位和角度並沒有形成統一的共識，但所有公共關係研究者都承認公共關係是關係中的一種，並由此認爲關係的性質決定了公共關係的性質，對公共關係的本質掌握，取決於對關係性質的掌握，研究公共關係首先要從關係分析入手，這樣關係分析便成了公共關係理論研究的起點。

二、「關係」的評價及其標準

既然關係分析是公共關係理論研究的起點，那麼，我們應該

首先對關係有一個準確的評價。

(一)對關係的錯誤認識

現實生活中，對關係的錯誤認識主要有如下三種：

1.關係庸俗論

許多從事公共關係活動的人都被誤認為「拉關係、走後門」專家，人們對之非常蔑視。原因是不少人認為關係是庸俗的，「搞關係」是不光彩的。其實，任何人都在關係之中出生，在關係之中成長，在關係之中取得成功，處於關係的包裹之中。用庸俗和不庸俗來劃分關係似乎缺乏科學性。

2.關係萬能論

與上述觀點正好相反，一切以關係為上，不講原則，不講規範，有關係便有一切，認為關係是萬能的。殊不知沒有原則、沒有基礎的關係是靠不住的。

3.關係模糊論

持這類觀點的人認為關係問題太複雜，誰都說不清。關係本來就模糊，不必去把它搞清楚。這種觀點當然也不足取。

(二)對關係的確認

對關係的確認，應當承認關係的三個特性。

1.關係的客觀性

關係是不以人的意志為轉移的客觀存在。當然，關係的客觀性與自然的客觀性有所區別。關係的存在，必須以人類的存在為先決條件。因此，關係的客觀屬性表現具有雙重性：一方面，它以人的存在為先決條件，有了人，有了社會，才會產生關係；另

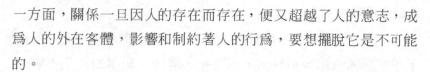

一方面，關係一旦因人的存在而存在，便又超越了人的意志，成為人的外在客體，影響和制約著人的行為，要想擺脫它是不可能的。

我們承認關係的客觀性，並不意味著人在各種關係面前無能為力。恰恰相反，瞭解關係的客觀屬性，是為了充分發揮人的主觀活動性和創造性，以便正視關係，並正確地運用關係，如此才能從自覺上來改善關係。

2.關係的效能性

任何關係都會有其效能。不承認這一點，是難以闡述關係存在價值的。

3.關係的時代性

關係的時代性指不同的時代，有不同的關係特徵和形式。古代社會由於生產力的水準低下，社會互動尚處於簡單原始狀態，關係自然比較簡單。而現代社會的關係已複雜到必須建立許多學科來作深入分析的程度。

(三)判斷關係正當與否的標準

下述三種標準共同構成一個劃分正當關係與不正當關係的標準系統。

1.法律標準

法律是每個公民都應當遵循的最基本的行為規範，具有絕對的強制性和權威性。任何社會交往活動，只要觸犯了法律，理所當然應受到法律的制裁。例如行賄、受賄、走私等等，一經查獲，即應給予法律制裁。

2.紀律標準

　　雖然紀律的制約強度不如法律，但也對人形成約束力。有些不正當關係活動雖不犯法，但違紀，因此，紀律的作用不容忽視。

3.倫理標準

　　倫理標準是人們所應遵循的共同的道德準則和道德規範。它既不同於強制性的法律制裁，也不同於行政性的紀律約束，它是良心和道德的制約，它的適應面最廣。在日常社會生活中，道德的力量對譴責、控制那些不正當的關係活動產生了很大的作用。

三、公共關係的三大構成要素

(一)公共關係三大構成要素

　　關係的構成要素是主體、媒介、客體，而公共關係三大構成要素分別為社會組織、傳播、公衆，此三大要素構成了公共關係，缺一不可。本章只作一個概括性的介紹。詳細的分析，將在後面幾章說明。

1.社會組織

　　社會組織是構成宏觀大社會的個人的特定組合。這種組合的特定性包括其有計劃、有領導，成員間有明確的分工和職責範圍，並有一套運行制度等。

　　社會組織有一定的目標，而公共關係的目標便是社會組織目標中的子目標、分目標。公共關係活動必須緊緊圍繞著社會組織的總體目標來制定自身的特定目標。

　　社會組織的運行是在一定的現實條件和環境之下進行的，在

運行過程中必然要涉及多方面的因素。社會組織必須妥善處理與各個方面的關係，使社會組織獲得各方支援，處於良性運轉之中。

2.傳播

人與人、人群與人群透過傳播形成關係。公共關係作為關係的一種，自然也是透過傳播來傳遞資訊、協調公眾行為、塑造良好的組織形象。

3.公眾

任何關係都由主客體雙方構成。

公共關係活動的客體是公眾。

不同的社會組織有不同的公眾。隨著社會的發展，公眾對社會組織的影響和制約越來越大。

(二)公共關係三大要素的協調

1.社會組織的主導性

社會組織作為公共關係的主體決定了公共關係狀態和主宰著公共關係活動。社會組織的任何運作，都會透過傳播來影響公眾。尤其是在當今資訊社會，社會組織的任何運作很快就會引起公眾的反響。

2.傳播的效能性

公共關係之所以能夠產生作用，得益於傳播溝通手段。因此，社會組織的各種良好的行為要轉化為實際公共關係中的知名度和信譽度，必須充分依靠傳播、溝通。在現代社會，必須「做了還要說」，「做得好加上說得好」，這是非常重要的。

3.公眾的權威性

　　雖然公眾在公共關係活動中處於被影響、被作用的地位,但是公眾絕不是消極的被愚弄的對象。「凡宣傳皆好事」的觀點在公共關係歷史上早已臭不可聞。社會組織越來越認識到自身的每一步發展、每一項成就都離不開公眾。公眾的支援是無形的財富和成功的決定性因素。因此,在現代公共關係的三大要素中,公眾的權威性已日益被公認了。

4.主體、傳播、客體的統一協調

　　構成公共關係的三大要素,存在著多種多樣的組合。一切公共關係活動所追求的都是這三大要素的最優狀態和優質化組合。然而,最優狀態和優質化組合總是相對的,即協調是相對的,不協調則是絕對的。公共關係從業人員的職責是使之儘量趨向協調。

　　要取得三者的協調,必須充分重視三大要素的各種層面,切不可偏重一方或忽視其他。

第三節　公共關係的特徵

　　如果說核心概念揭示的是公共關係的本質,基本要素揭示的是公共關係內在架構的話,那麼,基本特徵則是揭示公共關係的外在特點,這些外在特點是核心概念的演化,也是基本要素的延伸。

　　以下三個特徵最為明確地勾劃出公共關係運作的外在特點,從而區別於其他社會活動。

一、以事實爲依據

(一)真實是公共關係活動的絕對前提

　　無論是形象塑造還是關係協調，公共關係工作都必須堅持實事求是地反映情況、眞實地傳遞資訊。這一點是一切公共關係活動的前提，也是每一個公共關係人員和公共關係組織都必須無條件遵循的法則。

　　有人誤以爲公共關係就是爲企業及其他社會組織喬裝打扮從而欺騙公眾，把本來不完美的宣傳爲完美的，把本來大的問題化爲小問題，以此給社會組織帶來實惠。這一種觀點是絕對錯誤的。事實上，虛假的、僞善的宣傳只能一時迷惑公眾，一旦被人們所識破，組織的形象便會徹底毀掉，組織將爲此付出慘重的代價。

　　因此，無論從哪一方面來講，都應事實在先，公共關係在後，公共關係立足於眞實而發揮作用。

(二)公共關係活動從掌握事實開始

　　在一切公共關係實務活動中，對客觀事實全面、完整、公正的瞭解是第一步工作。無論是內部關係調解、外部公眾協調、形象修整完善、危機關係處理，都從調查研究掌握事實開始。沒有調查就沒有發言權。在沒有充分掌握事實之前進行所謂的策劃、出主意，只能是無的放矢或混淆是非，這一點是必須清楚認識的。

　　我們在公共關係理論研究和實務運作中，往往比較強調公共關係策劃的價值。毫無疑問，公共關係策劃是公共關係活動中最

精彩、最躍眼的部分。但公共關係策劃並不是憑空產生的,也不是光靠聰明的腦袋就可以解決問題的。策劃必須建立在扎實的調查研究基礎之上,是調查研究的自然延續。事實上,公共關係實務中調查研究所占的時間和所消耗的經費往往是相當多的。

(三)真誠是公共關係人員的信條

世界上有影響的公共關係從業人員行為準則都對從業人員有著關於真誠方面的品德約束,這是為人的重要品格,更是公共關係人員必不可少的信條。

公共關係從業人員作為社會組織形象的直接代表,其真誠品質代表著社會組織對公眾負責的崇高社會責任心。只有時時處處真誠待人、真誠傳播資訊,才能得到廣大公眾的信任與認同,才有可能贏得良好的社會評價。

二、以溝通為手段

(一)認清溝通的公眾對象

公共關係是指一定的社會與其相關的社會公眾之間的相互關係。如果說,人際關係以個人為支點,是個人之間的關係的話,那麼,公共關係則以組織為支點,是組織與其公眾結成的關係。公共關係發展如何、良好與否,直接影響社會組織的生存和發展。也就是說,社會組織必須堅持著眼於自己的公眾,才能生存和發展。公共關係活動的策劃者和實施者必須始終將公眾當作自己的「上帝」。

因此,公共關係活動的重要方式就是與公眾對象的溝通。為了有效地進行溝通,必須對公眾對象的特性作具體細分,用心去

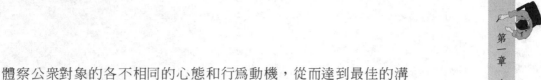

體察公眾對象的各不相同的心態和行為動機，從而達到最佳的溝通效果。

(二)明確溝通的主要目標

在公眾之中樹立組織的美好形象是公共關係活動的根本目的。如果說搞好人際關係的目的是為了個人的生存和發展，那麼搞好公共關係的目的是為了使組織擁有良好的聲譽，以利於組織的生存和發展。塑造形象是公共關係的核心問題。組織形象的美化，是公共關係活動追求的效果。信譽，即美好的組織形象是社會組織所嚮往的。

因此，公共關係活動中的溝通並不是一般的情感交流，而是為組織形象而進行的有目的的社會活動。公共關係活動中的溝通與其他職能部門所進行的溝通相比，最明顯的區別就是在其運作目標上的差異。

(三)立足於長遠的溝通

社會組織與公眾建立起良好的關係、獲得美好的聲譽、讓公眾獲益，所有這一切，都不是一日之功所能及的，必須經過長期的艱苦的努力。如果說廣告和推銷大量地考慮到眼前效果的話，那麼公共關係則主要著眼於長遠效果。

所以，公共關係活動中的溝通要防止過分急功近利，要注意情感的價值與力量。事實上，目的性過於明確的利益化的溝通也往往帶來不好的效果，難以履行公共關係的職責。

三、以互惠爲原則

(一)公共關係明確認定利益目標

我們儘管強調情感與眞誠，但作爲服務於特定社會組織的公共關係，對其利益目標是不會含糊的，而是公開認定自身公共關係活動的利己特點。而且，情感、眞誠與利益目標不但不矛盾，反而是缺一不可的。

有些人認爲強調利益目標就會損害公共關係形象，其實不然。對於現時期社會組織來說，沒有利益目標的公共關係反倒是虛僞的、不存在的，公開的利益目標態度只會使利益目標更趨合理。

(二)公共關係的道德是「大家都贏」

公共關係對利益目標的強調與坑蒙拐騙對利益目標的追逐截然相反。坑蒙拐騙之流在追逐利益目標時是不惜損害公衆客體甚至有意損害公衆客體的，其利益目標的實現恰恰是以掠取公衆客體的利益爲手段，所以其形象自然是極爲糟糕，爲人們所不齒。相反，公共關係所追求的利益目標是合理的利益目標，是透過爲公衆客體提供利益服務而取得的，是爲社會道德規範的認同和支援的。

最好的公共關係狀態便是公共關係主體與公衆客體在道德規範下的利益目標的共同實現，這不是「我贏你輸」或「你贏我輸」，而是「大家都贏」，即互惠互利。

練習、思考題

1. 你對歷史上各種公共關係定義有什麼看法？

2. 組織形象是什麼？它包括哪些內容？

3. 爲什麼要對關係作正確的認識？公共關係與「拉關係、走後門」的區別何在？

4. 如何認識公共關係三大構成要素之間的關係？

5. 爲什麼要強調公共關係以事實爲依據這一特徵？

6. 如何理解公共關係主體與公眾物件在利益目標上「大家都贏」的原則？

第二章
公共關係的歷史沿革

公共關係作為一種客觀存在的社會關係和社會現象有其久遠的歷史。不過，作為一種專門化的社會職業，形成一門較為有系統和完善的學科體系，至今卻不過近百年的時間。我們追溯公共關係的源流，瞭解其發生與發展的歷史過程，把握國內外公共關係的現狀，剖析公共關係形成和發展的諸多社會歷史條件，對全面、準確和科學地把公共關係思想與理論，開拓適合社會情況的公共關係事業，具有重要意義。

第一節　公共關係的前史

與任何一門學科一樣，公共關係學也有其產生和發展的歷史過程。在這一歷史過程中，雖然作為一種職業和一門學科的現代公共關係只是十九世紀末、二十世紀初才產生和發展起來的，但公共關係作為一種客觀存在的社會關係和一種思想與活動方式卻源遠流長。所不同的是，由於社會歷史條件的限制，在此之前人們尚無法有系統地認識和把握這種客觀且尚待進一步發展與規範的公共關係狀態，因而人類早期還沒有嚴格意義上的公共關係思想和活動，只是在人們的各種社會活動中表現出一定的公共關係意識和趨向。因此，就其性質來講，它是一種類似於公共關係的「準公共關係」；就其歷史歸屬來講，它可以是公共關係的前史或「前公共關係」。正是早期的這種「準公共關係」或「前公共關係」，為現代公共關係思想的產生奠定了堅實的基礎，並為現代公共關係事業的發展創造了必要的社會歷史條件。

一、公共關係產生的一般社會歷史條件

如果說公共關係是人們相互交往與溝通的有效手段之一，那麼，它的產生和發展就有賴於人類進入特定的社會歷史階段。

在人類的遠古時代，原始先民們之間發生的關係雖然十分單一，但他們為了生存不得不結成一定規模和形式的社會群體，共同勞動、共同生活。人們不僅要在思想上和情感上相互溝通，而且還必須在意志和行為上相互協調一致。否則，他們就無法適應那種對他們來說十分嚴酷的生存環境，更談不上讓環境來適應自己了。這說明原始先民們在其勞動過程中有某種思想互動、情感互動和行為互動。人們的行為具有一定的目的性、自覺性、協調性和一致性。這種原始的調和關係既是人類各種社會關係賴以發生發展的社會基礎，又是公共關係這種特殊的社會關係得以形成和進一步發展的必要社會條件。

奴隸社會較之於原始社會，其生產力有了劃時代的發展，社會生產已從原始的單一形態逐漸變得更為複雜多樣化。特別是幾種社會分工的不斷出現，即農業與畜牧業、農業與手工業、手工業與商業，以及腦力勞動與體力勞動的相互分離，不僅使人們在生活資料上的交換成為必要和可能，而且也使生產資料的交換更加迫切和必要。於是，隨著產品交換的不斷發展，商業交往也不斷繁榮，與此相適應的經濟活動中的古代的公共關係意識、思想以及活動，和活動的技巧與方法，也得以產生並發展。

生產力的不斷發展以及與此相應的社會分工出現，使得原始社會中的那種簡單的社會群體也不斷分化，社會的組織化程度進一步得到提高。到了此時，由於人們可能從事不同的社會勞動，承擔不同的社會角色或職能，參與不同的社會團體或組織，因而

就使人們失去在原始狀態下進行思想、情感相互交流與協調的天然條件和機會。從一定意義上講,這造成了人與人之間的疏遠與隔離,但同時也使得人們之間的相互溝通與協調更加迫切和必要。與此同時,隨著社會組織化程度的不斷提高,在各種社會團體和組織不斷分化和產生的基礎上,不僅不同的社會組織和團體,其自身的運行機制與功能日益特別化和專門化,而且組織與組織、團體與團體之間的相互交往、溝通和協調的職能也日益專門化。這樣一來,社會的正常運轉就有賴於人們在思想、情感、意志和行為上更加廣泛而深刻地交流、溝通與協調,從而要求社會組織和群體之間的交流與溝通在思想、行為和方法手段上具有更加明確的自覺性、目的性、計畫性、針對性和有效性。在古代,由於只有政治鬥爭以及與此相應的各種社會組織得到了比較充分的發展,統治階級或集團為了達到一定的政治目的,他們在高壓統治之下,有時也會視不同情況並在不同程度上自覺地運用各種手段和方法來「取信於民」,以求人們最大限度地「理解」、「信任」和「支持」。因此,表現在當時的政治生活中,類似於公共關係活動並帶有某種公共關係意識的政治活動,以及與此相應的各種交往、溝通和勸服的方法、手段和技巧,就得到較為具體的發展和實現。

社會生產力的發展不僅引起人們經濟關係和政治關係的複雜多樣化,而且為公共關係在古代的萌生,創造了經濟上和政治上的基本條件,人們為了更加有效地參與各種經濟活動、政治活動以及其他社會活動,就必須適應更加複雜的社會環境,協調更加複雜的社會關係。唯其如此,人們才會求得相互理解、相互信任和相互支持與合作。

總之,公共關係的萌芽和產生,有賴於社會生產力的進步以及社會的政治、經濟和各種社會關係與思想文化等條件的不斷形

成和發展。隨著這些社會條件的不斷發展和成熟，公共關係無論作為一種思想、觀念或者人們的一種行為方式和技巧，在人類歷史的不同時期或發展階段都得到不同程度的發展，從而為現代公共關係的產生和發展打下了堅實的基礎。

二、人類早期的「公共關係」

雖然「公共關係」這個名詞十多年以前對於許多人來說可能還比較新鮮或陌生，但它作為人類的一種實踐活動，或者在人們行為中曾經出現過的類似公共關係的思想和現象，卻早已有之。事實上，早在兩千三百年前，古希臘著名學者亞里斯多德在其《修辭學》一書中就強調指出傳播者的可信性，認為要使用引動感情的呼籲來影響聽眾，並把修辭看作是爭取和影響聽眾思想與行為的藝術。為此，西方的一些公共關係學者視亞里斯多德的《修辭學》為人類歷史上最早的公共關係著作。這種說法固然有其偏頗之處，但卻從一定程度上說明公共關係作為一種客觀的社會現象或人們的思想觀念，一開始就是人類文明的一縷曙光，放射出自己燦爛的光芒。

其實，對歷史的追溯使我們不難發現，在古代，特別是奴隸社會和封建社會這一時期，近似於公共關係的社會行為和思想，不僅在當時人們的政治生活和經濟生活中得到相當程度的發展，而且在人們的日常交往中也得到較為具體的實現。

首先，在政治生活中，當時的一些比較開明的帝王、統治者或政治活動家，已經懂得如何運用誘導、勸說、宣傳等手段來影響民眾的態度和社會輿論，盡可能地在民眾當中樹立自己良好的形象，以便穩固和延緩自己的統治，或者達到自己特定的政治目的。

在古希臘，據說整個社會都十分推崇溝通技術，一些深諳溝通技術的演說家往往就因此而被推選爲首領。據記載，古羅馬的獨裁統治者凱撒就是一位溝通技術的精通者。面對即將來臨的戰爭，他透過散發各種傳單來開展大規模的宣傳活動，以便獲得民眾的支援。他爲了標榜和宣傳自己，甚至還專門寫了一本記載他的功績的紀實性著作《高盧戰記》。這本書曾被西方一些著名的公共關係專家稱爲「第一流的公共關係著作」。

在中國，這樣帶有公共關係意識的典型事例更是不勝枚舉。尤其到了春秋戰國時期，由於領主之間不斷發生兼併戰爭，階級分化複雜，經濟制度變革，各個統治集團爲了鞏固政權，爭當霸主，紛紛僱用專職人員四處遊說，宣傳各自的主張。這些專司遊說宣傳職責的「唇槍舌劍」者，就是當時所謂的「士」。這些「士」似乎就是當時的公共關係從業人員，因爲他們的主要職責就是樹立各國君主的形象，協調各諸侯國之間的關係，爲其主謀求本國軍事和政治的發展和壯大。比如，東周洛陽人蘇秦，周遊列國，宣傳自己政治上的「合縱」主張，使當時的趙、齊、楚、魏、韓、燕六國結成同盟。而魏國人張儀則憑藉自己的雄辯口才，宣傳自己的「連橫」主張，對東方六國採取各個擊破的政策，瓦解了六國「合縱」的政治軍事同盟。無疑地，蘇秦和張儀所從事的那種「國際間」的遊說、宣傳、勸服和溝通工作，就十分類似於公共關係活動。又如，戰國時期的齊國，馮諼爲了鞏固孟嘗君的政治地位，採取了「焚券」和「市義」的策略，從而使孟嘗君「爲相數十年，無纖介之禍」，除此之外，子產不毀鄉校的故事，商鞅變法「令出必行」的故事，諸葛亮七擒七縱孟獲的故事等，都說明公共關係技巧在人類的早期歷史階段的政治生活中就發揮著重要的作用。

其次，在經濟生活中，尤其是在商業活動中，人們也都自覺

和不自覺地運用各種傳播手段和溝通技巧來宣傳自己，樹立自己的良好聲譽和形象，以便招徠顧客或者實現自己的經濟目標。漢代張騫通西域，這是人類的一次冒險活動，它開闢了中西文化交流的一個新紀元。實際上，這可以說是中國古代一次規模宏大的、艱苦卓絕的、富有成效的國際公共關係活動，而明代鄭和下西洋也是典型的古代的國際公共關係活動。鄭和七次遠航下西洋，歷時二十八年，途經三十餘國。他率領船隊，每到一地都以瓷器、絲綢等物品與當地的產品進行交換，並與亞非各國加強了經濟和文化上的聯繫。這無疑在世界公共關係史上佔有十分重要的地位。而像中國古時酒店門前的招牌，就曾被元曲〈後庭苑〉寫得入木三分，「酒店門前三尺布，過來過往尋主顧」。那些「百年老店」、「如假包換」、「童叟無欺」等五花八門的招牌，則更具有公共關係色彩，廣為流傳的「和氣生財」的古代經商準則，卻更具體地實現了公共關係基本原則在古代商業交往活動中的運用。

此外，在人們的日常交往中，公共關係意識和思想也得到一定程度的實現。孔子在《論語》中說：「有朋自遠方來，不亦樂乎！」這裏的以交友為樂，主要是指從與朋友的交往中，獲取了資訊和知識。孟子說：「天時不如地利，地利不如人和。」這裏所說的「人和」，是指人與人之間的協調關係。孟子把追求「人和」，創造一個良好的人事環境與組織環境放在首要地位，恰恰與現代公共關係活動遵循的基本原則和追求的美好目標相一致。正因為如此，有的人把公共關係稱為一種追求「人和」的藝術。

當然，從嚴格的意義上講，無論古代中國或者外國，都只有類似於現代公共關係的某些思想或活動。

概括地來說，人類早期的公共關係具有如下兩個基本特點：首先，從自覺程度來看，當時人們所展開的各種溝通、協調活動

帶有明顯的自發性和盲目性。其次,從其發揮作用的社會領域和
範圍來看,由於當時社會生產力相對低下,經濟還相當落後,人
與人之間的經濟關係還比較簡單,人類早期的公共關係活動主要
發生在政治領域,帶有強烈的政治色彩和倫理色彩。這是因為在
當時的社會歷史條件下,只有社會政治組織以及人們的政治關係
和人際關係得到了一定程度的發展。此後,隨著社會的不斷發
展,公共關係思想和活動才逐漸豐富和擴展,公共關係所發揮的
社會作用才日益明顯。

第二節　現代公共關係的產生與發展

公共關係作為一種全新的思想,一種科學而系統的理論,一
種新型的職業,發端於十九世紀末、二十世紀初的美國。此後,
隨著資本主義的經濟、政治、思想、文化及其他社會歷史條件的
不斷發展和變化,公共關係的發展也經歷了不同的歷史時期,並
呈現出新的發展趨勢。

一、現代公共關係的起源與發展

現代意義上的公共關係起源於美國,而美國的公共關係則起
源於美國的獨立戰爭。當時,美國的貴族愛國者與資產階級保守
黨兩者之間存在著嚴重的分歧和鬥爭,為了壓倒對方,對立的兩
派便設法爭取公眾的支援。以亞歷山大‧漢密爾頓為首的商業
界、金融界和以傑佛遜為首的種植園主、農民集團之間的鬥爭便
是如此,以傑克遜為首的邊疆墾荒者與以尼古拉斯、比德爾財團
為中心的政治團體之間的鬥爭也是這樣。特別是在美國內戰期

間，南北雙方的政治集團和軍事集團也都把爭取公衆作爲自己工作的焦點。

同時，利用宣傳來籌措資金，促進事業的發展，助長商業冒險，出售土地，以及爲名人捧場等，在美國具有較長的歷史。較爲典型的是哈佛大學首先倡議「用系統的努力來籌集資金」。當時，哈佛大學成立剛五年，由於經費拮据，派了由三個牧師組成的「乞求使團」外出活動。爲了使乞求遊說便於開展，就印製了一本名叫《新英格蘭的第一個成果》的小冊子散發。以至於現在還有人把公共關係人員說成是「帶著哈佛口音的人」。

嚴格來說，這時美國產生的公共關係活動在內容上較之公共關係的史前期，還沒有發生根本性的變化，但它較之於公共關係的史前時期卻具有不同的意義和作用。這是因爲，它所取得的成功，成爲現代公共關係在美國產生和發展的直接原因。此後，公共關係經歷了不同的歷史階段，並得到長足發展。

(一)巴納姆時期

有組織的公共關係活動發端於十九世紀中葉在美國風行一時的報刊宣傳代理活動。十九世紀三〇年代，美國報刊史上出現了以大衆讀者爲對象而大量印發通俗化報刊的《便士報》時期。當時，不少公司和財團僱用專門人員炮製煽動性新聞，爲自己作誇大和虛假的宣傳。而報刊則爲了迎合低層讀者的心理，也樂於接受發表。這種配合，便出現了當時的報刊宣傳代理活動。菲爾斯·巴納姆（Phines T. Barnum）是這一時期最有代表性的報刊代表人，因製造輿論宣傳、推動馬戲演出而聞名於世。他是一個馬戲團的老闆，利用報紙爲自己的馬戲團製造過不少神話，諸如：馬戲團裏有一位黑人女奴，曾在一百年前養育過美國第一位總統喬治·華盛頓；馬戲團有一個矮小的湯姆將軍，他當年曾率領一

群侏儒，趕著矮種馬拉的車去覲見維多利亞女皇。於是，人們抱著好奇心紛紛到馬戲團一探究竟，結果馬戲團的票房收入激增。當這種騙局被揭穿之後，報刊宣傳活動就受到了人們的批評。只是到後來，人們才逐漸認識到，這種報刊宣傳活動，在促進公共關係發展成為一種有組織的活動方面具有積極意義。但從總體上看，這一時期的報刊宣傳活動卻具有如下兩個致命的弱點：其一是這種宣傳對公眾的利益全然不予考慮；其二是幾乎所有的報刊宣傳員都以獲得免費的報紙版面為滿足，並為此而不擇手段地為自己製造神話，欺騙公眾，這在根本上與公共關係的宗旨背道而馳。因此，這就使整個巴納姆時期在公共關係的歷史上成為一個不光彩的時期，有人稱之為「公眾受愚弄的時期」、「反公共關係的時期」或「公共關係的黑暗時期」。後來，人們以此為鑑，確立了在公共關係活動中必須奉行誠實、公正和維護公眾利益的原則和精神。

此外，一八八二年，美國律師、文官制度倡導者多爾曼·伊頓在耶魯大學法學院發表題為「公共關係與法律職業的責任」的演講。在這篇演講中，他首次使用了「公共關係」這一概念。一八九七年，美國鐵路協會編的《鐵路文獻年鑑》也第一次正式使用了「公共關係」這一名詞。

總之，這一時期的公共關係活動已帶有一定的組織性和較為明確的目的性。這就是說，公共關係已經不再局限於政治活動和思想宣傳活動，而是逐漸與謀利的期望緊密地結合在一起，為公共關係在其後的迅速發展奠定了基礎。

(二)艾維·李時期

一九〇三年，美國著名記者艾維·李（Ivy Lee）在美國開辦了一家正式的公共關係事務所，標誌著現代公共關係的問世。從

此，公共關係事業進入了一個前所未有的現代發展時期。

到了十九世紀末，美國已進入壟斷資本主義時代，壟斷財團佔有著社會的絕大部分財富。這一時期成爲資本主義巨商和壟斷資本家橫行的時代。他們不擇手段地榨取剩餘價值，肆無忌憚地搜刮民脂民膏。爲攫取最大利潤，他們全然不顧廣大民衆的利益和最起碼的社會道德標準。由於經濟危機頻頻爆發，不僅廣大人民的生活極度艱難，一大批中小企業和資本家也在壟斷財團的瘋狂兼併活動中惶惶不可終日。於是，整個社會的階級矛盾日益激化，各個階層和集團之間的利益衝突也日益尖銳，整個社會都充滿了對工商寡頭的敵意。在此情況下，終於爆發了以揭露工商企業的醜聞和陰暗面爲主題的新聞揭醜運動，史稱「扒糞運動」。當時，新聞界的一些作家和記者憤然以筆代槍，掀起了揭醜運動的高潮。在近十年的時間，各種報刊雜誌上發表的此類文章達兩千多篇，從而使許多大企業和資本家聲名狼藉。壟斷財團最初試圖使用高壓手段來平息輿論。起先，他們對新聞界進行恫嚇，提出要起訴，說新聞界犯了誹謗罪；繼而，又以不在參與揭醜運動的報刊上刊登廣告相威脅。當這些都未奏效時，他們又變換手法，以賄賂爲武器。一些大財團和大公司公開僱用記者創辦自己的報刊，仿效十九世紀報刊宣傳活動的手法，杜撰有利於工商名流們的聳人聽聞的神話和「新聞」，遮掩自己公司和企業中出現的種種問題。結果適得其反，公衆對壟斷財團的敵意反而與日俱增，於是，以「說眞話」、「講實情」來獲得公衆信任的主張被提了出來，並越來越得到工商界一些開明人士的贊同。艾維‧李就是「說眞話」的社會思潮的主要代表人物。

艾維‧李曾是《紐約日報》、《紐約時報》和《紐約世界報》的一位元老記者。他審時度勢，針對巴納姆式宣傳活動的局限性，提出了「說眞話」的宣傳思想。他認爲，一個企業、一個組

織要獲得良好的聲譽，不是依靠向公眾封鎖消息或者以欺騙來愚弄公眾，而是必須把真實情況披露於世，把與公眾利益相關的所有情況都告訴公眾，以此來爭取公眾對組織的信任。一旦披露真情確實對組織不利的話，那就應該調整公司或組織的行為，而不是去極力遮蓋真實情況。通常情況下，一個企業與員工或其他社會組織處於緊張的摩擦狀態，這往往是由於這個企業的管理者不注重與公眾的溝通所造成的。因此，要想建立良好的公共關係，創造最佳的生存發展環境，其最根本的信條是：「說真話！」

一九○三年，艾維‧李開辦了一家正式的宣傳諮詢事務所，從而成為向客戶提供公共關係諮詢並收取費用的第一位職業公共關係人員。一九○六年，他又向新聞界發表了闡述其活動宗旨的〈原則宣言〉。他指出：「我們的責任，是代表企業單位及公眾組織，就公眾關心並與公眾利益相關的問題，向新聞界和公眾提供迅速而真實的消息。」這一〈原則宣言〉成為反映他的基本思想的重要文獻。並且在實際工作中，他落實了自己的思想，做得很出色，他在洛克菲勒財團面臨公共關係極端惡化而聲名狼藉時，為其提供了成功的公共關係諮詢，建議洛克菲勒財團邀請勞工領袖協商解決勞資糾紛，廣泛進行慈善捐贈，改變自己在公眾心目中的不良形象；他在處理賓夕法尼亞州鐵路公司發生的人員傷亡事故時，果斷採取公布事故真相、向死難者家屬提供賠償、為受傷者支付治療費、向社會各方誠懇道歉等措施，取得了良好效果。從此，他成為蜚聲社會的公共關係專家，被人們譽為「公共關係之父」。

當然，艾維‧李的公共關係諮詢工作還存在許多不足。比如，他從未進行過公眾輿論的科學調查，而只是憑經驗、憑直覺來進行工作。儘管如此，他在公共關係發展史上仍佔據著重要的地位。正是由於他的努力，公共關係不僅成為一種獨立的社會職

業，而且也朝著科學化的方向迅速發展。

（三）伯內斯時期

　　艾維·李是現代公共關係的創始人，但他的公共關係實踐卻被認爲「只有藝術而無科學」。這就是說，他雖然有豐富的公共關係實踐經驗，但沒有提出系統而科學的公共關係理論。眞正爲公共關係奠定理論基礎，使現代公共關係科學化的，是另一位現代公共關係的先驅，美國著名的公共顧問愛德華·伯內斯。

　　艾維·李之後，美國的公共關係事業得到長足發展。一九一三年，伯內斯受聘於美國福特汽車公司，擔任該公司的公共關係經理。第一次世界大戰期間，他又在威爾遜總統成立的官方公共關係機構「克里爾委員會」擔任委員，專門負責向國外的新聞媒介提供有關美國參戰情況的背景和解釋性材料。第一次世界大戰結束後，他和夫人在紐約開辦了公共關係公司。一九二三年，他出版了論述公共關係理論的著作《輿論明鑑》成爲公共關係學的第一部經典性著作。同年，他在紐約大學首次講授公共關係課程。之後，又於一九二五年寫了教科書《公共關係學》，一九二八年寫了《輿論》，從而使公共關係的基本理論和方法形成爲一個較爲完整的體系。

　　伯內斯對於公共關係的職業化和科學化都做出了極爲突出的貢獻。他不僅撰寫了第一本關於公共關係的專著，並率先在大學開設了公共關係課程，而且還以其理論上的闡釋，提高了公共關係的實踐和理論水平。他在《輿論明鑑》一書中第一次提出了「公共關係諮詢」的概念，並對它的作用作了詳細的解釋。在他看來，「公共關係諮詢有兩種作用：其一是向工商業組織推薦它們應採納的政策，這種政策的實施可以保證工商業組織的行爲符合社會利益；其二是把工商業組織執行的合理政策、採取的有益社

會行為向社會廣為宣傳，幫助工商企業組織贏得公眾的好感、信任和支援。」實質上，伯內斯的這一思想和主張，明確肯定了公共關係的重要職責之一是要向組織提供政策諮詢，而不是僅僅向社會作宣傳。正是基於這一思想，他提出公共關係的整個活動過程，應當包括從計劃到反饋，最後到重新評估等八個基本程式。

伯內斯公共關係思想的一個重要組成部分就是他提出的「投公眾所好」的主張。他認為，在一定科學理論指導下的勸說活動有著巨大的威力，因而他非常注重運用各門社會科學的研究成果。總之，伯內斯在理論上做出的貢獻，對於公共關係學科的形成和進一步發展具有劃時代的意義和里程碑的作用。從此，公共關係才作為一門科學得到蓬勃發展。

此外，在一九二四年，美國的《芝加哥論壇報》發表社論強調指出，公共關係已成為一種專門職業，它既是一種管理藝術，也是一門科學，社會各界都必須重視公共關係。因此，有人認為，這一社論的發表既是公共關係科學化的標誌，也是現代公共關係理論和實踐系統化的標誌。

(四)現代時期

本世紀五〇年代以來，公共關係的實踐和理論研究進入了一個全新的現代發展時期。

一九五五年，國際公共關係協會（簡稱IPRA）在英國倫敦成立，現總部在瑞士日內瓦，有會員逾千人，遍及歐、美、亞、非各大洲六十多個國家和地區。國際公關協會的誕生標誌著公共關係作為一門世界性的行業而獨立存在。

這一時期，以斯科特‧卡特利普、艾倫‧森特、詹姆斯‧格魯尼格和薩姆‧布萊克為代表的一大批公共關係專家和大師，透過對半個多世紀公共關係實踐和理論探索的總結，把公共關係這

門學科推向了一個新的歷史發展階段。

　　美國著名公共關係專家卡特利普和森特合著的《有效公共關係》是這一時期出現的一部集公共關係理論研究成果大成的代表作，它首版發行於一九五二年，其後三十多年中，共出過五個修訂版，一九八五年第六版增加了一位新的作者格倫·布魯姆，一九九四年問世了最新的第七版。不斷充實新的研究成果、完善已有的理論體系和修訂有關的事實及資料，使這本書保持了永久的生命力，有「公關聖經」之稱。卡特利普和森特在該書首版和二版中首次完整地概括和描述的公共關係「四步工作法」，現已為廣大公共關係理論和實踐工作者認可和接受，這是他們對公共關係研究的一大貢獻。該書第六版由於布魯姆的加盟，增加了重要的一章，即第八章《調整與適應——公共關係的理論模式》，在這一章裏，布魯姆沿用和擴展了該書首版作者採用的「生態學」概念，從系統論的角度提出了「調整與適應」這一面向開放系統的公共關係理論模式，從而促使了人們更深刻地理解組織與其公眾在開放的社會環境中的動態關係，以及公共關係在協調這種關係時的積極主動作用。國外學者在評價這一理論模式價值時指出，這一模式對公共關係主動性的描述，為公共關係發揮它在幫助實現組織總體目標作用方面，提供了更廣闊的空間；另外這一模式提出了公共關係實踐的系統論研究方法，揭示了未來公共關係研究的方向。該書在公共關係職業化問題也有著精彩的論述，作者概括了公共關係職業化的主要標誌，明確指出公共關係是一個發展中的職業。

　　格魯尼格是另一位美國公關界的大師級人物，目前在美國馬里蘭大學新聞學院任教授，是研究公共關係學和傳播學的著名學者，一九八四年出版的《公共關係管理》是他的代表作。在該書中，他提出了不少獨到和新穎的觀點，其中最有影響的就是公共

關係實踐的四種模式。他透過對公共關係實踐歷史的細心觀察和深入研究，發現了這樣四種模式：第一種，新聞代理型模式，這種模式旨在透過新聞宣傳製造轟動效應，以吸引公眾的注意力，傳播性質爲單向；第二種，公共資訊型模式，它偏重於經常性地對外發佈資訊，傳播組織的眞實情況，以便公眾瞭解組織，傳播性質也僅爲單向；第三種，雙向非對稱型模式，這種模式目的在於透過科學方法，誘導和勸服公眾接受組織的有關觀點，並進而支持組織的行爲方式，此模式傳播性質雖爲雙向，但其在組織和公眾之間的效果並不平衡，它相對來說只有利於組織，公共關係人員作爲資訊提供者，吸收公眾的反饋意見，僅爲提高誘導勸服工作的有效性；第四種，雙向對稱型模式，它強調對話，注重坦誠、完整、準確的雙向交流，目的是促進相互理解，其傳播性質屬雙向性的，且在組織和公眾之間的傳播效果是平衡的，因爲公眾能夠像組織改變公眾的態度和行爲一樣，促使組織改變其行爲。依據國外學者的評論指出，雖然這四種模式在當今公共關係實踐中都不同程度存在著，但雙向對稱型模式的提出，展示了公共關係實踐發展的正確方向，這一模式眞正體現了公共關係的本質。

布萊克教授是英國公關界的傑出代表人物，作爲英國公共關係協會和國際公共關係協會的創始人之一，他一生致力於公共關係事業的發展。伯內斯曾評價他說：「薩姆・布萊克這個名字是對公共關係職業深刻理解的同義詞。」在長達半個多世紀的公共關係生涯中，他先後主編過英國公共關係協會的《公共關係》雜誌和國際公共關係協會的《國際公共關係評論》，撰寫過十多本公共關係著作，其中較有影響的有《展覽與會議指南》、《基礎公共關係學》和《國際公共關係案例研究》。一九八二年，他在就任國際公共關係協會主席期間，主持編寫了國際公共關係協會第四號

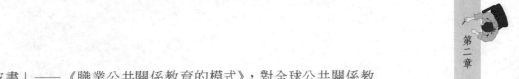

「金皮書」——《職業公共關係教育的模式》，對全球公共關係教育的發展產生了導向性的重要作用。

弗蘭克‧傑夫金斯是英國著名的公共關係專家，他是英國公共關係協會顧問、英國公共關係學院教授。他早年主攻經濟學，曾在倫托基爾公司從事公共關係工作，主要負責處理科技公共關係。自一九六八年後，他在英國開辦了公共關係學校，講授公共關係、廣告和市場等方面的課程，從而成為一位出色的公共關係教育家。他著述甚豐，主要有《廣告學》、《廣告學概論》、《市場學、廣告學和公共關係學詞典》、《有效的市場戰略》、《有效的公共關係設計》、《市場學和公共關係媒介設計》、《公共關係學》、《公共關係與市場管理》、《公共關係與成功企業管理》等。他的思想，豐富和發展了公共關係學的理論，促進了當代公共關係事業的發展。

與此同時，公共關係的實務活動在全世界不同國家和地區也得到突飛猛進的發展。各種公共關係協會、顧問公司等雨後春筍般地蓬勃生長起來。各國公共關係事業的不斷發展，也促進了國際公共關係事業的繁榮。

二次大戰以後，國際間的經濟、技術和勞務合作日趨頻繁和緊密，但由於不同民族和國家之間在交往過程中存在語言文字、思想文化、社會制度和風俗習慣等方面的障礙，客觀上要求必須有一批國際公共關係的專業人員從中進行有效的溝通與協調。正如美國的一本《公共關係手冊》指出的：「打算進入外國市場的美國商人發現，他們的當務之急是公共關係問題。」因為「對外關係的交惡，十有八九不是出於利益的衝突，而是語言、文化、傳統等方面的隔閡」。於是，以美國為總部的各跨國公司紛紛增設國際公共關係機構。之後，其他西方國家也相繼仿效。

資本主義經濟的國際化，加速了商品銷售，促進了國際貿易

的發展。因此，在各行各業中，國際公共關係事業都得到長足發展，出現了許多國際性公共關係巨型企業。

　　隨著事業的發展，公共關係也逐漸引進和運用了最新科學技術手段，在工作方法上有了新的變化。比如大型電子電腦、通訊衛星等等，都為公共關係工作提供了現代化的有效手段和方法。公共關係也開始吸收傳播學、行為科學和心理學等學科的知識，研究公眾心理和公眾輿論，策劃公共關係工程，協調組織的內外部關係，使公共關係日益發揮出更加重要的社會作用。

　　這期間，公共關係教育事業也有了蓬勃發展。隨著公共關係向廣度和縱深發展，社會不僅對公共關係人員量的需求急遽增加，而且對其專業水平和素質的要求也越來越高。至今為止，全美已有三百多所大學開設公共關係課程，其中有幾十所大學培養具有博士、碩士、學士學位的公共關係專業人才。

　　總之，公共關係在其歷史發展過程中，由巴納姆、艾維・李、伯內斯到卡特利普、森特和傑夫金斯、格魯尼格和布萊克，是一個日趨成熟和不斷趨近完善的過程。嚴格來說，五〇年代以後，公共關係的面貌才發生了巨大的變化，從而才真正走上科學化、職業化、規範化的發展道路。

二、現代公共關係產生與發展的基本條件

　　現代公共關係產生於本世紀初期的美國並不是偶然的，它是當時美國及資本主義社會的基本矛盾，以及經濟、政治、科學技術和文化等社會歷史條件發展到一定階段的必然產物。為了真正全面而深刻地把握和理解現代公共關係的精髓，我們有必要聯繫社會歷史條件進行具體分析。

(一)公共關係產生與發展的社會基石

社會組織的高度分化以及在此基礎上形成的相互協調、融通和整合的發展趨勢，是公共關係賴以產生和發展的社會基石。

縱觀人類歷史的發展過程，人類社會的進步史在某種意義上來說就是一部社會組織不斷分化和發展的歷史。生產的發展以及與此相適應的各種社會分工出現，推動著人們生活於其中的社會組織不斷發生分化，從而使人們所處的社會環境更加複雜多樣，人與人之間的社會關係也逐漸由單一變得更加多元化。這樣一來，一方面人們不得不扮演特定的社會角色，從事專門的社會職業，因而局限了人們的視野、縮小了人們的生存空間，人與人處於一種更加隔離的狀態之中；另一方面，由於社會組織的分化，社會關係更加複雜多樣，人們要適應這種社會環境，就必須更加自覺地去協調人與人，以及組織與組織之間的相互關係。社會組織的分化和組織化程度的提高，不僅在社會經濟領域，而且在社會的政治、思想文化和科學技術等領域都得到深刻的體現，以至於人們不在各種社會領域內進行自覺的、有目的、有計畫的協調、溝通和合作，社會的經濟、政治、思想文化和科學技術就無法得到發展，整個社會就無法正常運轉。公共關係正是適應了這一歷史發展的客觀需要，因而它一經產生就得到了突飛猛進的發展。

本世紀初以來，特別是本世紀五○年代以來，科技革命和產業革命不僅使每一個國家的政治、經濟乃至整個社會發生了劃時代的變化，而且也使整個世界的經濟格局、政治格局和人們的思想觀念都發生了重大變化。總體來說，社會發展的趨勢表現為：一方面社會日益走向多元化與多極化，另一方面各種社會矛盾和對立又日趨融通和緩和。這就使得任何一個社會組織，只有加強

與其他社會組織和公眾的相互溝通、協調與合作，才能得以生存和發展。因此，社會組織與其相關團體和公眾的自覺的、有目的、有計劃的相互溝通與聯繫就變得更加迫切和必要。公共關係正是這一社會客觀環境的必然產物。所以，公共關係作為一種全新的思想觀念和社會職業，從產生之日起，就順應這一歷史發展的基本趨向，在社會生活的各個領域發揮日益重要的作用。

(二)公共關係產生與發展的社會經濟條件

市場經濟的出現是公共關係產生與發展的社會經濟條件。在市場經濟條件下，整個生產活動都是社會化的，人們生產的產品主要用來交換以實現其價值。市場交換實現後，人們生產的產品和勞動才能得到社會承認。於是，無論是個人或者社會組織，只有透過自覺的努力才能得到社會的認可和支援，才能為自己創造一個良性的生存和發展環境。具體來說，這是因為：

第一，在現代社會中，商品交換關係的暢通與穩定，對於一個社會組織來說具有生死攸關的作用。這在客觀上要求有另一種良好的社會關係和條件來保護或者改善這種交換關係。公共關係應運而生的主要目的便在為各種社會組織與公眾透過溝通與交流，以便建立相互信任、相互合作的良好關係，同時架構一種社會「健全」機制和活動系統。

第二，隨著市場經濟的發展，特別是當資本主義由自由競爭過渡到壟斷時期，在商品流通和交換中出現了由賣方市場轉向買方市場的重大轉變。為了適應這種新的轉變，工商企業客觀上需要一種良好的公共關係作為保障，從而最大限度地爭取廣大消費者和社會公眾的理解、信任、支援與合作。

第三，市場經濟的高度發展，使商品的供給大大豐富起來，消費者的消費水平也在不斷提高，消費者的消費也開始從滿足基

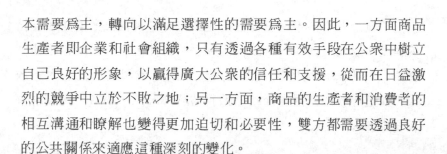

本需要爲主，轉向以滿足選擇性的需要爲主。因此，一方面商品生產者即企業和社會組織，只有透過各種有效手段在公眾中樹立自己良好的形象，以贏得廣大公眾的信任和支援，從而在日益激烈的競爭中立於不敗之地；另一方面，商品的生產者和消費者的相互溝通和瞭解也變得更加迫切和必要性，雙方都需要透過良好的公共關係來適應這種深刻的變化。

第四，市場經濟的發展又會促使社會分工的深化，各種生產部門、服務部門和管理部門的專業化程度也越來越高。特別是現代經濟格局的出現，客觀上要求企業放棄那種帶有濃厚自然經濟色彩的「小而全」或「家族式」的經營思想和經營模式，在不斷提高本企業專業化程度的同時，建立跨行業和跨地區的橫向經濟聯繫，從而在相互合作、相互促進中求得共同發展和繁榮。而這樣一種相互聯繫與合作的關係，必須透過一種現代公共關係的經營管理方法來建立和維持。所以說，公共關係的產生和進　步發展，有賴於市場經濟的高度發展，市場經濟的進一步發展也同樣需要不斷發展著的現代公共關係爲其做保障及後盾。

(三)公共關係產生與發展的社會政治條件

社會政治生活的民主化是公共關係賴以產生和發展的政治條件。從封建社會進入資本主義社會，是人類社會民主化進程中的一個重要的里程碑。資產階級民主政治固然有其虛僞性和欺騙性的一面，但它相對於封建專制卻是一次深刻的歷史進步。因爲在封建專制統治下，君主是當然的統治者，以血緣關係爲基礎的封建宗法關係，成爲主導人們政治生活中的支配關係。老百姓只是任人宰割的「草民」，根本就談不上與統治者建立一種平等互利的公共關係。資產階級民主政治的建立，破除了君主主權神聖不可侵犯的信條，把政府的合法性奠定在公民認可的基礎之上，從而

就迫使統治者不得不注重自己的施政方針是否被公眾信任和支持的程度，以便進而改善與公眾的關係。爲此，政府和社會組織就必須及時瞭解輿情民意，根據民意來制定或調整自己的內外政策，並透過各種傳播媒介向公眾宣傳解釋政策，爭取公眾的理解和支持。

(四)公共關係產生與發展的物質技術條件

傳播手段和通訊技術的進步是現代公共關係產生與發展的物質技術條件。二十世紀初，科學技術有了長足的進步，尤其是交通工具和傳播手段的現代化，爲現代公共關係的產生和進一步發展提供了物質技術保障。

在農業社會中，生產規模極其狹小，人們幾乎處在一種封閉、半封閉的與世隔絕的自然狀態之中，由於落後的自然經濟本質上，不要求進行廣泛的人與人之間的相互溝通與聯繫，加上當時還要受到落後的交通工具和資訊傳播手段的限制，因而人們沒有也不可能發生廣泛而深刻的社會聯繫和交往。而在工業社會中，商品經濟日益發達，科學技術日新月異，從而促進了運輸和資訊傳播手段的飛速發展，從火車、汽車、飛機、人造衛星的出現，到電報、電話、廣播、電視以及光導通訊的相繼推廣和應用，使人們相互之間更加廣泛而深刻的社會交往不僅是迫切的和必要的，而且也具有現實的可能性。於是，人們終於發現，運用現代化的傳播手段，透過對內協調，對外宣傳，擴大本組織或企業的社會影響，提高組織的知名度和信譽度，建構組織在公眾心目中的完美形象，爲企業和組織的生存與發展創造良好的輿論環境和社會環境，對一個社會組織獲得巨大的發展具有極大的利益。

(五)公共關係產生與發展的社會文化心理因素

到了本世紀初，隨著工業化進程的推進，在社會政治領域，資產階級民主政治已基本確立，統治階級和集團的統治思想和管理思想也隨之發生了重大的轉變，即開始從過去的強權壓制轉向爭取民眾的信任與支援。在社會經濟領域，科學技術的進步和生產力的高度發展，使得勞動開始從體力密集型向智慧密集型轉化，這迫使企業主不得不考慮公眾和員工的態度和心理因素，從而大幅度地調整他們對生產積極性的認知。因此，導致了企業經營管理思想的重大轉變。一些有識之士開始認識到，順應民眾的社會文化心理，滿足他們更加廣泛的物質需求和精神需求，比採取以往的對抗手段來壓制他們，更有利於消除社會組織與公眾之間，以及勞資之間的隔閡與衝突，所以，必須在社會組織和公眾之間建立　種類似於人際情感的良好關係。正如美國電話電報公司董事長韋爾說的：「我們已經發現，大眾的最好利益也就是我們的最好利益，我們相信我們能有如此成就，是由於我們的經營方針一直遵循這一原則。」人們的經營管理思想和觀念的這種深刻的轉變，爲現代公共關係的產生和發展奠定了思想基礎。

三、現代公共關係發展的基本趨勢

近二十多年來，公共關係事業在全世界範圍內獲得了突飛猛進的新發展。美國湯姆生公司總裁預測，在未來的年代裏，國際公共關係和廣告業將成爲全世界範圍內發展最快的產業之一。之所以會如此，主要是由現代公共關係發展的基本趨勢，及其進一步發展的社會歷史條件的形成所共同決定的。

(一)現代公共關係發展的基本趨勢

隨著世界範圍內新技術革命的興起和經濟、政治及文化生活的一體化程度的不斷提高，公共關係從本世紀六〇年代起有了世界性的大發展，概括地說，公共關係在這一發展過程中大致呈現如下幾種趨勢：

第一，職業化程度日益提高。自從一九〇三年艾維・李創辦世界上第一個公共關係事務所以來，公共關係作爲一種全新而獨特的社會職業已得到很大發展。由於它在社會各個行業和領域中發揮著重要作用，因而逐漸從其他經營管理職能和行業中分化出來，成爲一種越來越受人們尊重和嚮往的社會職業。例如在美國，公共關係從業人員的數量迅猛增長，職業公共關係人員從一九五〇年到一九八五年增長了六點五倍，達十五萬人之多。另外，據一項調查報導，美國的公共關係從業人員認爲自己的職業地位不低於物理學家、律師、工程師和大學教授，甚至還高於飛機駕駛員、新聞記者、廣告設計師和商品推銷員。實質上，這表明公共關係職業已成爲具有社會公認的實踐技術、技巧和範圍的獨立領域，因而越來越成爲一種不可缺少的獨立性職業，成爲社會必不可缺少的重要職能部門。

第二，國際化趨勢的日益增強。由於世界政治、經濟和科學文化一體化的趨勢日益加劇，要求不同的國家和民族必須不斷加強相互之間在政治、經濟和文化等各個領域中的溝通和聯繫，從而也就促進了國際公共關係事業的蓬勃發展。目前，發展中國家、資本主義國家和社會主義國家，都普遍對公共關係給予高度的重視。國際性的公共關係公司和國際性的公共關係協會紛紛建立，國際公共關係業務往來也在不斷增多。公共關係在各種國際事務中發揮著越來越重要的作用。

第三，技術手段日益現代化。隨著現代科學技術的迅速發展，公共關係作爲一種智力密集型的新職業，其工作手段也不斷現代化。尤其在一些已開發國家，公共關係人員競相運用電子技術、通訊衛星等現代化大眾傳播媒介和資訊傳播手段，使用電腦儲存、分析調查資料，進行市場和環境預測，從而大大提高了工作的科學性和有效性。

第四，社會管理功能多元化。公共關係作爲一種專門的職業，最早源自於美國的工商企業界，因而它最先在經濟領域發揮其重要的管理功能。隨著公共關係自身的發展以及社會對其客觀需求的不斷增長，它已在越來越多的各種類型的社會組織中發揮其廣泛而具體的管理作用。如今，公共關係已不再局限於工商企業等各種形式的營利性社會組織，它已經在社會的其他領域和各種非營利性組織中發揮著重要的作用。因此，現在不僅有企業公共關係和服務行業公共關係，而且還有政府公共關係、宗教公共關係、科技公共關係、教育公共關係以及國際公共關係等等。這一切不僅增強了公共關係工作的特定性和有效性，而且也使公共關係在整個社會中發揮的作用愈加普遍和廣泛。

第五，理論的科學化和系統化。自從伯內斯開闢公共關係的理論化和科學化道路以來，在半個多世紀的歷史發展過程中，公共關係理論已日臻成熟和完善。這主要表現在：一方面，公共關係理論在吸收其他各門具體科學成果的基礎上逐漸實現自身的科學化，尤其是各門具體社會科學和人文科學的相關知識和理論，爲公共關係理論奠定了堅實的思想基礎，諸如社會學、心理學、人類學、民族學、經濟學、傳播學、管理科學和哲學等，都是現代公共關係理論賴以建立的科學基礎；另一方面，公共關係理論在吸收其他科學理論的同時，已逐漸形成一個較爲完整的理論體系，從而使自身的多學科性、交叉性和邊緣性建立在整體系統性

的基礎之上。這一切都充分擔負起指導公共關係理論的實際指引功能。

第六，民族化和公共關係意識的普及化。任何理論只有為人們所掌握，才會變成巨大的物質力量。而一種理論要為人們所掌握，就必須具有能為特定物件所接受的理論內涵和形式。由於不同的民族有其獨特的文化傳統、價值觀念、風俗習慣以及特殊的社會心理，因此公共關係理論只有汲取不同民族文化精華並構建與此相應的理論形式，才能最終發揮本身對實際運作上的指導作用。事實證明，公共關係作為一種思想理論所以能在全世界範圍內發揮重要的作用，就是因為它在與不同民族的思想文化發生相互作用的過程中能夠實現民族化。與此同時，由於公共關係理論民族化趨勢的增強，公共關係理論和思想為人們所接受的範圍在擴大，因而公共關係意識也出現了普及化的趨勢。沒有公共關係理論的民族化，就不可能使公共關係意識普及化，因而就更談不上公共關係理論對人們的各種社會行為的實際指導。公共關係事業和公共關係理論的發展，有賴於不斷實現公共關係的民族化和公共關係意識的普及化。

第七，規模日趨擴大，影響進一步加深。在近二十年的時間裏，公共關係活動和事業的規模都在不斷擴大。由於公共關係事業的發展，對公共關係人員的能力和素質的要求越來越高，因而公共關係人員的培養和教育事業也得到長足發展。八〇年代初，美國的公共關係公司就有近兩千家之多。美國政府不惜工本，每年僱用公共關係人員一萬兩千多人，經費開支近十億美元。與此同時，歐美其他各國及第三世界的許多發展中國家，也都紛紛掀起了公共關係的熱潮。公共關係不僅在工商企業界，而且在諸如工會、大學、宗教組織、政府機構乃至立法和司法機關等，都得到廣泛的關注和應用。

透過上述分析我們不難認識到，公共關係事業正方興未艾，具有寬廣的發展前景。

(二)公共關係進一步發展的社會條件

從公共關係發展的基本趨勢來看，它必將在未來的社會發展中開闢出更加寬廣的前景，並占領更加寬廣的市場。這主要是因為，當前世界環境擁有諸多有利於公共關係事業大力發展的各種客觀條件。把握這些客觀條件，將有助於我們更加具體地瞭解和認識現代公共關係發展的主流，從而推動公共關係事業的順利發展，無疑地是具有十分重要的現實意義。具體來說，保障公共關係進一步發展的社會條件主要有以下幾個方面：

首先，世界環境內的新技術革命對公共關係的進一步發展產生巨大的促進作用。這是因為，一方面，新技術革命帶來社會的產業革命，勞動生產率大幅度提高，世界各國（尤其是已開發國家）的經濟發展速度進一步加快，市場競爭更加激烈，因而整個社會也就對公共關係的進一步發展提出更高且更多的需求；另一方面，新技術革命帶來了社會的資訊化，資訊成為另一種更加重要的社會資源，它對於一個企業或社會組織能否在日益激烈的社會競爭中贏得勝利，有著重要的決定性作用，這對專門從事資訊蒐集、傳遞、加工和溝通等工作的公共關係事業，提供了大力發展的有利條件和內在推動力。

其次，當今世界的另一顯著特徵，就是不同民族、不同國家和不同地區之間在經濟、政治和思想文化領域展開更加頻繁而廣泛的交流，從而使得人們的交往關係更加複雜多樣化。因此，任何一個社會組織要想求得生存與發展的一席之地，就必須更加自覺地協調、疏導和改善這些關係，這些將對公共關係在廣度和深度上的進一步發展創造了良好的條件。

　　此外，新技術革命也帶來了資訊傳播媒介和通訊手段的現代化，這也爲公共關係的進一步發展提供了更加充分的物質技術條件。公共關係不僅在其活動的領域和內容上發生重大變化，而且勢必將改變自己原先的活動方式，改善自己的活動技巧，並進而提高活動效率。

　　總之，隨著社會的進步以及人們思想觀念的不斷更新，公共關係事業必將具有更加寬廣的發展前景。

練習、思考題

1.為什麼説人類早期的「公共關係」只有類似於現代公共關係的特性？試舉例説明。

2.現代公共關係的發展經歷了哪幾個歷史時期？各個歷史時期的主要特點是什麼？

3.現代公共關係興起的主要原因是什麼？

第三章

公共關係的功能

　　公共關係的功能是指公共關係對社會組織及其社會環境所發揮的積極、獨特的作用與影響。公共關係的功能經歷了一個不斷演變、發展的歷史過程。最初它只是一種簡單宣傳活動，發展到今天已成爲一個多元化、多層次的功能體系。研究公共關係的獨特功能，對於進一步瞭解公共關係的實質，瞭解它在社會組織以及整個社會生活中的地位，從而有目的、有計畫地開展公共關係工作，有著十分重要的意義。

第一節　公共關係對組織的功能

　　社會組織是社會分工體系不斷發展的產物。構成組織環境的現代社會本身就是一個功能高度分化、各個結構要素之間存在著一種互爲條件、互爲因果的功能耦合關係的大系統。在這個大系統中，任何社會組織的生存和發展，都須以滿足其他結構要素需求，並共同建立功能耦合關係爲前提。因此，不管社會組織領導人的意識與否，其組織存在與發展本身就蘊含了它與社會，包括與政府、與消費者、與內部員工、與社區等公衆的依賴關係。只有與公衆建立了相適應的關係，組織才會被社會所認可、所接納，才會獲得存在的必要性與合法性。公共關係對社會組織的作用正是表現在它幫助組織與公衆之間建立這種相適應的關係。具體說來，它透過以下幾個方面實現這一積極作用：

一、監測環境

　　所謂監測環境，指觀察與預測影響組織生存與發展的公衆情況和其他環境變化情況。

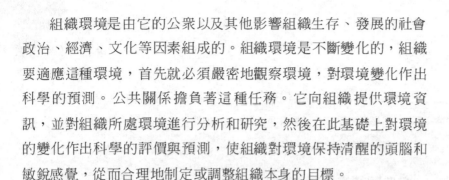

組織環境是由它的公眾以及其他影響組織生存、發展的社會政治、經濟、文化等因素組成的。組織環境是不斷變化的，組織要適應這種環境，首先就必須嚴密地觀察環境，對環境變化作出科學的預測。公共關係擔負著這種任務。它向組織提供環境資訊，並對組織所處環境進行分析和研究，然後在此基礎上對環境的變化作出科學的評價與預測，使組織對環境保持清醒的頭腦和敏銳感覺，從而合理地制定或調整組織本身的目標。

(一)蒐集資訊

公共關係對組織環境的把握是從蒐集環境的資訊開始的。資訊是現代社會組織賴以生存的基礎，組織環境的資訊除包括組織所面臨的自然環境情況外，也包括組織所處的人文環境情況：亦即既包括組織外部的公眾情況，也包括組織內部的公眾情況。

組織自然環境資訊包括組織所處地理位置、自然資源、生態環境、道路交通等方面的情況。相對組織的人文環境來說，自然環境一般比較穩定，較易掌握。人文環境則往往瞬息萬變，錯綜複雜。組織公共關係工作主要是關於人文環境的工作，它包括與組織利益相關的公眾態度、意見及其變化，這中間包括了國內外政治、經濟、文化等方面的動態。這些資訊主要有：

1.公眾需求資訊

公眾需求是公眾態度與意見的基本出發點，組織要與公眾建立良好的關係，不瞭解公眾的需求是難以成功的。公眾需求一方面是組織生存和發展的依據和動力，另一方面也是公眾利益和興趣之所在。只有重視公眾的需求並做到盡可能滿足，才會贏得公眾的認同。

公眾需求是多方面的，既有物質方面需求，也有精神方面需

求；既有眼前需求，也有將來需求。滿足公眾的精神需求也許不會直接給組織帶來利益，因而常常被組織所忽視，但它卻可以聯絡組織與公眾的情感。另外，公眾的將來需求也不容忽視，它是組織開發新產品、提供新服務、增強競爭能力的最可靠的資訊泉源。美國國際商用機器公司能夠預測未來五至十年內它的用戶將要面臨的問題和需要的裝備，這不能不說是它成功的一個秘訣。

2.公眾關於產品形象的資訊

產品形象是一個組織的產品或服務在公眾心目中的觀感，尤其在顧客公眾心目中的印象和評價。產品形象是組織生存與發展的關鍵。如果誰都不願意買某個組織的產品或不願意接受某個組織所提供的服務，那麼這個組織就失去了存在的意義。公眾對產品的觀感和評價是多方面的，比如質量、性能、用途、價格、包裝、與同類產品的比較、售後服務等等。蒐集這方面資訊的最好途徑就是公共關係人員直接與顧客或消費者接觸，聽取他們對本組織產品的各種反映。透過和用戶直接接觸的方法，瞭解用戶對產品的意見和建議，並根據這些意見和建議，不斷改進產品或開發新產品。

3.公眾對組織形象評價的資訊

產品形象是構成組織形象的基本要素，但不是唯一要素。在激烈競爭的社會裏，組織單靠產品的優勢還不足以贏得公眾，有些生產優質產品的企業仍然倒閉了，主要原因之一就在於他們忽略了組織形象等要素的建構。組織形象不僅影響企業的盈虧，還直接影響企業的資金籌措、人才招聘、原料採購、產品銷售、市場佔領以及政府對企業的態度等。

組織形象包括公眾對組織工作效率、經營管理水準、人員素質、服務質量、履行社會職責等的反映與評價。公眾往往把組織

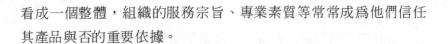

看成一個整體，組織的服務宗旨、專業素質等常常成爲他們信任其產品與否的重要依據。

4.公眾其他資訊

除了與企業直接相關的公眾資訊外，另外還有一些有關他自身狀況的資訊亦應予以關注。這些資訊往往是公眾對組織態度與意見的背景材料。組織內部公眾是組織得以運轉的基本前提，他們的心理個性、家庭狀況，公共關係部門應該掌握。組織外部公眾中的關鍵人物以及其心理個性、家庭狀況等亦應掌握。另外，組織外部公眾的動向、競爭者的動態、合作者的態度、新聞界的動態等等情況，也應詳細瞭解。

5.其他社會資訊

國內外政治、經濟、文化、科技等方面的重要變化，可能直接、間接地影響到組織的生存與發展；社會時尙潮流、大眾心理趨勢的變化，亦會對組織的產品或服務產生作用。組織應從宏觀的角度上把握各種動態資訊，審時度勢。

(二)研究資訊

公共關係工作絕非只是把蒐集的資訊提供給組織決策機構後便結束。它們更需要科學化地監測組織環境，另外還必須對蒐集來的資訊進行深入的分析與研究，作出科學的解釋和評價，並找出組織目前存在的和將來要面臨的問題，從而提出相因應的建議。國外對資訊的研究極其重視，因爲它可使組織不僅能掌握公眾有什麼想法和意見，還能掌握公眾爲什麼有這種想法和意見；不僅能瞭解組織現有的問題和機會，還能瞭解組織潛在的問題和機會；不僅能知道國內外政治、經濟等的變化情況，還能知道這些變化會如何牽動公眾態度，以及組織與公眾關係所帶來的影

響，從而幫助組織制訂易於為公眾所接受的政策。

公共關係對資訊的研究，不僅是對上述公眾需求資訊、產品形象資訊等的研究，還包括對組織公共關係活動效果的研究，即分析和檢測公共關係活動對公眾態度、公眾行為、社會輿論的影響及其產生的變化；不僅要對公眾進行整體的分析與研究，還要將公眾進行分門別類（如對員工、顧客、供應商、社區等各種公眾）獨立地進行各種研究。資訊的蒐集與研究常常不是分開來進行的，而是交彙在一起，透過對蒐集來的資訊研究發現問題，然後針對這一問題，再進一步地蒐集有關方面的資訊。

二、幫助決策

組織決策是組織針對存在的問題，確定解決問題的行動方案的過程。由於組織環境和公眾在組織生存與發展中產生強化的作用，公眾是否會接受一個已經提出的政策，是當今社會組織決策時應考慮的重要因素。因此，公共關係部門必須就有關組織環境問題、公眾關係問題向組織決策機構提供諮詢，參與組織決策的整個過程。只有當公共關係成為最高管理層進行決策的一部分時，公共關係活動才能最有效率。因此，絕不可把公共關係當作只是在政策、方案形成後報導或發佈資訊的工作。

公共關係部門參與組織決策通常分為四個環節：

首先，公共關係部門為組織決策提供有關環境的資訊。一方面，公共關係部門利用它與外部各界的廣泛聯繫，為決策開闢廣泛的外源資訊管道，提供第一手的準確資訊；另一方面，公共關係部門利用它在組織內部的溝通管道，為決策提供內源資訊，促進決策科學化、民主化。

其次，公共關係部門幫助組織確定決策目標。現代企業決策

的日益專門化，整體決策目標往往被分解爲各個職能部門的專門決策目標，譬如生產決策目標、技術開發決策目標、財務決策目標、市場營銷決策目標等等。各職能部門的專家或管理人員往往將決策的焦點高度凝聚於本部門的職能目標，難以從全局和社會的角度去考慮整體決策目標，因此，需要公共關係部門站在公眾和社會的立場上，對各職能部門的決策目標進行綜合評價，敦促有關部門或決策當局，依據公眾需求和社會價值及時修正可能導致不良社會後果的決策目標，使組織決策目標既反映組織發展的要求，也反映社會公眾的需求。也就是說，協調組織與公眾利益，把組織引向利益交彙點，而个是引向組織利益和其他公眾利益的衝突點。

第三，公共關係部門幫助組織擬訂決策方案。決策方案是保證決策目標得以實現各種措施的總和。決策方案的擬訂實際上包含了以下兩個環節：設計方案壞節和選擇方案環節。

在設計方案這一環節，公共關係部門力促公共關係目標在方案中得到落實，以保障公眾的利益。同時，還應提醒設計者考慮各類公眾情況的變化，考慮實施方案時會遇到的各種可能性，包括向好和向壞兩個方面發展的可能性，從而制訂靈活的應變措施。

在選擇方案這一環節，公共關係部門力主把公共關係原則放進方案標準中，把公眾當作最有權威的評議者。

第四，公共關係部門幫助組織實施決策方案。公共關係部門不僅作爲組織的智囊部門，爲組織提供諮詢、建議，同時，它也作爲組織的執行部門，具體幫助組織實施決策方案。公共關係部門一方面要協助組織把決策方案傳達到各個部門甚至每一個員工那裏，幫助他們理解決策方案；另一方面又需要對其實施效果進行觀察、分析、評價，並及時反饋給決策部門，以便對原決策作

出必要的調整，或爲新的決策活動提供正確的資訊。

三、宣傳引導

公共關係活動的目的在於爲組織樹立良好形象，以贏得有利於組織生存與發展的環境。組織的良好形象必須建立在組織自身做得好的基礎上。同時，還要大力宣傳組織做出的成績，從而影響或引導公衆輿論，使之有利於組織本身。

國外公共關係工作極爲重視公衆輿論，並有較深入的研究。在英文裏，公衆輿論就是 public opinion，直譯過來就是「公衆的意見」。公衆對組織的評價和意見，既是組織在公衆心目中的形象，亦是組織所面臨的輿論環境。公共關係工作不僅要向組織提供和解釋公衆對組織的評價和意見，而且還要透過有說服力的宣傳，影響或引導公衆的評價和意見。從這個意義上來說，公共關係就是分析和影響公共輿論的工作。因此，作爲公共關係人員，瞭解輿論的形成和輿論影響的過程，是做好公共關係工作的基礎。

組織所面臨的輿論環境是複雜多變的，處於不同輿論環境下，公共關係宣傳引導的重點、內容都不一樣。一般來說，當一個組織剛剛創建時，或推出某種新產品、新服務時，公共關係部門要負責爲其大力宣傳，製造輿論，從零開始建立這個組織或某個新產品、新服務的良好聲響。當一個組織順利發展時期，即指組織運轉正常、信譽已經建立的時期，公共關係部門就應致力於保持和維持對組織有利的輿論，同時又不斷尋找宣傳的契機，進一步擴大組織的影響。當一個組織身處逆境時，即指組織運轉面臨困境甚至危機、組織形象遭到損害時，公共關係部門就應促進或強化有利輿論，爭取獨立輿論，扭轉或反擊不利輿論。譬如，

某個組織發生了意外事故，在公眾中造成不良影響，這時的公共關係工作一方面應就事件的眞相，包括它的起因和後果向公眾和新聞媒介進行誠實的溝通，切記不要封鎖事實，製造假象。另一方面積極協助組織制定和實施事故處理措施，包括承擔責任和補救的方法、行動。同時還要大力宣傳組織對這一事件的積極處理措施和行動，發揮輿論導向作用，引導公眾客觀地、全面地、公正地評價組織，避免公眾輿論的情緒化、片面化。

要做好輿論的宣傳與引導工作，得到輿論領袖的支援十分重要。輿論領袖亦稱爲「意見領袖」，指那些能左右群體意見，在公眾中有相當大影響力的人。如果能使他們與你的觀點一致的話，那麼再去影響其他更多的公眾就會相當容易了。

四、溝通協調

在現代社會，組織是一個開放系統，它必須和周圍環境建立廣泛的聯繫。宣傳引導是這種聯繫的重要內容。此外，公共關係部門還應透過其他一些日常交往活動，如座談會、聯誼會、研討會、節慶活動、參觀拜訪、社會服務、社會贊助等，與公眾進行有效的溝通，培養公眾對組織的感情，贏得他們對組織的理解和支持。如果說宣傳引導側重於從組織到公眾的定向影響、著眼於對公眾認識的引導的話，那麼溝通協調則側重組織與公眾之間雙向對稱交流，著眼於組織與公眾情感的聯絡。

組織內部溝通是讓管理部門和員工彼此之間瞭解對方的想法和意圖，協調好管理部門與員工、管理部門與股東，以及管理部門之間的關係。經驗證明，企業內部關係緊張，員工抱怨較多，很多都是由於內部溝通不夠。成功的組織必然有一個高效率的資訊溝通網路，保證上下左右全方位資訊交流的順利暢通，從而形

成一個充滿信任、團結合作氣氛的良好內部環境。

組織外部溝通是組織與其外部各類公眾之間進行的資訊交流。這種資訊交流能避免或減少組織與其外部環境間的摩擦和衝突,即便發生了衝突,也能在溝通基礎上迅速予以協調淡化。組織作為社會的一員,對社會福利、衛生、教育、市政建設和文化生活的發展負有社會責任;同時,組織也只有在一個健全的社會裏,才能求得生存與繁榮。組織對社會的贊助,幫助解決社會問題,可以在社區、媒介、顧客、員工等公眾心目中樹立社會責任感強的良好形象,贏得公眾的好感。一九八三年美國波士頓大學理查·羅厄瑞教授的調查研究結果表明,那些給公眾印象社會責任感強的公司,往往也是盈利較多的公司。因此,社會贊助是一項既對公眾有利也對組織有利的活動。企業在加強這方面認識的同時,還需建立健全的審批、管理社會贊助的機制,使社會贊助成為企業經營活動的一部分。

五、全員教育

公共關係是全體成員的公共關係。從創立優質化產品、提供優質化服務到宣傳引導公眾輿論,都離不開組織全體成員共同和持久的努力。要使這種努力變成一種自覺的、主動的甚至習慣的行為,必須增強組織全體成員的公共關係意識,使組織從最高領導階層到一般辦事人員都養成自覺珍惜組織良好形象和聲譽的職業素質,即便是一個電話、一封回信,都應考慮到對組織形象和聲譽的影響。同時,公共關係人員在幫助組織管理部門瞭解大眾媒介是如何工作的,以及它們在社會中所扮演的角色等方面,也具有重要的教育作用。

第二節　公共關係對社會的作用

　　公共關係對社會的積極作用表現在它透過強調社會組織的社會責任，並督促組織履行這種社會責任，幫助組織適應社會的發展，因而促進了社會環境的整體優質化趨勢。

一、社會互動環境的優質化

　　社會互動是社會學的術語。在社會學中，它指社會的橫向關係，指社會上人與人、群體與群體之間的交往和相互作用。公共關係學以在社會互動中佔有重要地位的群體互動為研究對象，涉及到群體與群體、群體與個人之間的互動，同時還間接涉及到社會人際互動。

　　公共關係對社會互動環境的優質化，透過溝通社會資訊、協調社會行為、淨化社會風氣來實現。

(一)溝通社會資訊

　　溝通社會資訊是社會互動的一個基本內容。可以說，沒有溝通，也就沒有社會互動。公共關係不僅為社會提供了溝通的管道，而且為社會溝通創造了良好的氣氛。

(二)協調社會行為

　　社會互動不僅是雙方資訊的溝通，同時也是雙方行為的交往。社會是一個由各部門組成的團體，其組成部分自然有著各自的利益、各自的追求。然而，社會畢竟又是一個團體，它需要團

結合作，以便協調行動。

　　公共關係協調社會行為，是透過向社會灌輸強烈的環境意識、高度的責任感、增進社會交往、促進團體合作等來實現的。

(三)淨化社會風氣

　　在社會互動過程中，互動雙方一方面影響著社會風氣，另一方面又直接受社會風氣所影響。社會風氣好壞可以透過社會互動反映出來。

　　公共關係引導社會樹立新觀念，將公正、透明、信譽、互惠引進在互動關係中，如此一來也淨化了社會良好的風氣。

二、社會心理環境的優質化

　　西方一位心理學家曾說過：進入二十世紀後，對人類威脅最大的不是洪水，不是戰爭，而是一種心理疾病。現代西方工業社會一方面是高科技的飛速發展，另一方面卻是人類美好情感和個性的嚴重喪失，造成人們心理嚴重的失衡。

　　公共關係在一定程度上有助於克服這種病態的社會心理，培養健全的社會心理。美國著名心理學家馬斯洛認為：心理病態的人就是從來也沒學會跟他人建立良好人際關係的人。這種人在與他人的關係中得不到尊敬與承認，得不到愛與幫助。任何個人都有合群的需要、情感的需要、交往的需要，如果這些需要得不到滿足，就會導致個人心理失調。公共關係雖不等於人際關係，但它卻涉及人際關係問題，它所強調的組織與公眾間交往的真誠、平等、互利等，帶給人們的一種良好的關係氣氛。它幫助人們走出自我封閉的心理，擺脫孤獨和隔閡、恐懼和憂慮，適應現代開放社會，從而使社會心理環境得到優質化。

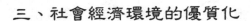

三、社會經濟環境的優質化

經濟繁榮是一個社會現代化的基礎。經濟環境是社會環境的主要方面。公共關係有助於營利性組織爭取最好的經濟效益，從而促使整個社會經濟繁榮。

優質化經濟環境不只是表現在促使經濟增長方面，它還表現在促使所有社會成員消除貧困，使廣大人民的教育、醫療、衛生、社會福利等條件不斷獲得改善。公共關係溝通了社會各部門、各團體之間聯繫，促使它們齊心合力承擔各種社會義務，改善經濟條件，清除經濟環境中弱勢、落後的部分。

四、社會政治環境的優質化

社會政治環境是聳立於社會經濟之上的上層建築，其中最重要的就是它的政治制度。社會現代化的發展，要求政治制度向民主化發展。公共關係既是民主政治的產物，反過來又促進民主政治的建設。

公共關係主要從兩個方面來促進民主政治的建設：一是樹立「人民本位」思想，增強社會管理人員的公僕意識和人民群眾的主人翁意識；二是滿足人民群眾參與社會公共事務決策和管理的願望。

公共關係強調「公眾至上」，主張社會組織的一切行為都應立足於滿足社會成員的各種需求，熱忱為他們提供各種優質化服務。這種主張甚至成為組織的一種信念，一種經營哲學，從而培養了社會管理人員強烈的公僕意識，使他們自覺地深入民眾之中，關心他們的欲望，傾聽他們的呼聲，幫助他們解決問題。另

一方面，社會成員看到自己的欲望得到重視，自己的問題有人關心，所提的建議能被採納，強烈的主人翁意識被喚起，激發出一種參與社會事務管理和決策的極大熱情。這些對政治環境的優質化是十分有益的。

練習、思考題

1.如何理解公共關係對組織和社會所發揮的作用？

2.公共關係對環境研究的意義和內容是什麼？

3.如何理解公共關係在市場營銷中的作用？

4.公共關係優質化社會環境體現在哪些方面？

第四章
公共關係的組織機構

公共關係事業的迅速發展，其重要表現是各種類型的公共關係組織如雨後春筍般湧現出來。根據公共關係的歷史與經驗，可以將公共關係組織機構分為三類，即組織內部的公共關係部、社會上的公共關係公司和各種公共關係社團。

第一節　公共關係部

公共關係部指組織內部針對一定的目標，為推展公共關係工作而設立的專業職能機構，有的也叫公共事務部、公共資訊部、公關廣告部或社區關係部。

公共關係本身的職能，客觀上要求必須由與其相適應的組織機構來執行。蒐集資訊、監測環境、諮詢建議、參謀決策、社會交往、協調關係──這些工作必須由專門的公共關係機構來承擔。

公共關係部的組建是由組織自身狀況和公眾的特點，以及組織與公眾之間聯繫的狀況所決定的。工業生產企業的公眾主要是用戶（或供應商、批發商），商業經營企業在商品買賣過程中面臨的公眾是顧客，賓館、飯店、服務業的公眾是賓客……等等。這些組織與公眾時時刻刻都有著密切的利益關係、協同關係或感情關係。透過公共關係部，可以協調組織與公眾的關係，在公眾中樹立良好的組織形象，築起組織與公眾之間感情的橋樑和溝通的管道。

籌建公共關係部是有效地推展公共關係工作的組織基本保證。公共關係工作推展得好的單位，都有一個顯著的特點：公共關係機構健全且能充分地發揮其作用。

一、公共關係部的地位與職能

　　社會組織各類職能機構的設置，都是依據社會生產和社會進步的需要而定的。每一機構的設置，都是特定社會需要的產物。

　　公共關係部與組織內部的人事部門、計劃部門、業務部門、財務部門一樣，是十分重要的職能部門。公共關係部在組織內充當的角色為：

(一)公共關係部是組織的資訊情報部

　　公共關係的首要職能就是蒐集資訊，任何關係到組織生存、發展的資訊都是公共關係機構蒐集的對象。組織透過對這些訊息的蒐集和整理，瞭解現狀，預測趨勢，適應變化。公共關係部在這方面要做的主要工作有：(1)瞭解內部公眾對組織的意見和建議。(2)瞭解社會政治、經濟、文化的現狀及變化，並預測其未來趨勢。(3)瞭解外部公眾對本組織方針、政策、行為的反映等等。公共關係部著重在建立廣泛的社會聯繫和暢通的資訊網路系統，發揮著組織「耳目」的作用。

(二)公共關係部是組織的決策參謀部

　　由於公共關係的工作關係到組織的信譽和形象，關係到與公眾的溝通，關係到組織戰略目標的實現，因而它不是一般的管理部門，而是組織的「智囊團」、「思想庫」。公共關係部不是一線指揮和最後決策部門，而是在蒐集、整理、分析資訊的基礎上，提供可供選擇的決策方案，協助決策階層進行決策。在現代社會，任何一個組織不能不考慮決策可能帶來的社會後果，公共關係部就是要站在組織目標和社會需要的立場上，綜合評價各職能

部門的活動已經或可能引起的社會效果，維持組織與外部環境的動態平衡。就一個企業而言，如果說總工程師是企業的技術參謀，總經濟師和總會計師是經濟參謀，那麼，公共關係人員就是企業的社會決策參謀。公共關係部在這方面的具體職能是：為協調組織與環境（公眾）的關係制定可供選擇的行動方案；協助決策者分析和權衡各種方案的利弊得失；預測組織行為將產生的社會影響及後果；敦促和提醒決策者及時修正會導致不良結果的政策與行動。為了保證公共關係部這一職能的發揮，不僅要求組織決策的民主化和科學化，而且在可能的條件下，要求組織的決策者親自領導這一部門，或擔任這一部門的負責人。

(三)公共關係部是組織的文宣部、外交部

一個組織要獲得公眾的瞭解、理解和信任，取得公眾的支援與合作，需要不斷地向公眾宣傳組織的政策，解釋組織的行為，增加組織的透明度。隨著組織與外界交往日益密切，對外聯絡和應酬交際的任務越來越重。同時，組織與外部的各種摩擦和糾紛也隨之增多，需要進行協調，公共關係部作為一個組織的對外機構，就得擔負起這些工作。在一定意義上說，公共關係部是組織的「喉舌」、「外交官」。

二、籌建公共關係部的原則

籌建公共關係部是組織內部機構建設的重要內容，應當根據社會環境和自身的需要統籌考慮。

(一)精簡的原則

這就是在公共關係組織結構、規模符合公共關係工作需要的

前提下，將人員減少到最低限度。精簡的關鍵是精，即工作效率要高，應變能力要強，能夠在較短的時間裏，用最少的人力去完成任務。精簡的主要標誌有：配備的人員數量與所承擔的任務相適應；機構內部分工粗細適當；職責明確，並有足夠的工作量。

(二)自動調節的原則

公共關係部具有相對的獨立性，能夠在確定的範圍內自主地履行職責，並能適應客觀環境的變化。在公共關係部內部也要給各工作環節一定的靈活性，使其能夠在不斷變化的客觀環境中主動地去處理問題。當然，這種靈活性是以實現總目標為前提的。

(三)專業性原則

公共關係部是專門推展公共關係工作的組織機構，它的每一項工作都涉及到組織的聲譽和影響。因此，在組織上和工作內容上都要保證其正規性。如果把與公共關係無關的事務性工作都交給公共關係部去辦理，勢必會影響其正常工作。在公共關係工作內容專業化的同時，還應做到隊伍的專業化，即公共關係部的全體人員應具有強烈的公共關係意識、受到一定的專業訓練、具有一定的專業水準和能力、具有開拓創新的精神等。

(四)協同性原則

在實現公共關係目標時，公共關係部要依靠其他部門的配合。公共關係部主要擁有溝通、協調、組織的作用。同時，要考慮到公共關係部與其他職能部門的關係。透過公共關係部協調多方面、多層次錯綜複雜的關係。對外發揮主動溝通的作用，這是籌建公共關係部的目的之一；對內能夠維繫組織各方面關係的平衡，這是實現公共關係目標的必要條件。

(五)服務性原則

公共關係部接受組織最高領導層的領導，並對其負責。但它不是領導部門，也不是直接的經營管理部門，在指導思想上必須明確公共關係部服務的性質，否則工作就會偏離正確的軌道。

(六)針對性原則

在組建公共關係部時，要根據不同的工作性質和組織面對不同的公眾來設置機構、安排人員，不一定用一個固定的模式。只有這樣，才能使機構富有特色，更具有效率和實用性。

(七)權力與責任相適應的原則

公共關係部及其人員均應有在規定的範圍內從事某項工作的權力，同時承擔一定的責任。責任是權力的基礎，權力是責任的保障，責任與權力不相適應，工作則不能正常進行。

三、公共關係部的一般模式及與其他機構的關係

(一)公共關係部一般模式

1.按照公共關係的工作特點來考慮

依工作特點來考慮，公共關係部的組織可分為：

(1)按公共關係工作手段設置，其組識結構請參考**圖**4-1。
(2)按公共關係工作對象設置，其組識結構請參考**圖**4-2。
(3)按公共關係工作區域設置，其組識結構請參考**圖**4-3。

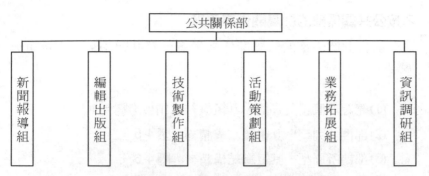

圖4-1　按工作手段設置的公共關係部

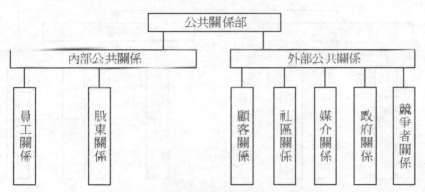

圖4-2　按工作對象設置的公共關係部

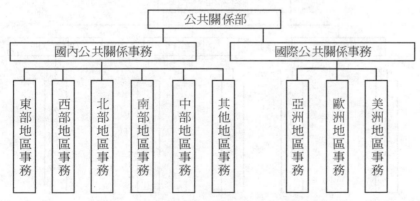

圖4-3　按工作區域設置的公共關係部

2.按公共關係部的隸屬關係來考慮

依公共關係部的隸屬關係來考慮，公共關係部的組織可分
爲：

(1)總經理直接負責型，其組識結構請參考**圖**4-4。

(2)部門並列型，其組識結構請參考**圖**4-5。

(3)部門所屬型，其組識結構請參考**圖**4-6。

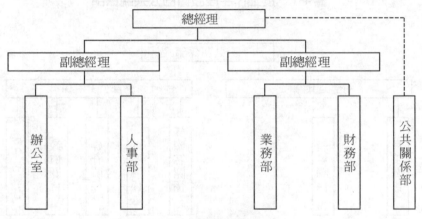

圖4-4　**總經理直接負責型**

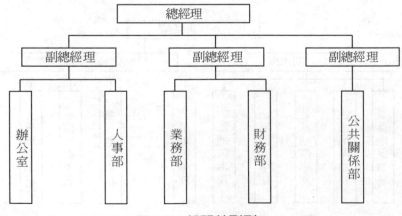

圖4-5　**部門並列型**

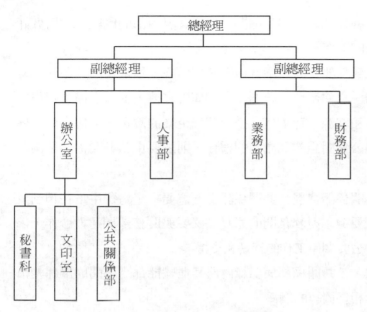

圖4-6　部門所屬型

　　上述三種類型中，總經理負責型是較為理想的模式，公共關係部單獨設置，直接接受總經理的領導，在組織形式上明確地表明公共關係工作的重要地位。部門並列型表明公共關係部與其他職能部門一樣有自己的專門工作內容，同時表明它還是總經理負責型的一種特殊形式。

(二)公共關係部與其他機構的關係

　　公共關係部與組織內部的其他部門有著密切的聯繫。公共關係部的各項工作，都要得到其他部門的配合，既有分工又有合作，才能充分實施公共關係計畫。

　　公共關係部要發展良好的員工關係，就必須取得工會、人事部門的支援。向職工普及公共關係的知識、進行職業教育，由公共關係部門負責，至於人事錄用、人事管理等則是人事部門的工

作。公共關係部和人事等部門一同爲實現內部的團結，共同做好員工協調的工作。

公共關係部要向公眾宣傳組織的形象，推銷產品及服務，離不開廣告、宣傳部門。一個企業的廣告宣傳主要爲了擴大銷售，爭取用戶和客源，而如何向公眾解釋企業的政策，宣傳企業的優點，贏得公眾對企業和產品的信任，則主要由公共關係部策劃、實施。

公共關係部實現公共關係計畫，需要一定的費用。在編制預算時，既要徵求財務部門的意見，又要與財務部門通力合作，求得他們對公共關係工作的理解和支援。

總之，公共關係部與組織內部其他職能部門之間的關係是相互促進、相互協調的關係。

四、公共關係部的規模及內部分工

(一)公共關係部的規模

確定組織內部公共關係部規模的主要依據是：

1.組織規模的大小

一個組織的規模越大，內部的人員、部門越多，與外部聯繫、需要協調的關係也越多，客觀上要求必須有與其規模相適應的公共關係機構，例如，大中型企業可以單獨籌建公共關係部，而小型企業則沒有這個必要，可任命專職的公共關係人員或聘請顧問來做部分公共關係工作。在美國，年產值超過十億美元的巨型企業，公共關係部的工作人員平均爲四十四人；一般的大中型企業平均十人；其他文教、醫療等非營利性組織平均爲六至七

人。

2.組織的最高決策者對公共關係價值的認定程度

公共關係部的地位及規模，在一定程度上取決於決策者對公共關係瞭解、理解、相信的程度。一個公共關係意識強烈、重視公眾工作的領導者，會將公共關係工作放在重要地位，並賦予相對應的權力，以便充分發揮其作用。公共關係專家普遍認為，推動公共關係工作的動力應始於組織的最高層。

3.組織對公共關係的需求程度

不同的行業和部門，由於外部環境以及組織內部的運行機制不同，對公共關係的需要程度也各異。處於買方市場條件下的企業與處於賣方市場條件的企業，對公共關係需求的緊迫性是有不同的。

(二)公共關係部的內部分工

公共關係部的內部分工，一般可分成對內關係、對外關係、專業技術製作三個方面。

1.對內關係

公共關係部需要與人事部門、經營和財務部門合作，共同處理員工關係、股東關係、部門關係。處理這些關係主要運用編印刊物、年度報告、員工調查、雙向溝通等方法、手段，增強員工和股東的歸屬感、榮譽感，調動員工的積極性，使全體員工精誠團結。

2.對外關係

公共關係部需要設專人處理與顧客、社區、政府部門、新聞媒介等單位和部門的關係，以鞏固和改善組織與外界各方面的關

係，廣結良緣，爲組織樹立良好的社會形象。

3.專業技術製作

公共關係工作有許多專門的技術方法，比如寫作、編輯印刷、新聞發佈、廣告製作、組織專題活動等，公共關係部內部按工作手段和技巧進行分工，有助於提高技術水準。

第二節　公共關係公司

公共關係公司，又稱公共關係諮詢公司、公共關係顧問公司，它是由各具專長的公共關係專家組成，運用專門知識、技能和經驗，受客戶委託，專門從事公共關係活動和諮詢的服務性機構。由於公共關係公司在推展公共關係工作時影響廣泛，效果顯著，很多客戶的公共關係業務均委託公共關係公司代理。

公共關係公司是隨著公共關係作爲一種職業的出現而產生和發展起來的。它誕生於本世紀初的美國。被後人稱爲「現代公共關係之父」的艾維·李於一九〇三年首創了具有公共關係公司性質的事務所。一九二〇年N. W. 艾爾正式開辦了公共關係公司。由於公共關係公司在克服美國三〇年代經濟危機中所發揮的作用，它在社會（特別是在工商企業）中的地位被確立。在美國，大約有兩千家公共關係公司；在英國，有六百多個公共關係諮詢機構；在香港地區，有二十餘家公共關係公司。

公共關係公司的出現絕非偶然。在商品經濟發達和市場競爭激烈的社會裏，不同的社會組織，客觀上都需要推展公共關係工作。但因組織的類型、行業的特點、單位的規模不同，需要不同類型的公共關係機構。規模較大、資金雄厚的企業單位有條件組

建組織內部的公共關係機構，而規模較小的社會組織無力也無必要專門建立公共關係部門。即便是組織內部設有公共關係部的機構，它們也往往需要在某一個專門問題上求助於同行專家。這便為公共關係公司的出現提供了可能性和相關的條件。社會上需要有專門的人員、專門的機構從事專門的公共關係服務，公共關係公司的應運而生正巧能滿足這種需求。

一、公共關係公司的特點和職能

(一)公共關係公司的特點

公共關係公司已在全球成為一新興的、蓬勃發展的組織。國外許多企業不僅在內部設置公共關係部，而且還聘用公共關係公司的專家作為顧問。在美國，三分之一工商企業的公共關係活動由公共關係公司代理，隨著公共關係公司信譽和策劃水準的提高，服務專案不斷擴大，它在社會生活中發揮著愈來愈大的作用。

公共關係公司從事或代理公共關係業務有如下特點：

(1)觀察分析問題具有客觀性。由於公司與委託辦理業務的組織單位沒有直接的利益關係，公共關係公司的人員不是客戶的員工，因而可以從外部冷靜地觀察問題，實事求是地分析問題，對問題做出客觀的估價。

(2)提出的建議和方案具有權威性。公共關係公司是由各具專長的專家們所組成，這些專家有著豐富的公共關係實務經驗，所以，他們提出的建議和方案更具說服力，容易受到決策者的高度重視。

(3)資訊來源的廣泛性和管道的網路性。公共關係公司長期從
事公共關係實務，已經建立起一套較為完善的資訊網路，
與政府部門、社會團體、新聞媒介等有密切聯繫，資訊來
源廣泛，管道通暢，客戶可以充分地利用有關資訊，作為
決策的依據。

(4)公共關係活動整體規劃的經濟性。這一點主要是對中小企
業單位而言的。組織內部設置公共關係部，必然會增加人
員，從經濟的角度考慮，並非是最佳選擇。針對組織的目
標和計畫，推展專業性強、規模較大的公共關係活動，整
體規劃之後，如果經濟上合算，也可委託公共關係公司代
理。

由於公共關係公司不隸屬於某一組織，故對客戶的情況瞭解
不多，同時，公司與客戶之間還存在著溝通的困難、障礙，因
而，也有一些存在上的劣勢。這在一定程度上影響了公司業務的
拓展。

(二)公共關係公司的職能

按照客戶對公共關係公司的特定要求，公共關係公司的主要
工作是：

(1)確立目標，調查研究：根據客戶所要實現的公共關係目
標，透過市場調查、民意測驗等手段，調查研究影響公共
關係目標實現的因素，分析公共關係的現狀，提出解決問
題的辦法。

(2)制定和實施計畫：在調查研究的基礎上，幫助客戶制定出
有效的公共關係計畫，經過可行性研究後，逐項落實實
施。

(3)提供諮詢服務，作爲決策參考根據：針對客戶要求，有針對性地提供諮詢服務，向委託單位提出解決問題的具體方案。

(4)代理公共關係業務：爲客戶進行公共關係策劃，代理專門的公共關係業務，幫助客戶樹立信譽，塑造形象。

(5)提供全面公共關係服務：爲客戶全面規劃實施公共關係工作。

公共關係公司的工作程序如圖4-7所示。

需要特別指出的是：一個專業公共關係公司一定要避免超越自己的特定職能，不能從事直接的、具體商品貿易或開辦自己的生產企業，否則，就會在公眾中失去能夠向大家奉獻無私服務的形象，成爲狹隘的利益集團。

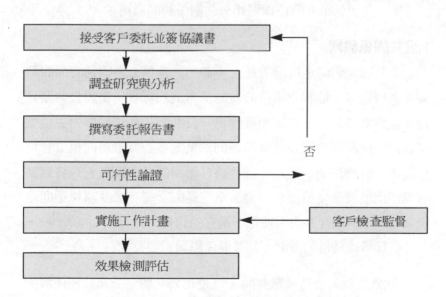

圖4-7 公共關係公司工作程序圖

二、公共關係公司的種類

公共關係公司的結構模式是多種多樣的，從不同的角度觀察，可劃分爲不同的類型。從工作範圍劃分，公共關係公司有跨地區、跨國度經營的大公司，也有局限於一個地區、小範圍的小公司；從業務內容區分，有可以承辦數項乃至數十項業務的公司，也有承辦單項業務的公司；從服務對象區分，有爲各行業服務的綜合性公司，也有爲特定行業服務的專業公司等等。

下面我們重點介紹按規模分類的公共關係公司情況。

按規模分類可以將公共關係公司分爲單一型和集團型公司。

(一)單一型

單一型包括公共關係顧問和公共關係顧問公司。

1.公共關係顧問

公共關係顧問是指爲委託人（客戶）提供公共關係方面的諮詢並進行指導、能獨立承擔公共關係專案的專家。美國公共關係協會顧問處將公共關係顧問解釋爲：公共關係顧問應努力去估價和審度來自顧客方面及社會各界的意見，並將其發現向企業管理部門作一解釋說明，然後，這些擔任顧問的公共關係人員將幫助管理部門最後確定改變或改善公衆意見的計畫。公共關係顧問是企業管理機構的合夥人，而絕不是它的代替人。

按任職或聘用的情況，公共關係顧問主要有：

(1)公共關係公司專職顧問。這是在公共關係公司長期任職的公共關係專家，他們是公共關係公司的主幹力量，按照專業的不同，又可分爲各種不同的專業顧問。

(2)公共關係公司兼職顧問。某人在公共關係方面具有一定聲譽或專業特長，本身不在公共關係公司任職，公司方面聘任其爲兼職顧問。

(3)企業或其他組織直接聘用的顧問。企業或其他組織，有的設立了公共關係部，有的未設公共關係部，因工作需要，他們直接向大學、研究所或公共關係協會聘請有理論水準、有較高聲望、有豐富經驗的公共關係專家，作爲本組織的公共關係顧問。

(4)榮譽性顧問。這是由在公共關係事業或公共關係學術理論研究方面有突出貢獻，並有相當社會影響的學者、專家及知名人士擔任的。

《有效公共關係》一書中列出了一些組織（包括那些設有公共關係部的組織）聘用外部顧問或顧問公司的六項原因：(1)管理者缺乏制訂公共關係活動方案的經驗，同時也缺乏指導實施這一方案的經驗。(2)總部遠離資訊與金融中心。(3)這些組織希望透過公共關係公司與外界保持廣泛的聯繫。(4)外部諮詢公司能夠提供經驗豐富的專家。(5)企業內部的公共關係部門可能不具備提供綜合性服務的能力。(6)涉及組織的重要對外政策問題需要具有一定超脫性的局外人的評判。

公共關係顧問所能提供的幫助將根據具體情況而有不同變化。在某些情況下，公共關係顧問不僅要提出自己的見解，而且還要負責整個行動計畫的實施工作，運用自己的經驗和專業技巧對受聘單位作出貢獻。

公共關係顧問在受聘爲組織工作時，需要客戶從以下幾個方面進行合作：(1)雙向的溝通。要讓公共關係顧問能及時得到組織內部的各種資訊，以保證工作的推展。(2)有效的協助。在一定程

度上，公共關係顧問的工作質量取決於聘用組織對他提供的鼓勵和給予的協助。(3)合理的期望。公共關係顧問不是萬能專家，有些工作他能夠做到，有些非公共關係本身的工作，比如使低質量產品暢銷、扭轉供過於求的局面等，則不是公共關係顧問能夠做到的。

2.公共關係顧問公司

公共關係顧問公司之所以也是單一組織形式，是因爲它要獨立地確定工作目標和工作範圍，並且要依靠自身的能力來保證各項公共關係工作的完整性。與公共關係顧問相比，公共關係公司可以顯示出服務質量、工作效率和完善的組織系統的優勢。

(二)集團型

集團型公共關係公司一方面是指公共關係組織自身的集團性，從整體上說，集團公司與單一公司沒有本質差別，其明顯的特徵是機構的集團性，它們觸角多、影響大；另一方面是公共關係組織所在機構的集團性，比如某一個跨國公司，除總部設立公共關係部門之外，它在各地的分部也設立相對應的公共關係部門。

三、公共關係公司的工作原則

公共關係公司所從事的工作，一方面涉及委託單位或個人的信譽和形象，另一方面要對社會公眾負責，因此，公司在工作中應自覺遵守以下原則：

(1)自覺性地遵守國家法律、法令和有關方針政策。公共關係公司既是服務性機構，又是一個經濟實體，公共關係公司

的首要任務是爲社會服務，而不能將貿易開發、商品經營
做爲主要的營業項目。公司的一切行爲都要在國家方針、
政策的指導之下，以遵紀守法和高質量的服務贏得公司的
信譽。

(2)爲客戶保密。公司在代理委託單位的公共關係業務過程
中，爲保證實現公共關係目標，時常要瞭解一些委託單位
的機密，公司應嚴格爲其保守秘密。特別是在雙方合作結
束之後，更應強化自我約束，不干涉客戶內務，不損害客
戶利益。

(3)一切爲客戶著想。公司的宗旨是信譽第一，服務第一，客
戶至上。盡全力爲客戶辦好事、辦實事，並站在客戶的立
場上考慮費用預算，事先向客戶介紹清楚服務專案、收費
標準等，盡可能爲客戶節省開支。

四、公共關係公司的收費方式

公共關係公司透過爲社會提供有償服務，滿足客戶需求，並
取得一定盈利。

公共關係公司的收費方式（同時也是客戶的付費方式）主要
有：

(1)專案收費。公共關係公司接受客戶委託，辦理某個具體專
案，爲保證這一項目的順利完成所必須收取的費用。專案
收費主要包括：(a)專案勞務費，包括專案實施期間工作人
員的工資，和專案有關的管理人員、顧問或專家的報酬。
(b)行政管理費，按專案總費用的一定比例提取，用於公司
行政管理和辦公開支。(c)諮詢服務費，因專案需要，由公

司專家的委託人提供諮詢並給予指導所需的費用。(d)專案活動經費，在專案完成的整個過程中，需展開一系列公共關係活動，按活動計畫和需要確定費用金額。這種收費方式的優點是專款專用，有利於保證公共關係專案的質量，便於實際考核和管理。

(2)綜合收費。雙方根據業務需要，協商確定費用的總金額。這種費用一般在業務開始時由客戶支付。它有利於根據有限的資金統籌安排，合理使用，缺點是客戶難以進行監督。

(3)按項目需要分次收費。這是綜合收費的變通形式。客戶不願採用綜合收費，也可按專案實際需要分次逐項付款。公司方面可將此視爲專案收費，客戶方面可以監督公司代理業務的質量，如不滿，其他業務可考慮選擇其他公共關係公司。

(4)項目成果分成。即公共關係公司和專案委託人（單位）共同承擔風險，共同受益。專案最終取得收益時，按一定比例分成。

公共關係公司的收費沒有固定的、統一的標準，要根據公司的聲譽、公共關係人員的資歷、具體業務的難易程度等，同時參照同類公司的收費標準和供求關係的變化，做出具體的規定。

五、客戶選擇公共關係公司的標準

企業或組織在選擇公共關係公司代理業務之前，都依照若干標準來評價公共關係公司。公共關係公司與它的客戶有相互選擇的權力。

客戶選擇公共關係公司的主要標準是：

(1)公司的信譽情況。公司成立時間、規模，在公共關係界是
　　否具有權威，可以提供哪些服務專案，組織推展過哪些著
　　名的公共關係活動、有多大影響等等，這些問題都是客戶
　　要考慮的因素。

(2)公共關係人員的素質。在該公司從業的人員是否受過專門
　　訓練，個人專業技術水準如何，能否與客戶的要求相一致
　　並努力去滿足他們的需求，在時間上能否保證按時完成工
　　作等等。公共關係人員的素質決定了公司的服務水準。

(3)公司客戶情況。該公司現在有哪些客戶，這些客戶的社會
　　地位如何，客戶對公司的服務滿意度有多高。

(4)收費標準情況。一家信譽良好的公司也可能是收費較高的
　　公司，因此，客戶選擇和評價公司實際上是將其信任度、
　　服務質量與收費標準進行比較。任何一家單位都希望花較
　　少的錢，取得較好的效果。

第三節　公共關係社團

　　公共關係社團泛指為實現組織目標，而自發組織起來從事公
共關係理論研究和實務活動的群眾團體，主要包括公共關係協
會、學會、研究會、俱樂部、聯誼會等。

一、公共關係社團的特徵

　　公共關係社團作為非營利性的群眾組織或社會團體，其自身

的性質決定了它具有以下特徵：

(1)人員組成的廣泛性。公共關係社團的成員，由熱心於公共
關係事業的各行各業人士組成，除包括其所在地區的企
業、新聞、科技、文教、法律、黨政機關等單位的人士，
又包括社團所屬行業中有代表性的單位，具有行業分布的
廣泛性和人員構成的多層次性、職業的差異性等特點。透
過這種組織，可以形成四通八達、縱橫交錯的資訊聯絡
網，廣納資訊，廣交朋友，廣闢管道，廣泛合作。

(2)組織結構的鬆散性。現在公共關係社團沒有統一的組織模
式，組織之間也非隸屬關係，組織內部結構根據組織自身
需要而靈活設置，其成員都是因對公共關係有共同興趣而
聚集。

(3)工作內容的服務性。公共關係社團集聚了一批有理論、有
實踐的專家學者和實踐工作者，利用這一優勢，可以為社
會提供資訊諮詢服務。服務是公共關係社團的宗旨，一切
活動都應以服務為指導思想和行業準則，服務的質量是其
生命力所在。透過提供及時、實用、優質、高效的服務，
既可滿足社會對公共關係的需求，又可提高社團的知名
度、信譽度和權威性。

(4)非營利性。公共關係社團本身不是一個經濟實體，不應以
營利為目的。它不能直接從事貿易活動，否則就變成了一
個狹隘的利益團體，破壞和失去了自身的專業形象。

二、公共關係社團的類型

自八〇年代以來，因應市場經濟不斷發展的新形勢，各地

區、各行業成立了各式各樣的公共關係社團。我們在此介紹幾種社團：

(1)綜合型社團。主要指不同地域範圍的公共關係協會。這種類型的社團多為自籌活動經費，有的是民辦官（政府部門）助，其職能多是服務、指導、協調、監督。

(2)學術型社團。主要包括公共關係學會、研究會、研究所等學術團體。透過舉辦理論研討會、學術交流會，總結公共關係的經驗，研究公共關係的理論問題，把握公共關係的發展趨勢，引導公共關係事業的發展方向，對公共關係實踐進行理論指導。

(3)行業型社團。這是一種行業公共關係組織。由於行業的不同，公共關係工作的特點也有所不同，公共關係組織的行業化，在國際上已成為一種發展趨勢。行業型社團在組織上保證了公共關係事業得以在某一行業深入發展，是一種很有潛力、大有前途的公關社團組織形式。

(4)聯誼型社團。這種類型的公共關係社團形式鬆散，一般沒有固定的活動方式，沒有嚴格的會員條例，組織名稱各異，如公共關係俱樂部、公關沙龍、公關聯誼會等。其主要作用是在成員之間溝通資訊，聯絡感情，建立良好的人際關係。

(5)媒介型社團。即透過創辦報紙、刊物等傳播媒介，並以此為依歸所籌建起來的公共關係社團。這類社團，直接利用媒介，探討公共關係理論，普及公共關係知識，交流公共關係經驗，傳播公共關係資訊，樹立公共關係形象。

三、公共關係社團的工作內容

公共關係社團的工作內容可分為下列幾項：

(1)聯絡會員。每一社團都有自己的會員（或成員），社團與他們建立經常性的聯繫，把社團辦成「會員之家」。同時與其他公共關係社團建立起橫向聯繫，形成網路系統，建立合作關係。這項工作通常由社團內的會員工作部或對外聯絡部承擔。

(2)制訂規範。制訂、宣傳公共關係從業人員職業道德行為準則並檢查執行情況是社團的一項基礎性工作，這也是衡量公共關係社團正規化的重要標準。世界各國的公共關係社團都十分重視會員的道德行為。美國、英國等國家的公共關係協會都制定了明確的公共關係人員職業道德準則。

(3)專業培訓。公共關係社團將專業培訓做為一項經常性的工作，有的公共關係社團本身就是一所培訓學校。英國公共關係協會經常舉行CAM證書和文憑兩個層次的考核。

(4)普及知識。公共關係社團有義務向公眾宣傳和介紹公共關係的基本知識，並且為會員和公眾提供公共關係技巧和管理方面深造的機會。

(5)編輯印製出版物。編輯出版公共關係方面的書籍、報刊，是宣傳公共關係知識的重要手段。在美國，主要出版物有《國際公共關係評論》、《公共關係新聞》、《公共關係季刊》、《公共關係雜誌》等。在英國主要有《公共關係》、《公共關係簡報》、《公共關係年鑑》、《國際公共關係協會評論》等。

四、公共關係社團的發展趨勢

隨著市場經濟的發展，生產的社會化和社會分工的細分化，客觀上要求公共關係社團在組織建設、服務專案等方面有一個較大的轉變，以適應市場經濟的發展和需要。

(1)公共關係社團的地域局限性向社團的協同性轉化。任何一個成功的公共關係社團，都必須與其他機構密切配合，取得通力合作。單獨作戰是不可能獲得整體的效應。公共關係事業的發展，要求公共關係社團必須突破地域的界限，在更寬闊的天地裏發揮自身的作用。一次大型研討會的組織與召開，一套公共關係叢書的編輯與出版，一項大型的公共關係活動的推出，都需要公共關係社團在保持自身組織獨立運行的同時，必須走上聯合之路。

(2)公共關係社團工作職能的單一性向多元化發展。這要求突破僅從狹義上理解公共關係社團職能的觀念，公共關係社團把工作職能、服務專案向社會各個領域拓展，向發展市場經濟的各種活動滲透，使諮詢服務、教育培訓、策劃活動、編輯出版、理論研討、對外交流等職能得以充分地發揮，公共關係社團才更有生命力。

(3)從社會事業型向兼服務經營型轉換。公共關係社團本身不是盈利組織，要講社會效益，同時也要講一定的經濟效益。公共關係社團有了一定的經濟效益，有利於增加社會效益。在優質化服務的指導思想下，展開有償服務，既可發揮公共關係社團的作用，又可彌補經費的不足，為自身組織的發展增加實力。

練習、思考題

1. 試比較分析公共關係部與公共關係公司的優勢與缺點？

2. 如何理解公共關係部在一個社會組織中的地位？

3. 簡述公共關係公司的工作程序。

4. 公共關係社團應如何發揮自身的作用？

5. 假如你是某公司的公共關係部經理，你將如何制訂公共關係部的工作計畫？

第五章
公共關係從業人員

公共關係作爲一個新行業，走職業化的道路是發展的必然趨勢之一。現在，世界上許多國家已有了相當數量的一批公共關係從業人員。據非正式統計，在公共關係職業化程度最高的美國，現已有公共關係從業人員十七萬人之多。

第一節　公共關係從業人員的基本素質

公共關係從業人員是公共關係職業活動的主體核心。如果我們把公共關係活動看成是圍繞塑造組織形象、提高組織信譽而推展的各項工作，那麼，這些工作必須有人去做，而公共關係人員就是做這些工作的正規人選。但是，公共關係工作能否有效地推展，是否具有創造性活力，這在很大程度上取決於公共關係人員的素質條件。

素質是什麼呢？科學的理解，素質是人的心理發展的生理條件。這裏既有先天因素，也有後天因素，且兩者是互爲因果的。從這個意義上說，素質的培養應該在考慮先天因素的基礎上，進而予以有選擇、有目標、有階段的努力和發展。

所謂公共關係從業人員的素質，首先應該是一種現代人全面發展的素質條件。例如，具有現代人的思維方式、現代人的知識和能力結構、現代人的觀念意識等。其次，結合公共關係職業的特性，它專指以公共關係意識爲核心，以自信、熱情、開放的職業心理爲基礎，配之以公共關係專業知識結構和能力結構的一種整體職業素質。這一節中我們所探討的問題，僅局限於公共關係人員的這種職業素質。

一、公共關係從業人員的公共關係意識

所謂公共關係意識，它屬於一種現代經營管理思想、觀念和原則，是公共關係實踐在人們思維中的反映，且由感性認識上升為理性認識。這裏需要強調，它作為公共關係實踐活動的反映不是一種表層的被動反映，而是實踐為理論所概括且進化為公共關係原理、規律、原則的一種深層的主動反映。它一旦形成，就會成為制約人們公共關係行為的一種力量。自然，公共關係意識不可能是先天獲得的，而是需要透過學習逐步培養的。

公共關係意識是公共關係從業人員應該具備的基本素質的核心。這是因為公共關係意識作為一種深層次的思想，引導著一切公共關係行為。沒有公共關係意識的人，即使他有再好的心理條件，他也許能從事別的行業的工作，但做不了公共關係工作。沒有公共關係意識的公共關係人員，即使他有很好的公共關係專業知識和能力結構，他也不可能是一個合格的公共關係人員。也許他能在別人思想的引導下，做一些實施性的工作，或機械地模仿別人的某些做法，即使是做這些工作，他也可能因缺乏公共關係意識而「走入歧途」，更不要說創造性地完成實施性的工作。

反過來說，具有公共關係意識的公共關係人員才是真正合格的公共關係人員。這是因為良好的公共關係意識能促使他讓自己的公共關係行為永遠處在自覺化的狀態，使他對環境變化的反應、適應和協調，有一種主動、開放、創造性的機制，以至既能很好地從事公共關係策劃工作，也能創造性地完成公共關係實施任務。

公共關係意識是一種綜合性的職業意識，它大致由以下幾個方面的內容構成：

(一)塑造形象的意識

塑造形象的意識是公共關係意識的核心。公共關係思想中，最重要的是珍惜信譽、重視形象的思想。現代企業都十分重視企業形象。良好的企業形象是一個企業的無形資產和無價之寶。國內外公共關係學者給公共關係下的定義有許許多多，著重點亦各有不同，但異中求同，我們會發現，絕大多數公共關係定義都強調公共關係工作的一個重要目的，即塑造組織良好形象，或指出公共關係工作與塑造組織的良好形象有直接的關係。

在這裏有一點需要加以說明，那就是組織的形象必須是真實的，而非虛假的；組織的良好形象，必須以組織的良好行為和優質產品或服務為基礎，而非編造出來的。虛假、編造的形象，也許可能會存在於一時一刻，但不可能長存，更正確地說，這是自毀形象的做法，而非塑造形象的做法；這是缺乏塑造形象的意識，而非具有塑造形象的意識。

具有塑造形象意識的人，清楚地懂得知名度和信譽度對自己組織的生存和發展的價值。他們會時時刻刻像保護眼珠一樣維護自身的形象，甚至視其為自己組織的生命。某信託投資公司成立十周年時，該公司的一位負責人曾用這樣一句話來概括該公司成功的原因，那就是「像愛護眼睛一樣珍惜信譽」。他說，信譽是公司的根基，正如一座大廈一樣，有好的基礎，才能巍然屹立，公司有了好的信譽，才能不斷發展。該公司靠信譽在國外籌措資金，靠信譽和國內外朋友在國內及海外廣泛地合作，靠信譽不斷發展壯大。這樣的負責人，也許背不出公共關係的教條，但肯定能做好公共關係工作。

(二)服務公眾的意識

形象是為組織的特定對象所塑造的，這些特定對象必然與組織有著某種聯繫，他們是組織的公眾。離開了公眾，孤立的組織形象是毫無意義的，忽視了公眾，組織的生存就會受到威脅，自然也就更談不上組織的進一步發展了。

任何組織的公共關係工作都必須著眼於公眾。當組織利益與公眾利益發生衝突時，滿足公眾利益應該是第一位的。現代公共關係教育的先驅、美國著名公共關係學者愛德華·伯內斯早在一九二三年就指出：公共關係工作是為了「贏得公眾的贊同」，「公共關係應首先服務於公眾利益」。七〇年代和八〇年代，國外企業普遍強調企業的社會責任，這實際上也是服務公眾的意識在新的歷史時期的表現。

具有服務公眾意識的人，能時時處處為公眾利益著想，利用條件，創造條件，來為公眾服務，努力滿足公眾各方面的要求。這樣的人，實際上明確地瞭解公共關係工作的方向。

(三)真誠互惠的意識

真誠互惠的意識是公共關係的功利意識。否認公共關係工作的功利性，這是自欺欺人。一個處在當今競爭社會中的組織，需要有一種競爭態勢，但這種競爭不應是「你死我活」或「大魚吃小魚」，而應是既競爭又合作，共同發展，共同前進。

任何組織都想塑造自己的良好形象，但這種形象的塑造必須建立在真實、透明、真誠的基礎上，而非建立在弄虛作假的基礎上；任何組織也都想透過公共關係工作，追求自身經濟效益和社會效益的最佳統合，但這種追求必須建立在彼此尊重、平等合作、互惠互利的基礎上，而非建立在欺騙他人、坑害公眾的基礎上。

　　某公司和一家香港公司合辦一個餐廳，生意興隆，利潤豐厚。雖然該公司在其中只佔小股，大部分利潤都歸對方，但該公司一直堅持執行合同，雙方合作得很好。該公司的領導者認爲，做生意之道，在於平等互利，只要是執行合約，自己能賺錢就可以，不要怕對方錢賺多了。這就是具有眞誠互惠意識的表現。具有這種意識的人，可以說他已深刻地領悟了公共關係工作對功利的態度。

(四)溝通交流的意識

　　溝通交流的意識，實際上可以說是一種資訊意識。組織爲了塑造良好形象，爲公衆提供更好的服務，以實現其目標，就必須構架一個資訊交流的網路，來掌握環境的變化，保護組織的生存，促進組織的發展。

　　從更高的層次說，溝通交流的意識屬於現代社會的民主意識。公共關係活動是一種具有民主性的經營和管理活動。組織爲了塑造能爲公衆所接納的良好形象，以求得公衆對組織的支援，就必須傾聽公衆對組織的各種建議和批評；組織爲了推銷自身的良好形象，提高知名度和信譽度，就必須運用交流的技巧，將自身所作所爲宣傳出去。而這一切都必須依賴於一種民主精神、民主意識。

(五)創新審美的意識

　　塑造組織良好形象是一個創新審美的過程。組織的良好形象一旦塑造起來，就需要相對穩定。但相對穩定並不等於一成不變，它應是一種積極的穩定，即在穩定中孕育發展。只有在發展的基礎上才能實現眞正的穩定，同樣，也只有在穩定的前提下才會有眞正的發展。既然組織的良好形象需要發展，那麼就必須有

創新、有突破、有超越，既超越自己，又超越其他組織。

至於組織良好形象塑造過程中的每一個公共關係活動，其策劃與設計也需要有創新。我們說公共關係是一門科學和技術，指的是它有客觀規律可循，有相對穩定的操作程式；而我們說公共關係是一門藝術，指的是它有突破固定程式、追求無重複創造的特點。唯有創新，才能塑造具有個性的組織形象；唯有創新，才能使組織的良好形象在競爭的社會中，永遠立於不敗之地。

既然我們承認公共關係是一門具有創造性的藝術，那麼，它必然具有審美的形象，才能為人們所欣賞、所接受；唯有美的活動，才能為人們所參與、所投入。廣州中國大酒店在慶祝酒店開業一周年時，策劃全體員工共拍「中」字像，後又製成明信片廣為傳播，這就是一種審美活動。因為公共關係人員從中享受到了使理想變為成功的實現之美；員工從中體會到了自己作為酒店一員的自豪之美；客人從中感受到了酒店全心全意為客人服務的形象之美。

具有創新審美的人，才能透徹地體會塑造形象的奧妙與樂趣。

(六)立足長遠的意識

塑造組織良好形象，不是立竿見影的事，而是需要透過長期努力，不斷累積，才能取得成功。公共關係活動與廣告或推銷不同，如果說後者比較著眼於眼前，注重較為直接的效益。那麼，前者從根本上來說，立足於長遠，追求長期的效益。任何急功近利、只關注短期效益的做法，都是與公共關係思想不相符的。

二、公共關係從業人員的心理素質

　　公共關係從業人員的心理素質是公共關係人員基本素質的基礎。許多公共關係方面著作在論述公共關係人員的心理素質時，常喜歡從人的性格角度來分析，譬如強調外向型性格的人適合於從事公共關係工作，內向型性格的人不適合此類工作。其實，所謂外向型性格和內向型性格，其內在含義與心理學中外傾和內傾概念的含義是相一致的。世上還沒有一個人有絕對完美的性格。心理學研究表明，典型外傾者善交際，喜聚會，有許多朋友；他易激動，行動常碰運氣，憑一時衝動而不加思索；他愛活動，閒不住，容易粗心大意，多變化；他有攻擊性，容易發脾氣。由此我們發現，外向型性格的人善交際，有許多朋友，從事公共關係工作是有利的。但其行動前不加思索，粗心大意，容易發脾氣，這對公共關係工作是非常不利的。

　　內向型性格的人又是怎樣的呢？心理學研究表明，典型內傾者安靜、退縮、自省；不善交際，除密友外與別人常保持一定的距離，朋友不多；做事深思熟慮，有周密的計畫，很少輕舉妄動；不愛激動，喜歡用謹慎、嚴肅的態度處理事務；很少以攻擊性的方式行事，極少發脾氣，能夠控制自己的感情。具有這種性格的人，一般來說從事具體的實施性的公共關係工作是不合適的。但做事深思熟慮、能控制自己的感情這些優點，對公共關係工作又是非常有利的。

　　透過上述分析，我們可以得出這樣的結論，那就是簡單地從人的性格的角度來探討公共關係人員的心理素質是不全面的。既然是探討公共關係人員的心理素質，我們還是應該從公共關係職業對人的心理要求這個角度著手。概括起來說，對公共關係人員

的職業心理要求大致有以下三個方面：

(一)自信的心理

自信，這是對公共關係人員職業心理的最基本的要求。一個人有了自信，才會產生自信力，並進而激發出極大的勇氣和毅力，最終創造出奇蹟。

公共關係工作不是一種簡單的機械操作。公共關係人員雖然能在一定程度上預測到工作的結果，但還是需要冒一定的風險，這就需要有自信。當然，這種自信是建立在周密的調查研究、全面瞭解情況的基礎之上，而非盲目自信。當一個組織遇到危機時，缺乏自信的公共關係人員通常會顯得手足無措，一片慌亂，即使有很好的轉機，這樣的公共關係人員也難以把握。而充滿自信的公共關係人員，面對這種情況，則會以穩健的姿態，憑藉智慧，依靠耐心和毅力，透過艱辛的努力，使組織轉危為安。正如法國哲學家盧梭所說的：「自信心對於事業簡直是奇蹟，有了它，你的才智可以取之不盡、用之不竭。一個沒有自信力的人，無論他有多大才能，也不會有成功的機會。」

(二)熱情的心理

從事公共關係工作的人員應有一種熱情的心理。公共關係工作不是一種整天吃吃喝喝、玩玩樂樂的輕鬆的工作，而是一種需要人們付出大量智力和體力勞動的艱辛工作。很多公共關係人員腦中幾乎都沒有八小時工作制的概念，他們有的只是加班、超負荷的工作習慣。沒有極大的熱情，沒有全身心的投入，是作不好公共關係工作的。

熱情的心理，能使公共關係人員興趣廣泛，對事物的變化有一種敏感度，且充滿想像力和創造力。一個對什麼都沒興趣、對

一切都很漠然的人,是無法勝任公共關係工作的。這樣的人即使做公共關係工作,也只能是被動式的,而非主動式的,其工作效果十分有限。

公共關係人員也需要憑藉熱情的心理,來與各種各樣的人打交道,結交眾多的朋友,拓展工作的渠道。缺乏熱情的人,既不可能接受別人,也不可能為別人所接受。

(三)開放的心理

公共關係工作是一種開放型的工作,從事這種工作的人需要有一種開放的心理。

公共關係工作是一種創造性很強的工作,這種工作要求人們以開放的心理,不斷接受新的事物、新的知識、新的觀念,在工作中敢於大膽創新,作出突出的貢獻。

具有開放的心理的人,能寬容、接受各種各樣與自己性格不同、風格不同的人,並能「異中求同」,與各種類型的人建立良好的關係,這是公共關係工作十分需要的特質。

公共關係人員有開放的心理,就能在很多方面表現出一種高姿態,冷靜地對待和處理工作中所遇到的困難和挫折,而不會斤斤計較一時一事的得失。

三、公共關係從業人員的知識結構和能力結構

公共關係人員是否具備良好的專業知識結構和能力結構,直接關係到他們心理素質的發揮和整體職業素質的提高。一個人缺乏公共關係的專業知識和公共關係工作的能力,即使他有適合從事公共關係工作的良好的心理素質,也難以得到很好的發揮。另外,若公共關係人員的知識結構和能力結構不完整、有缺陷的

話，那麼他的工作水準就直接受到影響，他的整體職業素質的提高也會受影響。因而，公共關係人員的知識結構和能力結構是公共關係人員基本素質的重要組成部分。

(一)公共關係從業人員的知識結構

知識結構是知識體系在求知者頭腦中的內部化，也就是客觀知識世界經過求知者有選擇地輸入、儲存、加工，在頭腦中形成的由智力聯繫起來的多元素、多系列、多層次的動態綜合體。

從上述定義中，我們可以看到，知識結構源於知識體系，而知識體系的重要特徵是系統性，同時，我們也會注意到，知識結構不等同於知識體系，因為這裏還有一個知識體系內在轉化的過程，而在這個過程中，個人有目的的選擇和智力因素將產生很重要的作用。更具體地說，求知者為使自己有一種良好的知識結構，必須運用個人的智力對所吸收的各種知識進行加工處理，以使其成系統，並加速其內部化。無系統而雜亂無章的知識組合，不僅不能形成知識體系，更無法轉換為內部知識結構。

公共關係人員的知識結構是公共關係知識體系在公共關係人員頭腦中的內部化功能。所謂的公共關係知識體系，指的是職業公共關係人員從事公共關係工作所需的專業知識，以及由有關知識構成的專業知識系統。這些公共關係專業知識不同於廣大公共關係業餘愛好者所掌握的某種公共關係的基礎知識。但專業知識與基礎知識有聯繫，因為專業知識是基礎知識的深度化和提升。

公共關係知識體系作為一個系統，它由三個子系統構成：

其一，公共關係的基本理論和實務知識；其二，與公共關係密切相關的學科知識；其三，有關組織的知識和推展特定公共關係工作所需的專業知識。

這裏有一點需要說明，那就是這三個子系統不是並列的，而

是有層次差別的。公共關係的基本理論和實務知識是公共關係知識體系的核心層內容；與公共關係密切相關的學科知識是公共關係知識體系的中間層內容；有關組織的知識和推展特定公共關係工作所需的專業知識是公共關係知識體系的週邊層內容。

1.公共關係的基本理論和實務知識

◎公共關係的基本理論知識

從事公共關係的實踐者需要有理論的指導。公共關係的基本理論知識包括：公共關係的基本概念；公共關係的由來和歷史沿革；公共關係的職能；公共關係活動的基本原則；公共關係的三大要素，社會組織、公眾和傳播的概念和類型；不同類型公共關係工作機構的構建原則和工作內容；公共關係工作的基本程序……等等。

◎公共關係的基本實務知識

公共關係的一大特點是實務性強。公共關係人員除了需要精通公共關係的基本理論知識，還需要熟悉公共關係的基本實務知識。公共關係的基本實務知識包括：公共關係調研的知識；公共關係活動策劃知識；公共關係活動實施和評估的知識；公眾分析的知識；與各類公眾打交道的知識；社交禮儀知識……等等。

2.與公共關係密切相關的學科知識

公共關係作為一門新學科，具有多學科交叉的特點。與公共關係聯繫最密切、交叉最多的有這幾大類學科：(1)管理學類學科，包括管理學、行為科學、市場學、行銷學等；(2)傳播學類學科，包括傳播學、新聞學、廣告學等；(3)社會學和心理學類學科，包括社會學、心理學、社會心理學等。

公共關係活動在某種意義上說是一種管理活動。從管理的角度來看待公共關係工作的地位和作用，把公共關係工作視作一種

管理行爲、管理過程和管理方式，將有助於我們充分認識公共關係的本質，因而公共關係人員非常有必要瞭解管理學方面的知識。

公共關係工作採用的技術目前絕大部分是傳播技術。無論何種類型的公共關係工作，都需要大量運用人際傳播、大衆傳播，甚至跨文化傳播的技術，因而公共關係人員也有必要瞭解傳播學的知識。

公共關係工作直接面對社會，面對人爲此，公共關係人員需要研究社會中人的心理、態度和行爲，因而公共關係人員還有必要瞭解社會學和心理學方面的基礎知識。

另外，巿場學、行銷學、新聞學、廣告學等學科也與公共關係密切相關，因而公共關係人員應根據工作需要，對這些學科進行廣泛涉獵。

3.有關組織的知識和推展特定公共關係工作所需要的專業知識

公共關係人員無論是爲自己的組織工作，還是爲別的組織服務，都需要對組織情況有充分的瞭解。組織的情況包括：組織的性質、特點、任務、目的和目標；組織過去的歷史、目前所處的環境、現有的競爭對手、員工的精神面貌和未來的發展前景……等等。對組織的情況知之不多或知之甚少，公共關係人員就無法結合組織的實際情況，推展組織所需要的公共關係工作。只有全面掌握組織情況，工作起來才能得心應手。

另外，公共關係人員有時也會根據特定的需要，推展某些特定的公共關係工作。譬如，企業的產品由內銷轉爲外銷，組織需要推展國際公共關係工作，這時，公共關係人員就有必要瞭解國際關係、國際市場行銷、國際公共關係等方面的專業知識和有關國家的政治、經濟情況。

我們還需要強調一點，那就是公共關係人員的知識結構應該是一種動態、開放的結構，它能夠隨時吸收新的知識，不斷豐富和發展自己，靜態、封閉的知識結構是沒有發展前途的，它會因跟不上時代前進的步伐而被淘汰出局。

(二)公共關係從業人員的能力結構

公共關係人員的能力結構與公共關係人員的知識結構一樣，它是一個系統，由一系列彼此關聯的能力所構成。公共關係人員的能力主要指工作能力。

美國公共關係學者斯科特·卡特利普、艾倫·森特和格倫·布羅姆在他們所著的經典性公共關係著作《有效公共關係》中，曾將公共關係工作概括為這樣十個大類：寫作、編輯、與新聞媒介的聯絡、特殊事件的組織與籌備、演講、製作、調查研究、策劃與諮詢、培訓、管理。

從上述美國學者對公共關係工作的描述，我們發現，這些公共關係工作對公共關係人員的能力有著較高的要求。當然，這並不意味著每一個公共關係人員都要十全十美，什麼能力都具備。公共關係工作是一種群體工作，實際的情況往往是一個公共關係人員只從事一部分公共關係工作，而非承擔全部公共關係的工作。因而，對大多數公共關係人員來說，他們只需具備從事公共關係工作的一些基本能力就可以了，只有少數公共關係人員才需具備某些專門技能。

公共關係人員基本能力有以下幾個方面：

1.較強的文字和口頭表達能力

能寫會說是公共關係工作對公共關係人員的最基本要求。公共關係人員與新聞媒體聯絡，要寫新聞稿；公共關係人員組織演

講活動，要寫演講稿；公共關係人員進行特殊事件的組織與籌備，要寫活動計畫方案；公共關係人員參與組織管理，要寫年度報告或工作總結……等等。大部分公共關係工作都要求公共關係人員有扎實的筆墨功夫、良好的文字表達能力。

公共關係人員做任何一項公共關係工作，都要與人交往，因而，口頭表達能力對他們十分重要。公共關係人員必須有很好的口頭表達能力，可以清晰、簡潔、明瞭地表達思想，發佈資訊，且透過吸引人、打動人、說服人的方式，從而收到良好的效果。

2.良好的組織能力

公共關係人員辦理任何一個公共關係活動，要有章法、有條理，公共關係計畫、方案的實施，工作千頭萬緒、具體繁雜，沒有良好的組織能力將很難順利做好工作。

3.健全的思維和謀劃能力

公共關係活動有時是一種智力活動，這一點在公共關係的策劃和諮詢工作中，尤為明顯。公共關係人員要對零亂的事物、現象進行綜合的分析和思考，以找出事物的本質，確定組織公共關係問題的癥結所在等等，因而，健全的思維和判斷能力，對公共關係人員來說十分重要。

當公共關係人員發現了組織中存在的公共關係問題，或預見到了組織將會發生的公共關係問題，為了解決這些問題或防患於未然，他們還需在創新意識的引導下，發揮自己的想像力，來進行公共關係活動的全面策劃和設計。古人云：「人可以謀人，可以謀事，亦可以謀天，亦可以謀地。謀則變，不謀則不得變，謀則成，不謀則不得成。」可見，事成於謀。公共關係人員也必須具備健全的謀劃能力。

4.敏銳的觀察能力

公共關係工作是深入實際的工作，公共關係人員要經常對組織的情況進行調查研究，以把握組織和公眾各方面的微妙變化，所以要求公共關係人員必須具備敏銳的觀察能力。具備這種能力的人，往往善於從普通的資訊、資料或新聞報導中看出問題，從平靜的表象中發現潛在的變化。

5.很好的自制自控和靈活應變的能力

公共關係工作包括繁重的日常事務和各種重大事件的處理，工作量很大。公共關係人員要想做好這一切工作，必須有耐心、有毅力、有很好的自制自控能力。這種能力不僅需要反映在公共關係人員的心理上，而且需要體現在公共關係人員的工作方式上。那種性急煩躁、遇事就急、動不動就發火的人，是無法處理好公共關係工作的。

人們常說，公共關係人員在與他人打交道時，要有一種忍讓的精神，但這絕不意味著可以放棄原則。要想做到既忍讓又不失原則，就必須要有一種很好的靈活應變能力。缺乏這種能力的公共關係人員，在處理一些錯綜複雜的情況時，往往會以思想和行動上的不知所措而告終。

6.善於與他人交往的能力

衡量一個公共關係人員能否適應現代社會需求的標準之一，就要看他是否具備善於與他人交往的能力。一個缺乏這種能力的人，往往不自覺地在自己與社會、自己與周圍環境、自己與他人之間設置一道心理屏障。這樣的公共關係人員，不可能有效地完成自己所承擔的公共關係工作。從某種意義上說，公共關係人員是社會活動家，他們無疑應具備與各種各樣的人交往的能力。

7.掌握政策、理論的能力

公共關係人員做公共關係工作不是憑感情、直覺行事，而是需要在掌握政策和理論的前提下，從事自己的一切業務活動。在當今瞬息萬變的資訊時代，一個人不善於掌握政策，不勤奮學習理論，沒有較高的政策和理論水準，其工作水準就會停留在一般層次上，而無法有所提高。

第二節　公共關係從業人員的職業準則

由於職業的特點和社會的需要，不同的職業對從事該職業的人員有著不同的職業道德要求。而當這些職業道德要求被人們規範化、條理化、系統化地處理後，就成為職業團體的規章、守則，就變成了對職業從業人員的行為有一定調節作用和約束力且相對穩定的職業準則。

一、公共關係從業人員的職業道德

正如醫生要講究醫德，教師要講究師德一樣，公共關係人員塑造組織良好形象並維護這種形象，更要講究公共關係工作的職業道德。

公共關係工作的職業道德，是在實踐中逐漸形成的對職業行為的道德要求。這些由公共關係職業特性所決定的道德要求，從某種角度上說，要比其他一些職業對從業人員的道德要求要更高一些。這是因為：第一，公共關係是要透過塑造組織的良好形象、擴大組織的知名度和信譽度，來追求組織效益和社會效益的最佳統合，因而，從事這一職業的人需要有高尚的道德品行；第

二，從事公共關係職業的個人主要代表某一組織，其公共關係工作中反映出的道德好壞不只是影響個人，更重要的是影響整個組織，因而，這一職業的道德標準要更高一些。

公共關係工作職業道德主要包括：

(一)恪盡職守，真誠老實

塑造組織的良好形象，爲組織的生存和發展創造良好的環境，對公共關係事業的發展作出貢獻，是公共關係人員的基本工作和根本任務，因此，衡量一個公共關係人員是否具有職業道德，最重要的是看他對公共關係事業是否盡心盡責，對公共關係工作是否恪盡職守。盡心盡責，恪盡職守，要求公共關係人員熱愛本身的工作，對工作極端地負責任，有強烈的職業責任感，能充分履行本身工作的社會責任、經濟責任和道德責任，而不能從事任何與履行職責無關或相悖的事務，不能違背國家和政府的法紀和規章制度，不能洩露組織的機密或有損於組織形象、信譽的事。那些玩忽職守、自由散漫、無組織、無紀律的思想和行爲，都是不道德的。

另外，公共關係人員在對待職業的態度上要體現出客觀眞實的原則。「眞實」是公共關係的生命所在。缺乏「眞實」，就不能取得公眾的信任和支援，就不能有效地推展公共關係的工作。公共關係的眞實性原則要求公共關係人員眞誠老實，講眞話，講實話，注重透明，注重公開，不可弄虛作假、欺上瞞下、欺裏瞞外。公共關係人員說話、辦事、做人都要表裏如一，實事求是，不可投機取巧，他們的一切行爲都要經得起檢查和考驗。

(二)努力學習，有效工作

公共關係是實幹的事業。因此，公共關係人員職業道德水準

如何，不但要看有無自覺履行職責的意願，而且還要看有無履行職責的過人本領。公共關係人員處理好公共關係工作是全憑實力，憑真才實學，憑對公共關係理論和實務知識的全面掌握和熟練、靈活的運用。公共關係人員只有積極鑽研業務，努力勤奮學習，才能維持工作的高水準。那種不學無術，庸庸碌碌，工作中常出差錯，以致給公眾、組織乃至整個社會帶來損失，都是不道德的表現。

(三)廉潔奉公，不謀私利

公共關係工作是服務於公眾、服務於組織、服務於社會的工作，每個公共關係人員只有為公眾、組織、國家謀利益的義務，而沒有謀個人私利的權力。公共關係的工作性質和特點，決定了公共關係人員擁有較多的社會關係，且掌握著一定的權力。這些關係和權力，不僅對組織有利，而且對個人也有用。因而，廉潔奉公，不謀私利，對公共關係人員來說十分重要。公共關係人員必須始終把國家利益、公眾利益、組織利益放在首位，在任何時候都不自私自利。那種利用職權營私舞弊、損公肥私、假公濟私、貪污納賄、以業謀私、欺詐勒索，都屬不道德的行為。

(四)公道正派，謙虛團結

公共關係事業是高尚的事業，獻身於這一事業的公共關係人員應有高尚的品德。他們要為人正直、處事公道、作風正派、公私分明、不拿原則作交易。那些投機鑽營、圓滑虛偽、趨炎附勢、傲慢自大、個人第一、誇大其詞、浮躁狹隘、爭功奪利、妒賢嫉能的行為，都是背離公共關係職業道德的思想行為。

另外，公共關係工作是一種群體工作，合作、互助、團結、友愛、互相信任和互相尊重，是工作順利、事業成功的可靠保

證。公共關係人員在待人接物上，應表現出耐心、尊嚴、謙虛和節制，舉止、言談、衣著都應得體而有分寸，作風民主、平等待人，氣度寬宏、容人之短，學而不厭、誨人不倦，聞過則喜、知錯必改。

二、公共關係從業人員的職業準則

有關公共關係職業道德問題的探討，可以稱得上是公共關係職業發展中的一個熱門話題。幾乎在每一次國際性重大公共關係研討會上，都有關於公共關係職業道德的論述。國際公共關係協會為推動公共關係職業化進程，自一九七三年開始出版和發行該協會「金皮書」，其中第一號「金皮書」就是《公共關係實踐的標準與道德》，至一九九三年該協會出版的九本「金皮書」中，有關公共關係職業道德問題的有兩本，另一本是一九九一年出版的第八號「金皮書」，即《公共關係活動中的道德問題》。長期以來，各國和國際公共關係組織為公共關係職業道德的系統化、正規化、制度化做出了巨大的努力，其主要成果便是作為公共關係職業化一大標誌的眾多「職業準則」的誕生。

在眾多公共關係組織制定的職業準則中，要數《國際公共關係道德準則》影響最大。正如英國公共關係協會前主席赫伯特‧勞埃德所說的，很多國家的公共關係組織都採用該準則，或以此作為範例稍作變動，以適應自己國家的需要，除了「國際公共關係道德準則」外，「英國公共關係協會職業行為準則」和「美國公共關係協會職業標準準則」的影響也很大。

(一)「國際公共關係道德準則」

「國際公共關係道德準則」由國際公共關係協會名譽會員、法

國人盧亞恩‧馬特拉特起草，於一九六五年五月十二日在雅典召開的國際公共關係協會大會上透過，所以又稱「雅典準則」。一九六八年四月十七日國際公共關係協會德黑蘭會議對該文件進行了修改。

「國際公共關係道德準則」共有如下條款：

應該努力做到

(1)為建設應有的道德、文化條件，保證人類可以享受「聯合國人權宣言」所規定的諸種不可剝奪的權利作出貢獻。

(2)建立各種傳播網路與管道以促進基本資訊的自由流通，使社會的每一成員都有被告知感，從而產生歸屬感、責任感、與社會合一之感。

(3)牢記由於職業與公眾的密切關係，個人的行為——即使是私人方面的——也會對事業的聲譽產生影響。

(4)在自己的職業活動中尊重「聯合國人權宣言」的道德原則與規定。

(5)尊重並維護人類的尊嚴，確認各人均有自己作判斷的權利。

(6)促使為真正進行思想交流所必須的道德、心理、智慧條件的形成，確認參與的各方都有申訴情況與表達意見的權利。

應該保證做到

(7)在任何時候、任何場面，自己的行為都應贏得有關方面的信賴。

(8)在任何場合，自己均應在行動中表現出對他所服務的機構和公眾雙方的正當權益的一致尊重。

(9)忠於職守，避免使用含糊可能引起誤解的語言，對目前及

以往的客戶或雇主都始終忠誠如一。

應該避免

(10)因某種需要而違背眞理。

(11)傳播沒有確實依據的資訊。

(12)參與任何冒險行動或承攬不道德、不忠實、有損於人類
　　尊嚴與誠實的業務。

(13)使用任何利用操縱性方法與技術，來引發對方無法以其
　　意志控制因而也無法對之負責的潛意識動機。

(二)英國公共關係協會職業行爲準則

「英國公共關係協會職業行爲準則」是一份誕生較早、影響較
大的職業準則。根據它一九九一年的版本，共有十七條款，英國
公共關係協會對每一條款都提供注釋性說明，以供公共關係從業
人員理解和實施。該職業行爲準則的前六條爲：

(1)職業行爲標準：各會員應在其職業活動中維持高標準，並
　　在任何時候都忠誠、公正地對待他目前及以往的客戶、雇
　　主與雇員、其他會員、傳播媒介與公衆。

(2)傳播媒介：各會員不得參與任何意在敗壞傳播媒介誠實性
　　的活動。

(3)秘密利益：各會員應保證他職業活動所涉及的任何組織都
　　公開其眞正利益。

(4)給在公職者報酬：各會員不得有悖公衆利益而爲其私人利
　　益（或其客戶、雇主的利益），給在公職者以報酬。

(5)資訊傳播：各會員應在任何時候都尊重事實，不得有意或
　　不顧後果地散佈虛假或誤導的資訊，並注意避免不愼犯此
　　錯誤。

(6)資訊保密：各會員在未得到對方同意之前，不得爲個人目
　　的而公開（除非因法庭裁判）或利用從他目前以及以往的
　　雇主或客戶獲悉的資訊。

(三)美國公共關係協會職業標準準則

「美國公共關係協會職業標準準則」於一九五四年爲美國公共
關係協會正式透過。它主要由原則宣言和條例兩部分內容構成，
另附有關解釋。

截至一九九一年，該職業標準準則已補充修訂過六次，據其
一九八八年的最新版本，條例部分共有十七條款，它們的內容與
「英國公共關係協會職業行爲準則」的內容大體相近，略有不同的
是該職業標準準則明確指出：「協會成員履行其業務應符合公衆
利益。」美國公共關係協會對此的正式解釋是：「公衆利益在這
裏的主要定義是：對於美國憲法所保障的公民權利的尊重以及權
利的實施。」另外，它還規定：「協會成員應爲現在及過去的客
戶保守秘密，並爲那些因建立業務關係而與已有過交往的人或團
體保守秘密；協會成員不得應聘將牽涉洩露或利用這些秘密而有
損現在、過去或潛在客戶或雇主利益的公司職務。」美國公共關
係協會對此的正式解釋是：「本條款並不禁止知道客戶或雇主的
非法活動的美國公共關係協會成員，應根據法律要求向有關當局
揭露這些行爲。」「英國公共關係協會職業行爲準則」只規定因法
庭裁判所需可公開有關雇主或客戶的情況。

嚴格來說，任何職業準則都僅對認可準則的人士有一定的約
束作用，如國際公共關係協會、英國公共關係協會和美國公共關
係協會在其會員入會時，均要求他們首先認可協會制定的職業準
則。相對其他職業準則，「美國公共關係協會職業標準準則」是
一份比較活躍的職業準則，它不僅對美國公共關係協會會員有約

束作用，而且還對未加入該協會的美國公共關係從業人員有很大的影響力，究其原因這是由於該職業標準準則確實對美國公共關係從業人員的職業行為產生了規範和導向作用。美國公共關係協會為了加強對該職業準則實施的監督管理，於一九六二年專門成立了申訴委員會。當有美國公共關係協會成員違背這一準則時，人們可以向該申訴委員會提出投訴，控告犯規者；七〇年代該申訴委員會共受理投訴四十六件。根據美國公共關係協會一九九一年的報告，從一九五四年至一九八五年，因違反該職業準則，美國公共關係協會中至少有十人受到開除、停職、訓斥或警告等處分。

第三節　公共關係從業人員的群體組合

公共關係是一種群體關係，公共關係活動也是一種群體活動。公共關係人員要想做好公共關係工作，光憑藉個人的努力和能量是遠遠不夠的，而必須依靠群體組合所產生的綜合力量。公共關係人員優質化的群體組合能使有限的公共關係人員結合產生出最大限度的群體能量，以使他們所從事的公共關係工作獲得最佳的效果，另外，它也有助於公共關係人員相互學習，彼此補充，共同提高戰力。

公共關係人員的群體組合大體有兩種類型：其一是組織內、外公共關係人員的群體組合，其二是組織自身公共關係人員的群體組合。

一、組織內、外公共關係從業人員的群體組合

公共關係工作是面向社會、服務公眾的工作，這工作涉及到各方面的關係。組織公共關係人員有時既要處理好有關的社會公眾關係，又要借助他們的力量，依靠與他們的合作，來做好公共關係工作。這裏就有一個組織內、外公共關係人員群體組合的問題。這種類型的群體組合最明顯地表現在一個組織內部公共關係部人員與外部公共關係公司人員的工作合作，以及組織公共關係人員與政府部門、新聞媒介和有關專業人士的工作配合。政府部門、新聞媒介雖然不屬於專門的公共關係工作機構，它們的人員也不是職業的公共關係人員，但是由於工作的需要，它們往往會配合性地參與一些組織的公共關係活動，並在其中扮演一種重要的角色。這時，這些具體參與者也就成了某種特殊意義上的公共關係人員。

(一)組織內部公共關係部人員與外部公共關係公司人員的工作合作

所謂組織內部公共關係人員與外部公共關係公司人員的工作合作的問題，實際上是一個雙重性的問題，這裏面既有組織內部公共關係部人員怎樣與外部公共關係公司人員進行工作合作的問題，又有公共關係公司人員怎樣與其服務的組織的內部公共關係人員進行工作合作的問題。

公共關係部和公共關係公司的特點決定了組織的許多公共關係工作，必須依靠雙方工作的密切合作，共同努力，才能有效地進行。國外的一些大公司雖然自己有公共關係部，但往往還聘請公共關係公司的工作人員擔任公司的公共關係顧問，並且是某些

公共關係公司的固定客戶。比如美國運通公司、杜邦公司、通用汽車公司、可口可樂公司、約翰遜聯營公司就是博雅公關公司的固定客戶；百事可樂公司、通用電力公司、柯達公司、美孚石油公司就是偉達公關公司的固定客戶。

　　一九八三年三月，美國公共關係協會向約翰遜聯營公司和博雅公共關係公司授予協會最高獎——銀鑽獎，以表彰他們恰當處理「泰萊諾爾」危機事件的成績。「泰萊諾爾」中毒事件得以成功解決的一個重要因素，是約翰遜聯營公司的公共關係人員與博雅公共關係公司人員的密切合作。約翰遜聯營公司雖然有自己的公共關係人員，但中毒事件發生後，它還是立刻尋求博雅公共關係公司人員的幫助。在處理危機的第二階段，博雅公共關係公司人員設計、策劃並幫助約翰遜聯營公司實施了具有歷史意義的衛星轉播電視記者招待會，成功地使「泰萊諾爾」新包裝藥品在中毒事件發生後不久重返市場，在相當程度上挽回了約翰遜聯營公司因這一事件所遭受的損失。像這樣一個被人稱之為有史以來「難度最大」的記者招待會，光靠約翰遜聯營公司公共關係人員的力量，是無法舉行的。從這一例子中，我們可以充分意識到組織內部公共關係部人員與外部公共關係公司人員合作的重要意義。

　　為使公共關係部人員與公共關係公司人員的群體組合產生最佳的效應，應當注意以下這些問題：首先，一個組織的公共關係部人員要根據組織的性質、工作的特點和活動的需求來選擇某一公共關係公司作為自己相對固定的合作夥伴，當然，公共關係公司人員也應根據自己的條件，精心選擇自己服務的客戶；其次，公共關係部人員要與公共關係公司人員經常聯絡，彼此交流，溝通資訊，互相熟悉，形成默契，以免在需要工作合作時，某一方面缺乏對另一方的瞭解，而出現合作失誤；另外，公共關係部人員與公共關係公司人員還要透過工作合作，相互學習，截長補

短，共同提高業務水準。

(二)組織公共關係人員與政府部門、新聞媒介和有關專業人士的工作配合

政府部門、新聞媒介和有關專業人士，一般擁有較好的信譽度，能為廣大社會公眾所信任。因而，組織公共關係人員在推展公共關係活動時，尋求他們的支援與配合，並在一定程度上借助於他們的力量，往往能取得事半功倍的效果。但是這種群體組合的前提條件是組織必須與這些外部公眾有一種良好的關係，組織公眾關係人員必須瞭解這些外部公眾特殊的工作規律。

約翰遜聯營公司成功處理「泰萊諾爾」危機事件，除得力於博雅公共關係公司的合作，還得力於不少社會機構的配合，這些社會機構中就有一個政府部門——美國食品與醫藥管理局。該機構的新聞辦公室在事件發生後的一周內，與約翰遜聯營公司的公共關係人員密切配合，幫助該公司每天對外發佈事件處理進度的最新消息，逐步穩定了社會公眾的情緒，創造了一個有利於約翰遜聯營公司解決這一危機事件的氣氛。

相反，美國專家在評述八〇年代美國最差公共關係案例——埃克森公司原油洩露事件時指出，該公司在事件發生後，未能積極尋求政府部門和新聞媒介的配合，是該公司公共關係失敗的主要原因之一。事件發生後，加拿大和美國的政府官員開始還只是敦促埃克森公司儘快採取有效措施，但該公司仗著財大氣粗，傲慢自負，沒把政府官員放在眼裏，結果導致了官方態度轉向批評和完全反對埃克森公司。同樣地，新聞媒介剛開始時也沒有一下子站在公司的對立面，但由於埃克森公司對新聞媒介不理不睬，結果導致世界各地的電視臺、廣播電臺、報紙、雜誌，甚至新聞電影製片廠，像打一場戰爭似地向埃克森公司發起進攻，形成了

對其十分不利的一面倒的公眾輿論。

從上述這兩個正反例子,我們可以清楚地看到組織公共關係人員與政府部門、新聞媒介互相配合的重要意義。至於組織公共關係人員與有關專業人士的配合,也十分重要。當公共關係人員需要處理涉及法律或金融方面的公共關係問題時,往往要尋求法律或金融專業人士的配合,沒有這些專業人士支援,公共關係人員可能寸步難行。

二、組織自身公共關係從業人員的群體組合

組織內、外公共關係人員的群體組合無疑十分重要,但要使這種組合產生最佳的效應,先決條件之一是組織自身公共關係人員的群體組合要適當。這裏,組織自身公共關係人員可指某組織內部公共關係部的人員,也可指某公共關係公司的人員。

組織自身公共關係人員的強化的群體組合,涉及因素很多,其中經驗、知識、智能和專業是最主要的幾個因素。

(一)經驗因素

一個公共關係部或一家公共關係公司的人員最好能各自具備不同的經驗,比如有的人具備管理經驗,有的人具備外事經驗,有的人具備媒介經驗,當一個組織組建公共關係部時,考慮把組織舊人員與調入的新人員相結合,這就是將有不同經驗的人互相組合在一起。一般來說,組織舊人員對組織的環境、習慣採用的經營方式、各種人際關係比較熟悉,能較快進入工作角色,但是這樣的人由於經驗、態度等方面的原因,對舊的一套可能很留戀,缺乏開拓創新的意識;而從組織外部調入的新人員有公共關係工作經驗,不受組織內部各種錯綜複雜的人際關係的影響,但

是這樣的人一般不熟悉組織情況，進入工作角色需要一段時間。若把這兩類人組合起來，就能在經驗等方面截長補短，更充分地發揮他們各自的長處。另外，組織自身公共關係人員有年齡上的差異，比如老中青相結合，實際上也是不同經驗的互補。

(二)知識因素

公共關係工作需要多種知識，但一個公共關係人員不可能具備所有知識。為此，一個組織自身的公共關係人員最好能各自具備不同的知識，以有利於強化群體組合，比如有的人懂經濟管理，有的人懂政府事務，有的人懂外語，有的人懂廣告……等等。這樣的一些人組合在一起，會構成一個充滿活力的群體。

組織自身公共關係人員也並非個個知識水準越高越好。一個公共關係部裏人人都是碩士、博士，並不見得是一件好事。因為公共關係部的工作有不同的層次，既有複雜的公共關係活動策劃，也有簡單的日常接待，所以，組織自身公共關係人員的群體組合，在知識水準上可有一定程度的差異。

(三)智慧因素

所謂智慧，指人的認識和實踐能力，其中包括人的觀察能力、思維能力、實踐能力。組織自身公共關係人員的智慧發展最好能各異其趣，例如有的人觀察能力超群，感覺、直覺好；有的人富有很好的思維能力，分析問題有條理，掌握問題精準，善於在不同的知識和實踐領域進行創造性的思考；有的人策劃能力強，擅長進行各種類型的公共關係策劃；有的人實踐能力、執行能力強。由這樣的一些人構成的群體，多姿多彩，總體智慧高，公共關係工作水準也高。

組織自身公共關係人員群體組合中的智慧結構切忌單一化。

若一家公共關係公司由清一色策劃能力強的公共關係人員組成，而缺乏執行能力強的公共關係人員，其結果很可能是人人都比手劃腳，最後卻一事無成。

(四)專業因素

這裏的專業因素，主要指專業技能。公共關係工作面很廣，它需要各種具有專業技能、特長的人。理想的情況是，一個組織自身的公共關係人員都能專一多能，人人有專長，人人又多能，這樣的一些人的組合，專業結構較爲合理，有利於各項公共關係工作的推展。

第四節　公共關係從業人員的培養與考評

我們探討公共關係人員的培養與考評，重點是從公共關係教育的角度考察和研究公共關係人員的培養途徑和方法，以及與之相聯繫的公共關係人員的從業資格考評與審查。

一、公共關係從業人員的培養途徑和方法

從公共關係教育的角度看，公共關係人員的培養途徑主要有院校教育和社會教育。

(一)院校教育

作爲公共關係人員培養途徑之一的院校教育屬正規教育，它通常有系統和嚴格的教學計畫、教學大綱、專業師資和專業教材，有明確的培養方向和目標，教學要求很高。公共關係院校教

育，尤其是在高等院校開設公共關係專業，也是公共關係職業化的一個標誌。從中外公共關係教育的歷史和現狀來看，院校教育大致有兩種情況：

1.在高等院校開設公共關係課程

國內外不少大學的新聞系（專業）、商業系（專業）和管理系（專業）都開有一至兩門公共關係課程，供學生學習。這種公共關係課一般屬概論性質或以概論爲主稍帶些實務，授課時間不長，多爲一學期。

這種課程對新聞、商業、管理系（專業）的學生來說，屬應掌握的專業知識的一部分。學習公共關係的理論與實務，有助於完善這些學生的專業知識結構。當然，這些學生畢業後若從事公共關係工作，光憑這點公共關係知識是不夠的，還需進一步系統地學習公共關係方面的知識，並透過大量的公共關係實際活動，來進行鍛鍊。

2.在高等院校設置公共關係專業

國外有不少大學開辦公共關係專業，且多半在新聞、傳播學院（系）裏，它們大多培養公共關係學士、碩士，個別培養博士。

公共關係專業主要培養從事公共關係工作的專門人才，其課程設置有很強的科學性和系統性。通常，公共關係專業的課程可以劃分爲三大部分：

其一，大學教育中社會科學的基礎課程。

其二，與公共關係學相關的課程，如管理學類學科、傳播學類學科和社會學類學科方面的課程。

其三，公共關係學的專業課，如公共關係學原理、公共關係實務（或稱公共關係實用技巧）、公共關係案例分析和公共關係戰

略及管理等課程。

公共關係專業畢業的學生，由於全面地掌握了公共關係的有關知識，一般能直接從事公共關係工作。不過，國外對於這樣的畢業生，還要進行嚴格的公共關係人員資格考評，以確認他們的從業資格。

(二)社會教育

公共關係社會教育作爲另一種公共關係人員的培養途徑，屬非學歷的繼續教育。它主要有普及型和提高型兩種類型。普及型的公共關係社會教育重點是向非公共關係專業人員普及公共關係知識。它在各國公共關係發展的初級階段顯得格外重要。非公共關係專業人員在接受公共關係知識後，再經過進一步的學習深造和實際鍛鍊，有可能成爲公共關係專業人員。提高型的公共關係社會教育著重對現有公共關係人員進行集中培訓，以提高他們的理論和業務水準。目前在公共關係職業化程度較高的發達國家，公共關係社會教育均以提高型爲主，公共關係的普及則依賴於面向社會的宣傳。總體來說，公共關係社會教育是公共關係院校教育的有益補充。

公共關係社會教育形式多種多樣，沒有一個特別固定的模式，較常見的有長、短期培訓班，函授教育等。

1.長、短期公共關係培訓班和公共關係函授教育

公共關係培訓班，有的長達數月，也有的短短幾天，時間上沒有統一規定，伸縮性很大。由於培養時間長短不同，講課者和學員的情形又差別很大，各種公共關係培養班的教學內容不盡相同。一般來說，在公共關係培訓班裏，講課者多爲高等院校的教師和從事公共關係實務的專家，他們以講座的形式，濃縮地向學

員介紹公共關係學的基本理論和基礎知識，交流公共關係工作的實際經驗，或傳播公共關係界的一些動態資訊，探討某些有爭議的問題。由於理論知識和現實實務結合較緊，學員本身又具有一定的社會工作經歷，因而，公共關係培訓班對於社會在職人員瞭解公共關係學的基本內容，獲知公共關係研究和實務的最新成果，提高公共關係工作水準，有一種「短、平、快」的效果。

至於公共關係函授教育，則是公共關係院校教育的社會化。所不同的是，函授教育的時間比院校的時間短，通常為一至兩年，其課程相對集中，此外，函授教育要求學員有很強的自學能力。

無論是長、短期公共關係培訓班，還是公共關係函授教育，它們對於培養公共關係人員都有著不可低估的積極作用。

2.公共關係知識宣傳

大眾傳播媒介對公共關係知識的宣傳是公共關係社會教育的更廣泛形式。從傳播學的角度來說，這也是大眾傳播教育功能的一種展現。

向社會廣泛宣傳公共關係知識，塑造公共關係職業的自身形象，是公共關係行業組織——公共關係協會的一個基本職責。作為公共關係職業化一大標誌的國際、地區和各國公共關係協會的成立，使得做「公關的公關」的職業知識宣傳有了很大的發展。現在國際公共關係協會和許多國家的公共關係協會都有自己的公開出版物，其中在國際上影響較大的有：國際公共關係協會的《國際公共關係評論》、美國公共關係協會的《公共關係月刊》和英國的《公共關係》雜誌等。除此之外，不少國家的公共關係協會還經常安排公關界的知名人士上廣播電臺和電視臺，接受記者採訪，或給面向社會大眾的各家報刊提供普及公共關係知識的文

章。當然，一些公共關係職業機構出於工作需要，同樣也很注重向社會進行公共關係知識的宣傳。據英國公共關係協會的統計，近年來幾乎每周都有三至四篇介紹公共關係的文章刊登在英國的大小報刊上，其中絕大部分出自公共關係職業機構人士之手。另外，大量出版公共關係著作也爲公共關係知識的普及，產生了積極的作用。據國際公共關係協會的統計，截至一九七九年，全球出版發行的公共關係著作就已有一萬五千多種。作爲公共關係職業化另一標誌的大量公共關係專業文獻的出現，爲廣大社會公衆瞭解公共關係知識提供相當了很好的條件。

(三)可資借鏡的國際公共關係教育經驗

不斷加速的公共關係職業化進程使得世界各國公關界都十分重視發展公共關係教育，由此也積累了一些成功的經驗。爲了進一步推動全球公共關係教育的發展，國際公共關係協會於一九八〇年組織部分專家對一些國家的公共關係教育現狀進行了系統、深入的研究，並於一九八二年一月出版和發行了專家們的研究報告，即國際公共關係協會第四號「金皮書」《職業公共關係教育的模式》。該「金皮書」在八〇年代成了世界許多國家引進和推展公共關係教育的指導性文件。經修訂和補充，國際公共關係協會又於一九九〇年九月出版和發行了第七號「金皮書」《公共關係教育——建議與標準》，這一新「金皮書」分析了公共關係發展給公共關係教育帶來的新挑戰，總結了不同國家的公共關係教育經驗，對公共關係教育提出了一系列新的建議和標準。這裏，我們將該「金皮書」結論部分內容全文轉述如下：

(1)建議在重點大專院校裏開設全日制公共關係學士學位、碩士學位和博士學位的課程。這些教育學歷將能使畢業後的

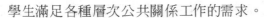

學生滿足各種層次公共關係工作的需求。

(2)建議公共關係教育應重視公共關係學的跨學科特性，應理論與實務並重。

(3)建議公共關係課程應由那些既有豐富實際經驗又有相當學術造詣的教員來講授。

(4)建議開設公共關係專業的大學應有很強的師資力量，且有合適的教學設置和圖書館等。

(5)建議重視對學生和從業人員的職業道德培養，以使他們能對公共關係職業有一個正確的態度，並保持高職業水準。

(6)建議公共關係教育要考慮各國文化、宗教以及當地其他的特殊情況，公共關係教育的模式要因地而異。

(7)建議對公共關係從業人員展開繼續教育和提高業務水準的培訓活動，這些教育應涉及與公共關係學相關的學科。

(8)建議不斷出版新教材，尤其是那些涉及特殊公共關係實務和研究領域的教材；鼓勵各種合適的電子教學材料的製作。

(9)建議各大學的公共關係系（或專業）應考慮與他們國家的公共關係協會合作，舉辦各種不同層次的公共關係短期培訓班。

(10)建議要求聯合國教科文組織繼續支援國際公共關係協會在世界各地組織公共關係教育工作者會議，這對推動公共關係教育的進一步發展有著重要的作用。

(11)建議國際公共關係協會的理事們以及各國家和地區公共關係協會的代表們應積極與大學進行對話，以加強公共關係教員與從業人員的密切關係。

(12)建議國際公共關係協會應成為公共關係團體與大學機構進行資訊交換的場所。

(13)建議努力促進公共關係從業人員與教員之間的對話，這
　　 對雙方都是有益的。

(14)建議在公共關係教學和實務活動上加強純學術和應用的
　　 研究。

(15)建議推廣旨在提高公共關係從業人員業務水準的培訓活
　　 動。

(16)建議各國從事公共關係教育的人員應互通資訊，這可以
　　 透過國際公共關係協會組織的世界大會、教育工作者會
　　 議，也可以透過專業報刊和直接接觸。

(17)建議給予歐洲公共關係聯盟教育委員會，以及印度、拉
　　 美、北美、非洲和其他地區的公共關係教育基金會或協
　　 會支援。

(18)建議進一步努力使公共關係課程進入大學商學院的管理
　　 教育中，這些課程應由那些合格的教員或有經驗的公共
　　 關係從業人員來講授。

二、公共關係從業人員的考評

　　對公共關係人員進行考評，是確保公共關係人員隊伍的質
量、激勵公共關係人員不斷上進的一種方法，其形式多爲與公共
關係教育（主要是提高型的公共關係社會教育）相聯繫的從業資
格考評與審查，這類活動一般由公共關係協會這樣的公共關係專
業組織來主持。

　　公共關係人員的考評目前尚無國際通用的模式。各國的公共
關係專業組織在這方面都做了不少工作，其中最突出的要數美國
公共關係協會組織的任職資格考試和英國公共關係協會參與主持
的CAM考試（CAM爲英國傳播、廣告及市場行銷教育基金會的

縮寫）。這裏，我們介紹一下英國的CAM考試。

　　一九九一至一九九二年度的英國CAM考試共分兩個等級，第
一等級考試有六門課程，即市場行銷、廣告、公共關係、媒介、
促銷與直效行銷、調研與行為研究。公共關係、廣告和市場行銷
人員透過全部六門課程的考試，就可獲CAM傳播學習證書。
CAM第二等級考試有八門課程，即管理與戰略、公共關係管理、
公共關係實務、消費品廣告、工業產品廣告、國際廣告、促銷管
理、促銷實務。凡通過與自己專業有關的兩門課程和管理與戰略
課程考試者，可獲相關專業的CAM文憑，獲CAM文憑者，可在
其有關證件上註明所獲文憑符號。現在，由英國CAM考試所認定
的從業人員資格，已為英國各界所普遍承認。

練習、思考題

1.什麼是公共關係意識？它包括哪些內容？

2.公共關係從業人員應具備怎樣的心理素質？

3.公共關係從業人員應掌握哪些專業知識？具備哪些職業能力？

4.公共關係從業人員的職業道德包括哪些內容？

5.公共關係從業人員群體組合有哪兩種類型？

6.組織內部公共關係從業人員的群體組合應考慮哪些因素？

第六章
公共關係的對象構成分析

公共關係也稱作公衆關係，因爲公共關係的工作對象就是公衆。要做好公共關係工作，就必須瞭解和研究公衆。本章主要介紹公衆的基本涵義和特徵、公衆分類的方法及意義、基本公衆的構成分析。

第一節　公衆的涵義和特徵

公衆（public）是公共關係學中的一個基本概念。正確理解這個概念對於把握公共關係的眞諦至關重要。

一、公衆的涵義

所謂公衆，即與特定的公共關係主體相互聯繫及相互作用的個人、群體或組織的總和，是公共關係傳播溝通對象的總稱。

在日常生活中，公衆與人民、群衆、人群幾個概念容易相混淆。我們應適當注意它們之間的區別。人民（people）作爲一個政治哲學及社會歷史範疇，量的方面泛指居民中的大多數，質的方面指一切推動社會歷史前進的人們，其中包括勞動群衆，也包括促進社會歷史發展的其他階層或集團。

群衆（mass）與人民相比，其內涵大，外延小，也就是說，其在本質涵義上是一致的，從範圍上來看，群衆包含於人民之中，但其內涵更具體、穩定。人民是個流動概念，在不同的歷史時期有不同的內容，但其主體和穩定的部分始終是從事物質資料和精神資料生產的勞動者，這部分人就是群衆。

人群（crowd）作爲社會學用語，在量上指居民中的某一部分，在質上，人群是個鬆散的結構，不一定需要合群的整體意識

和相互聯結的牢固紐帶，凡是人聚在一起均可稱之為「群」。

公衆（public）作為公共關係學的概念，特指公共關係主體交流資訊的對象，它與公共關係主體有相關的利益。公衆與公共關係活動密切相關。

二、公衆的特徵

公衆雖然與人民、群衆、人群一樣都是由一定數量的人們構成的，但其概念的涵義及應用有著特殊的規定和意義。我們可以從五個方向來認識：

第一，整體性。公衆不是單一的群體，而是與某一組織運行有關的整體環境。任何組織的生存和發展都離不開一定的公衆環境。公衆環境與自然環境、地理環境不同，是指組織運行過程中必須面對的社會關係和社會輿論的總和。這些社會關係和社會輿論範圍很廣，涉及組織內部和外部，以及社會各方面，而且相互關聯，構成複雜。比如一家企業，既有內部的職工公衆、股東公衆，又有外部的社會公衆，不僅包括市場上的顧客、銷售商，還包括社區、政府、新聞界、文化界、體育界等等有關的團體、組織或個人。公共關係工作不可只注意其中某一類公衆，而忽略其他公衆。對其中任何一種公衆的疏忽，都可能致使整個公衆環境的惡化。公衆環境惡化必然影響組織的生存和發展。因此，首先應該將組織面對的公衆視作一個完整的環境，要用全面、系統的觀點來分析自己所面臨的公衆。

第二，共同性。公衆不是一盤散沙，而是具有某種內在共同性的群體。當某一群人、某一社會階層、某些社會團體因為某種共同性而發生內在聯繫時，便成為一類公衆。這種共同性即相互之間的某種共同點，例如共同的利益、共同的需求、共同的目

的、共同的問題、共同的意向、共同的興趣、共同的背景等等。這樣一些共同點，使一群人或一些團體和組織具有相同或類似的態度和行為，構成組織所面臨的同類公眾。譬如說，表面上看似相互間並沒有聯繫的許多個人或團體，因為同處一個社區，都面臨著某家工廠的污染威脅，從而使他們的態度和行為具有內在聯繫，不約而同地或者有組織地針對該家工廠構成一定的公眾壓力、輿論壓力。因此，瞭解和分析公眾，必須瞭解和分析其內在的共同性、內在的聯繫，這樣才可能化混沌為清晰，從公眾整體中區分出不同的對象來。

第三，多樣性。公眾的存在形式不是單一的，而是複雜多樣的。「公眾」僅是個統稱，具體的公眾形式可以是個人，可以是群體，也可以是團體或組織。日常的公共關係工作對象，包括各種各樣的個人關係、群體關係、團體關係、組織關係等等。即便是同一類的公眾，也可以有不同的存在形式。譬如說消費者公眾，可以是鬆散的個體，也可以是特殊的利益團體（如消費者委員會），也可以是一個嚴密的組織（如使用產品的其他公司乃至政府）等。公眾形式的多樣性，決定了溝通方式和傳播媒介的多樣性。

第四，變化性。公眾不是封閉僵化、一成不變的對象，而是一個開放的系統，處於不斷變化發展的過程之中。任何組織面臨的公眾，其性質、形式、數量、範圍等等均會隨著主體條件、客觀環境的變化而變化：有的關係產生了，有的關係消失了；有的關係不斷擴大，有的關係又可能縮小；有的關係越來越穩固，有的關係越來越動盪；有的關係甚至發生性質上的變化——競爭關係轉化成協助關係、友好關係轉變成敵對關係等等。公眾環境的變化，必將導致公共關係工作目標、方針、策略、手段的變化。反過來，組織自身的變化也會導致公眾環境的變化，例如組織的

政策、行爲、產品的變化，使公衆的意見、評價、態度或行爲發生相應的變化，這種變化的結果又可能倒過來對組織產生影響、制約作用。可口可樂公司決定生產新型（帶甜味）可樂，在顧客群中引起了強烈不滿，這種公衆輿論立即迫使可樂公司愼重考慮其決策，以免導致公衆環境的劇變。可見，必須以發展的眼光來認識自己的公衆。

第五，相關性。公衆不是抽象的、各組織「通用」的，而是具體的、與特定的組織相關的。公衆總是相對一定的公共關係行爲主體（組織或個人）而存在。一群人之所以成爲某一組織的公衆，是因爲他們與該組織具有一定的相關性、互動性。亦即他們的意見、觀點、態度和行爲對該組織的目標和發展具有實際或潛在的影響力、制約力，甚至決定組織的成敗；同樣，該組織的決策和行爲也對這些公衆具有實際或潛在的影響力、作用力，制約著他們利益的實現、需求的滿足、問題的解決等等。這種相關性是組織與公衆形成公共關係的關鍵。尋找公衆、確定公衆很重要的就是尋找和確定這種相關性，並把它們具體的擔心揭示出來，分析清楚，從而確定自己的工作目標。

從整體性、共同性、多樣性、變化性、相關性五個方面來把握公衆的特定涵義，可以幫助我們理解這一概念與人民、人群，特別是群衆這幾個概念之間的區別。我們傳統的工作方法中有走群衆路線、做群衆工作，從群衆中來、到群衆中去的經驗，公共關係工作在一定意義上是與其一致的。譬如一家企業要處理好勞資關係，協調好社區的居民關係，與做群衆工作是一致的。除此之外，比如說，要處理好與股東的關係、與新聞界的關係等，這些關係對象難以簡單劃入群衆的範疇之中。它們均是組織的特定公衆，是公共關係工作的特定對象，我們將它們稱爲股東公衆、媒介公衆等，而不稱作股東群衆、媒介群衆等等。

第二節　公衆的分類

　　公衆分類是公共關係理論中的重要部分。其方法論意義是很明顯的：沒有區別就沒有政策，從而也就沒有方法。公共關係政策的制定和公共關係方法的運用，都有賴於科學地區別不同的公衆。這一節我們先討論劃分公衆的不同標準和方法，下一節再分別討論一些基本公衆的特點和意義。

一、不同的組織有不同的公衆

　　不同的組織，由於目標和利益不同、性質和內容不同、價值準則和管理觀念不同、人員結構和運作方式不同、歷史背景和環境條件不同等等，必然面對著不同的公衆。

　　社會組織是非常複雜的。對組織進行分類本身就是個異常複雜的問題，可以採取各種不同的劃分標準，其意義主要取決於劃分者的目的和需要。我們這裏提出問題的目的在於使讀者瞭解：公衆的分類首先取決於組織的分類。我們不準備詳細討論組織學的分類體系，只列出幾種以便說明上述觀點。

　　最通常的是按照組織的社會職能來劃分，這樣可以將社會組織區分為經濟組織、政治組織、文化組織等等。經濟組織如各類從事生產、流通、交換、分配的工商企業；政治組織如政黨、政府、法律、警政、監察等政治行政機關；文化組織如教育、文藝、出版、體育等組織機構。組織的社會職能不同，接觸的公衆就不一樣。譬如政府公共關係工作所面對的公衆，比其他任何組織的公衆都要廣泛得多，面對社會的各個階層、各種組織，面對

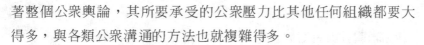

著整個公眾輿論，其所要承受的公眾壓力比其他任何組織都要大得多，與各類公眾溝通的方法也就複雜得多。

就同一類職能的組織（如經濟組織）來說，還可以根據其生產或經營品種的特點，根據其經營管理方式等等，劃分為重工企業、輕工企業、商業企業、服務企業、公用事業單位等等。由於產品不同、服務方式不同，其公眾也有區別。其中要算公用事業單位的公眾最為廣泛，如電力公司、自來水公司、公共交通部門等單位，經營著城市居民最基本的必需品和設施，這些單位大都為國營企業，對其經營的必需品和設施有一定的獨佔性，享有某些服務特權，往往又有政府保證其營業區域和規定其收費標準，雖然缺乏足夠的利潤刺激，但盈利比較穩固，其經營不完全受市場規律支配，而有很大程度受到政府的控制，一般來說，缺乏競爭的壓力等等，這些特點使公用事業單位雖然牽涉的公眾面很廣，但卻容易忽視公眾的要求，容易受到各方的指責，成為輿論攻擊的目標。其公共關係工作不僅難度大，而且工作好壞直接影響到政府的形象。

實際上，組織類型對於公共關係行為方式及公眾類型區分影響比較大的因素主要有兩個方面：一個是營利還是非營利，一個是競爭性還是獨佔性，以這兩項標準來劃分，大致上可將社會組織劃分為四類，請參閱圖6-1。

競爭性

非營利性	Ⅰ.競爭性營利組織	Ⅱ.競爭性非營利組織	營利性
	Ⅲ.獨佔性非營利組織	Ⅳ.獨佔性營利組織	

獨佔性

圖6-1　社會組織的四個類型

一般來說，公共關係與營利性的商業活動以及競爭性的社會活動聯繫比較密切，這是現代公共關係活動的一般規律。

第一類組織：競爭性營利組織。這類組織為了自己的經濟利益，為了在市場競爭中爭取顧客，一般都有比較自覺的公共關係行為，主動地爭取公眾支持。但比較容易偏重與市場活動直接相關的公眾，其公共關係行為的營利性質也較為明顯。

第二類組織：競爭性非營利組織。這種組織沒有經濟動機，但由於需要在競爭中贏得輿論的理解和公眾的支持，因此，也會十分重視自己的公共關係工作，儘量廣泛地去建立和發展自己的公眾關係。

第三類組織：獨佔性非營利組織。由於缺乏自身利益的驅動，缺乏競爭的壓力，往往容易忽略自身的公眾，或「脫離自身的公眾」，公眾關係管理工作一般比較薄弱。

第四類組織：獨佔性營利組織。由於對產品或服務具有獨佔性，由於管理機制上不容易輸入公眾的資訊，而又有營利的動機，因此，容易產生違反公眾利益的行為，容易陷入公眾輿論的壓力之中。

這種分析僅考慮了兩種比較直接的因素，沒有結合其他社會條件，只能作為一種參考，實際情況可能要複雜得多。但起碼我們可以明白，對公眾的分析首先離不開對組織的分析；公眾的形成和發展，是與組織自身的性質、特點、行為方式直接相關的。

二、同一個組織有不同的公眾

任何一個組織都不會只面對著一種公眾，因為利益的相關點不同，因為需求或問題的性質、層次不同，一個組織會面對著不同類型的公眾。因此，也就會有不同的公共關係對策和傳播方

法，所以，對同一組織的公眾整體必須細分為不同性質、不同類型的目標對象。比如一家企業，由於內部管理和外部經營的複雜性，由於其專業職能的分化和經營範圍的變動，所涉及到的公眾異常複雜。例如發達的國家企業公眾，就可以列出以下二十四種：

(1)股東關係（stockholder relations）。

(2)雇員關係（employee relations）。

(3)主顧關係（customer relations）。

(4)社區關係（community relations）。

(5)一般公眾關係（general public relations）。

(6)消費者關係（consumer relations）。

(7)競爭者關係（competitor relations）。

(8)原料供應者關係（supplier relations）。

(9)批發商關係（wholesaler relations）。

(10)代銷商關係（dealer relations）。

(11)經銷商關係（retailer relations）。

(12)公務員關係（official relations）。

(13)金融機構關係（financial relations）。

(14)報界關係（press relations）。

(15)慈善團體關係（charity relations）。

(16)宗教團體關係（religions relations）。

(17)勞工關係（labor relations）。

(18)工會關係（labor union relations）。

(19)學校關係（school relations）。

(20)政治團體關係（political relations）。

(21)政府關係（government relations）。

(22)公共服務團體關係（public service relations）。

(23)同業團體關係（trade group relations）。

(24)工業界關係（industry relations）。

　　這些公衆，一般都是要求從某個企業得到某些利益、獲得某些資訊的個人、群體或組織，並對該企業的生存和發展具有實際或潛在的影響力和制約力。企業的公共關係人員必須充分地瞭解他們、熟悉他們，並根據他們的利益、需求或問題引申出公共關係工作的具體目標，制定具體對策。

　　在中國社會條件下對公衆的劃分，雖然與上述劃分不完全雷同，但大體上也不下二十三種，主要區分爲內部關係和外部關係兩大類。外部關係中又主要區分爲市場關係和非市場關係兩大類。對於其中的主要關係成分，我們將在第三節作些分析。

　　其他任何一種組織，在分析自己的公衆時，都需要根據實際情況對公衆進行細分。

三、同一種公衆有不同的分類

　　不同的組織有不同的公衆，同一組織有不同的公衆；而同一種公衆又可以根據不同的標準作不同的區分，例如：

　　根據關係的重要程度，可區分爲首要公衆和次要公衆。

　　首要公衆即關係到組織生死存亡、決定組織成敗的那部分公衆。比如酒店、賓館賓客關係中的VIP（very important person），就是首要公衆的概念，對這些重要人物必須置於重要位置來接待、安排，稍有差錯便會造成重大影響。對這類關係對象必須投入大量的人力、物力與時間。

　　次要公衆指那些對組織的生存和發展有一定影響但沒有決定

性意義的公眾。當然，這種首要和次要之間的劃分只是相對的，而且兩者之間也可能存在著轉化關係。次要公眾也不能完全放棄。公共關係的投資總是有限的，從投入產出的比率來看，我們應清楚地認識到，有時雖然首要公眾只佔公眾絕對量的20％，可是他們給組織帶來的效益卻可能達到80％以上，因此，對此類公眾總投入量（活動的人力、物力、財力等）應多作安排。次要公眾從表面數量上看可能相當多，但由於影響力比較弱，即使投入大量的力量，也只可能收到較少的效益，因此應該將力量集中在刀刃上。可見，所謂「首要」、「次要」的劃分，要從「投入產出」的效果來考慮，保證首要公眾，兼顧次要公眾。

根據公眾對組織的態度，叫將公眾區分為順意公眾、逆意公眾、邊緣公眾三類。

順意公眾指那些對組織的政策、行為和產品持贊成意向和支持態度的公眾。逆意公眾則是指對組織持中間態度、觀點和意向不明朗的公眾。一個組織首先應該將順意公眾當作同舟共濟的夥伴，細心維持和不斷加強與他們的關係。其次要注意做好逆意公眾的轉化工作，改變其敵對的態度，即使不能將其轉為順意公眾，也應爭取其成為邊緣公眾。「多交友，少樹敵」是公共關係的一項基本政策。值得注意的是順意公眾和逆意公眾往往只佔少數，多數是無動於衷的中間派邊緣公眾。公共關係工作中大量精力是做邊緣公眾的溝通工作，爭取他們對組織的瞭解和好感，引導他們成為順意公眾，防止他們成為逆意公眾。這種「爭取大多數」的工作往往是最艱巨的公共關係工作。

根據公眾構成的穩定性程度，可區分為臨時公眾、周期公眾、穩定公眾。

臨時公眾是因某一臨時因素、偶發事件或專題活動而形成的公眾，比如因為飛機航班誤點而滯留機場的旅客、足球場鬧事的

球迷、上街遊行示威的隊伍等等。每個組織都難以事先完全預測到某些突發事件的產生，往往遭受一些臨時公眾構成的額外壓力，這時需要公共關係部門進行緊急應對。現代組織的公共關係部門必須具備應付臨時公眾的能力。當然，這種臨時公眾有時也可能是因為組織事先的計劃不周而造成的，特別是在舉辦一些大型專題活動的時候，可能會有出乎預料之外的事情發生。

周期公眾是指按一定規律和周期出現的公眾，比如每逢節慶或假日出現的遊客，招生時節的考生及家長。周期公眾的出現是有規律的，是可以預測的，有條件事先制定公共關係活動計畫，作好必要的準備，對於某些季節性強的行業來說，周期公眾的節律是與行業自身的節律同步的，如旅遊業及酒店業，其中一部分周期公眾就可能轉化成穩定公眾。

穩定公眾即具有穩定結構和穩定關係的公眾，比如老主顧、常客、社區人士等。穩定公眾是組織的基本公眾，甚至具有「準自家人」的性質，融合為組織的一部分。組織往往對穩定公眾採取額外的優惠政策和特殊的保證措施，以示關係的親密。穩定公眾的多寡可以作為考察組織公共關係成熟性的一個標誌。臨時公眾、周期公眾和穩定公眾的劃分，是制定公共關係的臨時對策、周期性政策和穩定策略的依據。

根據組織的價值判斷，又可以將公眾區分為受歡迎的公眾、不受歡迎的公眾和被追求的公眾。

受歡迎的公眾是完全迎合組織的需要並主動對組織表示興趣和交往意向的公眾。對於組織來說，這是一種兩廂情願、一拍即合的關係，如自願的投資者、慕名前來的顧客、為組織採訪撰寫正面宣傳文章的記者等等。這種關係因雙方均採取主動的姿態，不存在傳播的障礙，溝通的結果一般來說對雙方都有利。

不受歡迎的公眾指違背組織的利益和意願，對組織構成潛在

或現實威脅的公眾。對於組織來說，這是一些「入侵者」。他們對組織表示出一種不友好的意向和交往行為，或者對組織抱有過分的要求從而構成組織的負擔。前者如持不友好態度的記者，後者如反覆糾纏索取贊助的團體或個人，這均是組織力圖躲避、不願接觸的公眾。這種關係只是公眾一方採取主動姿態，但由於交往結果對組織不利甚至有害，因此組織往往有意設置障礙，製造困難，將其拒之門外，以減少對組織的威脅。

被追求的公眾指很符合組織的利益和需要，但對組織卻不感興趣、缺乏交往意願的公眾。對於組織來說，這是一種求之不得又難以如願的關係。比如說，對於許多組織來說，著名的記者、社會名流均可能是被追求的公眾。組織希望與他們建立關係來擴大影響，可是要與他們建立起密切關係卻是件很不容易的事，要設法建立溝通的管道，要講究交往的藝術、把握傳播的時機。

根據公眾發展過程不同階段的特點，可以將公眾分成四類：非公眾、潛在公眾、知曉公眾、行動公眾。

非公眾是公共關係學的特殊概念，社會學中沒有這個概念。非公眾指處在某組織的影響範圍之中，但卻與該組織無關。其觀點、態度和行為不受該組織的影響，也不對該組織產生作用的公眾。這樣的公眾被視為該組織的非公眾。劃分出自己的非公眾是有意義的，可以幫助我們減少公共關係工作的盲目性，將非公眾排除在公共關係活動範圍之外，避免不必要的浪費。

潛在公眾主要指由於潛在的公共關係問題而形成的潛伏公眾、隱性公眾、隱蔽公眾或未來公眾。即某一社會群體面臨著組織行為或環境引起的某個潛在問題，由於這個潛在問題尚未充分顯露，這些公眾本身還未意識到問題的存在，因此他們與組織的關係尚處於潛伏狀態。這需要公共關係人員未雨綢繆，加強預測，密切監視勢態的發展，分析各種可能出現的後果，制訂多種

應付的方案，積極引導事情向好的結果來發展；當事情不可避免要變糟時，採取必要的預防措施，防患於未然，將問題解決在萌芽狀態，避免釀成更大的麻煩。我們應當瞭解，遇到這類公共關係問題要妥善處理是有相當難度的。但現代組織面臨這種複雜情況的可能性越來越大，這促使公共關係活動策劃者日益重視公共關係預測功能、參謀功能，這也是七〇年代末以來國際公共關係界重視「問題管理」的原因。

知曉公眾是潛在公眾邏輯發展的結果，即公眾已經知曉自己的處境，明確意識到自己面臨的問題與特定組織有關，迫切需要進一步瞭解與該問題有關的所有資訊，甚至開始向組織提出有關的權益要求。這時，潛在的公眾已發展成現實的公眾，構成組織不可能迴避的溝通對象。因此，對組織來說，採取積極主動的公共關係姿態，及時溝通、主動傳播，滿足公眾要求被告知的心情，使公眾對組織產生信賴感，這對於主動控制輿論局勢非常重要。因為知曉公眾如果不能從有關組織那裏獲得必要的資訊，便會轉向其他資訊管道，各種不準確的小道消息將會流傳開來，局勢的演變將難以控制，事後的解釋將事倍功半。尼克森處理水門事件時，由於沒有正視知曉公眾的要求，失去了引導公眾輿論的時機，使自己越來越被動，最後只好辭職下臺。事後，尼克森在總結水門事件的經驗教訓時認為，這完全是「公共關係的失策」。

行動公眾自然就是知曉公眾發展的結果。在這個階段，公眾已不僅僅表達意見，而是採取實際行動，對組織構成壓力，迫使組織必須採取相對應的行動。無論公眾的行動是積極的還有消極的，組織的反應也不能僅停留於語言、文字上，而必須有實際的行為。也就是說，行動公眾必然促成公共關係行為的發生。面對著行動公眾，除了採取相應的行動外別無選擇。當然，高超的公共關係行動方案，必將使行動公眾的壓力轉變為動力，轉變為對

組織有利的助力，這乃是公共關係人員嚮往的最佳結果。

把公眾劃分爲非公眾、潛在公眾、知曉公眾和行動公眾是一種縱向的分類方法，其意義是把公眾理解爲一個連續的發展過程。

公眾分類的方法還可以舉出一些，包括最常用的按人口學結構進行分類的方法。公眾分類的研究成果爲實際從事公共關係活動的人員認識和分析自己的公眾，提供理論上的指導。

四、公衆分類的意義

我們在列舉每一種公眾分類方法的時候，都談到了它的意義。這裏我們再總結一下：

第一，科學的公眾分類爲公共關係的調查研究和組織形象評估確定範圍。

公共關係工作是從調查研究開始的，透過調查研究客觀地評估組織形象，確定公共關係問題，尋找形象差距，這是公共關係工作的第一步，而這一步要走好，首先就必須正確地確定自己的公眾，透過確定公眾來確定調查的對象和研究的範圍，透過確定公眾來找到客觀評估組織形象的一面鏡子。因爲反映組織形象的鏡子就是公眾輿論，公共關係的調查研究很重要的是作民意分析。要瞭解公眾的看法和態度，首先就必須研究公眾、分析公眾。

第二，科學的公眾分類爲制定公共關係政策、設計公共關係方案明確方向。

正確的政策和成功的方案是公共關係活動的靈魂。制定公共關係政策和策劃公共關係方案是公共關係活動過程中第二個重要步驟。決策和策劃的水準將決定著整個公共關係工作的層次和水

準。而科學的決策和周密的策劃是建立在對實際情況瞭解基礎之上的，特別是對公眾的瞭解和分析是至關重要的。前面我們就指出：沒有區別就沒有政策，從而就沒有方法。透過對公眾的分析，區分出親疏遠近、輕重緩急，把握住公眾發展的脈絡，爲制定不同的政策、策劃針對性的方案提供依據，指明方向。

第三，科學的公眾分類爲公共關係活動的組織和運行打下基礎。

運用各種傳播媒介、開發多種溝通管道去「說」和「做」，是公共關係進行過程的第三步。公共關係工作成功與否，要透過實際的公共關係活動來實現，即「說」得精彩，「做」得成功。實際傳播溝通活動的許多環節，都離不開對公眾的研究和分析。透過對公眾的分類研究和分析，爲選擇傳播媒介和溝通渠道提供可靠依據，從而使「說」和「做」具有更強的針對性。

第四，科學的公眾分類爲科學評審公共關係工作的效果提供依據。

公共關係工作過程的最後一步是科學地檢測和評審公共關係工作的成效。公共關係工作成效的評審是多層次、多視角的，比如說，資訊的傳遞範圍和效率，感情的建立和深化，公眾態度的形成和改變，公眾行爲的支持與配合等。這些效果的評審都直接與公眾的研究有關。需要分門別類地考察各類不同的公眾，瞭解他們是否接收到了與他們有關的資訊，他們的情感、態度和行爲有什麼變化，預期的形象效果與他們的實際評價還存在著什麼樣差距等等。科學的公眾分類，爲評審公共關係工作效果提供了重要依據。

第三節　基本的目標公眾分析

　　第一節我們討論了公眾的概念，第二節偏重研究公眾分類的方法，本節我們將具體分析各種基本的目標公眾。這是理論研究從抽象到具體的辯證思維過程。跟隨著這個思維過程，我們對公眾這個概念的認識便會越來越深入，越來越細緻。

　　分析公眾的基本構成只能以公共關係應用最普遍的企業組織為主。我們列舉分析的企業公眾的基本構成包括員工關係、股東關係、顧客關係、社區關係、媒介關係、名流關係、國際公眾關係，這些均是企業公共關係工作最基本的目標公眾。而且對於其他類型的組織來說，暸解企業組織的公眾，也可以觸類旁通、舉一反三。我們在分析過程中會注意適當兼顧這些關係對象在不同組織中的意義。

一、員工關係

　　員工關係指在企業內部管理過程中形成的人事關係。其具體對象包括全體職員、工人、管理幹部，員工是企業內部公眾，是內部團結的首要對象。任何一種組織都會有自己的內部公眾，都需要首先處理好自己的內部關係。由於員工是企業組織的成員，因此從內部公共關係的角度看是對象，從外部公共關係的角度看又成了主體。這是一種與公共關係最密切的公眾。

　　建立良好員工關係的目的，是培養組織成員的認同感和歸屬感，形成向心力和凝聚力。其意義可以歸納為兩個方面：

　　第一，組織需要透過員工的認可和支持來增強內聚力。

　　一個組織的存在價值和整體形象在取得社會的認可以前，首先要得到自己成員的認可；組織的目標和任務在贏得社會支持之前，首先要贏得自己成員的配合與支持，否則，企業的價值和目標將會落空，組織將無法作為一個整體去面對外部社會公眾。每一個員工都是企業組織的細胞，他們對企業這個有機體認同和依附，是這個有機體得以存在的基礎。因此，企業組織的內部公共關係工作首先要增強內聚力，使員工組合成為一個有機性的整體，與企業組織凝結在一起。

　　要爭取員工的理解與支持，就需要將員工視作傳播溝通的首要對象。這一點恰恰容易被忘記。有了什麼消息，公共關係人員不會忘記告訴記者，不會忽略了及時對外傳播，但偏偏忘記了自己人，忽略了需要告知員工。不少組織的員工對本身組織的資訊並沒有瞭解的優先權，內部的資訊往往是「出口轉內銷」以後才知曉，甚至於外部社會早已紛紛擾擾了，自己的員工還蒙在鼓裏。我們不是說所有消息都必須首先告知自己的員工，但事關本組織的許多事情總是外人比自己的員工先知道、外人比自己的員工更清楚，那麼就不可能期望員工有很強烈的「自己人」意識，不可能要求員工對組織有自發或自覺的向心力、歸屬感。當自己的員工總是在外人面前說「我不知道」的時候，他可能感到已被冷落，也可能表示出一種麻木不仁，還可能感到羞恥和憤怒。由於忽略了內部的溝通與傳播，組織與員工之間也就缺乏最基本的相互瞭解與信任。在這樣的氣氛下，組織的政策和行為便很難得到自己員工的理解和支持。

　　因此，從公共關係的角度來說，協調內部員工關係的首要任務就是重視內部傳播，將員工視作公共關係溝通的首要對象，尊重員工分享資訊的優先權，使員工在資訊分享中與組織融為一體，形成信任與和諧的內部氣氛。某一工廠在廠門口公布欄辦了

一份新聞牆報《每日新聞》，每日早晨八時半前貼出，除假日外從不中斷。員工每天進廠前先花五分鐘看看《每日新聞》，就能即時瞭解全廠重要的動態和資訊，內容從生產到生活樣樣齊備。由於大家的信任，員工及各部門的許多問題都反映到編輯部，及時透過新聞牆報上情下達，下情上達，多向聯繫，分享資訊，有效地改進了工作，緩解了各種矛盾，調整了人際關係。員工們評價：「比開會更有用，比報紙還吸引人。一天不看就不舒服。」現在，看《每日新聞》已經成為員工生活中不可缺少的一部分。有一次責任編輯遲貼出十五分鐘，編輯部就接到了好幾個質詢的電話。一份小小的新聞牆報，有效地將全體職工凝聚在一起，這就是內部公共關係傳播的魅力。

第二，組織需要透過全員進行公共關係來增強外張力。

公共關係對外樹立組織形象、擴大社會影響的工作，有賴於組織全體成員的努力與配合。因為每一個員工都是企業與外部公眾接觸的觸角，都處在對外公共關係的第一線，企業組織的形象必須透過他們在生產、服務崗位上的實際行動具體展現出來。電話總機的接線員，服務台、詢問處、接待室的工作人員，直接與顧客打交道的售貨員、服務員、業務員、推銷員等等，都是兼職的公共關係人員，他們的一言一行都代表著企業的形象。即使是生產線上的工人，也都有自己的親屬、朋友和社會圈子，都可能在頻繁的接觸和交往中給外界留下或好或壞的印象。可見，員工在對外交往中是非常重要的公共關係行為主體，這種主體性能否充分調動和發揮，就看他們對企業組織有多大程度的認同感和歸屬感，有多強的向心力和凝聚力。一個企業組織如果希望員工能時時處處自覺地去維護企業的形象，就應該時時處處善待員工、尊重員工，將員工作為重要的公共關係對象，注意協調好員工關係，努力培養員工對企業的認同感、歸屬感，不斷增強員工對企

業的向心力、凝聚力。

　　從管理哲學的角度看，公共關係工作要處理好團體價值與個體價值之間的矛盾。從公共關係工作的目標來說，它追求的首先是團體價值，即塑造本身組織良好的整體形象，提高本身組織的社會地位，爭取較高的知名度和信譽度。而從公共關係工作的實際著眼點來說，又要從確立個體價值入手，使團體中的每個成員（以及與這個團體有關的所有個人）都能在團體的環境中追求和實現個人的價值。當你創造了這樣一種團體環境：在這個環境中個體能充分展示自己的個性和追求自己的價值，那麼這個團體就具備了足夠的凝聚力，並且使團體價值透過許許多多的個體活動得以充實和展現。也就是說，追求團體價值的公共關係工作，首先應該從尊重個體價值做起，必須將個體價值與團體價值辯證地、有機地結合為一體。廣州花園酒店總經理袁傳明先生提出了「員工第一」的口號，他認為，只有把員工放在第一位，尊重他們的勞動和尊嚴，使他們處處感受到自己作為「花園」不可或缺的一分子的「主人翁」價值，認識到「花園」的榮辱與他們的工作形象和經濟效益都息息相關，這個酒店才能成為成功的酒店。根據這一思想，花園酒店最高決策層制定出一系列協調員工關係、激勵員工士氣的措施，例如：每月固定一天為員工日，屆時高層管理人員一起下廚為員工炒幾道拿手菜；酒店公共關係部定期邀請員工親屬出席「酒店與員工家庭親善會」，徵詢意見，爭取「後院」的瞭解和支持；若某位員工工作有良好表現，會收到總經理簽發的嘉獎信；每一位員工生日的當天，都會收到總經理贈送的生日賀卡；酒店設立意見獎，最高管理層對有建設性的意見保證在三天內作答，並給予獎勵。袁先生是知名的美籍華裔人士，全美酒店管理業的六大明星之一，他認為，優質服務和產品是酒店成功之要素，而服務和產品是由員工提供的，所以員工就是酒店最寶

貴的財富。這位精通公共關係技巧的總經理走馬上任剛剛半年，便使廣州花園酒店的形象和經濟效益都得到很大的提升，這便是「員工第一」帶來的效應：兩千名員工的內聚力使酒店整體的外張力大大增強了。

二、顧客關係

顧客關係即企業與本企業產品或服務的購買者、消費者之間的關係。在現代社會，顧客關係的對象是廣義的，泛指一切物質產品、文化產品及服務的購買者、消費者，例如工業企業的用戶、酒店的客人、電影院的觀衆、報社的讀者等等，其中包括個人消費者和社團組織用戶。顧客是與企業具有直接利害關係的外部公衆，也是企業市場關係的具體對象。

協調顧客關係的目的，是促使顧客形成對企業及其產品的良好印象和評價，提高企業及其產品在市場上的知名度和信譽度，爲企業爭取顧客、開拓和穩定市場關係。建立良好顧客關係的意義主要是：

第一，良好的顧客關係能夠爲企業帶來直接的利益。

公共關係所講的顧客關係不同於市場經營中的銷售關係，其活動方式不是產品和貨幣之間的直接交易，而是在企業與顧客之間建立良好的資訊交流關係和協作關係。雖然公共關係所講的顧客關係不是直接的買賣關係（買賣關係應該是市場部門、營業部門的事），但顧客的確是企業公共關係對象中利益關係最直接的外部公衆。在現代商品經濟的條件下，顧客就是市場，有了顧客就有了市場，有了市場，企業的經濟效益就有可能實現。因此，所謂市場導向就是顧客導向，顧客關係是企業市場經營的生命線。良好的顧客關係給企業帶來的是直接的利益。

　　企業與顧客的聯繫不僅僅是商品和貨幣的交換關係，還包括廣泛的資訊交流關係，感情溝通關係。沒有正常的資訊聯絡，沒有融洽的感情溝通，經濟利益關係難以建立，更難以穩定和持久：良好的資訊交流和感情溝通，必然有助於鞏固和發展商業性的交易關係。公共關係為市場銷售服務的功能首先集中展現在顧客關係上。公共關係部門當然不是代替銷售部門直接去推銷產品，而是配合運用各種傳播、溝通的方法疏通管道，調整關係，清除障礙，創造機會，為產品的銷售營造一個良好的氣氛和環境。

　　第二，建立良好的顧客關係能夠幫助企業樹立正確的經營思想。

　　認真做好對顧客的公共關係工作，更重要的是幫助企業樹立起「顧客就是皇帝」的經營思想，即企業的一切政策和行為都必須以顧客的利益和要求為導向。所有成功的企業，都實踐了這一思想。認真做好顧客的公共關係工作正是這一思想的具體展現。

　　「利潤第一」還是「顧客第一」，這是從商品經濟產生直到今天一直存在的兩種對立的經營觀念。毫無疑問，追求利潤是商品經濟條件下企業發展的基本動因，但是深一層想，企業怎樣才能實現自己的利潤目標？最根本的，就是企業所生產的產品或提供的服務必須得到市場的認可與接受，也就是必須有顧客需要，有顧客喜歡，有顧客購買和使用。企業必須透過滿足顧客和社會的需求來換取自己所希望的利潤。利潤不應該是企業貪婪的追求，而應該是顧客重視和讚賞企業產品及服務所投的信任票。只有贏得顧客信任與好感的企業，才可能獲得自己較佳的利潤。所以，從企業的政策和行為的基本導向來說，應該把顧客放在第一位。正如美國企業公共關係專家加瑞特（Paul Carrett）所說的：「無論大小企業都必須永遠按照下述信念來計劃自己的方向，這個信

念就是：企業要爲消費者所有，爲消費者所治，爲消費者所享。」

公共關係部門應該運用各種傳播方式，在企業經營管理的各個環節去培養和樹立上述經營思想，並將這一經營思想轉化爲全體員工的實際行動。佔有世界電腦設備市場40％份額的IBM公司，爲了樹立「爲顧客提供最佳服務」的市場形象，專門挑選一批優秀的業務人員擔任爲期三年的主管助理。在三年之中，他們唯一的任務就是：對任何顧客的抱怨和疑難必須在二十四小時之內給予解決。有一次，美國喬治亞州亞特蘭大市一家公司使用的IBM電腦出了故障。在幾個小時之內，IBM公司就派出八位專家去維修檢查。其中四位來自歐洲，一位來自南美洲，還有一位來自加拿大。爲了使顧客滿意，他們不計成本，不惜一切。IBM公司因此成功地樹立起「IBM意味著最佳服務」的良好企業形象。

第三，建立良好的顧客關係，能夠引導和培養積極、健康的消費者意識，形成穩定的消費者系統。

認真做好顧客公共關係工作還有一層容易被忽略的意義，即培養具有現代消費意識、自覺維護消費者權利的消費者公眾。也就是爲現代社會營造一個健康、良好、穩定的消費者公眾環境。企業離開了這樣一個環境，就像植物離開了優質肥沃的土壤，是無法發育良好、生長的。試想一下，企業遵循「顧客就是皇帝」的宗旨，但「皇帝」卻缺乏「皇帝意識」，幼稚無知或喪失理智，淡漠無情或反覆無常……在這樣的「皇帝」面前，企業再有本事也會感到難以應付，在市場上會感到處處被動。爲了建立良好的市場秩序，穩定企業的市場關係，有眼光的企業就應該主動透過顧客公共關係工作，去引導和培養與現代企業、現代市場相適應的現代消費者公眾。

所謂現代消費者，指憑著自覺的消費需求，清醒的消費判斷，去購買自己需要的而且質量均屬良好的商品，拒購不必要的

和質劣的商品，具有健康、自覺的消費行為的社會人。由這樣的人構成的群體就是現代的消費者公眾（或顧客公眾）。現代自覺的消費者起碼應該明確自己的基本權利。六○年代初，美國前總統甘迺迪在給國會的報告中概括了消費者的四項基本權利：安全的權利、知曉的權利、陳述的權利、選擇的權利。引導消費者認識、理解和運用自己的這些權利，尊重和維護消費者的這些權利，應該成為顧客公共關係工作的任務。

顧客公共關係在這方面的意義，比較突出地展現在「消費管理」這個概念上。所謂消費管理，就是對消費者進行消費教育、消費引導，組織消費者的系統化。與生產管理、技術管理、財務管理、內部人事管理相比，消費管理更加直接地面對消費者公眾，更加強調運用資訊溝通、傳播的辦法，更加強調管理的社會效益，因此應該劃入公共關係的職責範圍。

消費教育是消費管理的基本途徑，例如，為顧客和公眾編輯印發指導性的手冊和刊物；舉辦操作表演會或實物展覽會，幫助顧客認識和熟悉新產品的性能、技術等；舉辦培訓班，讓商品銷售人員和顧客掌握使用、維修和保養某類產品的基本知識；開設陳列室、諮詢台，回答公眾的問題；向報紙、雜誌、廣播電台、電視台提供有關新產品的介紹性資料；……總之，為公眾提供免費的介紹、示範、指導、諮詢、培訓等，透過這些工作，滿足公眾的知曉欲望。

消費教育的目的在於消費引導。引導消費者接受新的消費意識，形成科學的消費行為。日立公司根據公共關係的原理，提出了自己的消費者教育的指導思想：「指導人們妥善地利用電氣化所得到的閒暇時間，是以電氣化家庭為使命的日立公司的社會責任。」該公司在日本國內設立了七個「日立家庭中心」，專門指導日立的消費者如何利用閒暇時間，幫助消費者設計生活、美化生

活。例如設在東京的「日立家庭中心」，專門設有「婦女俱樂部」，特聘名師指導講授烹飪、縫紉手藝、日本舞蹈和芭蕾舞等，並舉辦電影、音樂、話劇等欣賞會和其他康樂活動。

消費教育與引導是一種長期的公共關係戰略，必須有耐心和長遠的眼光。鳥眼公司六〇年代為了推廣冷凍食品，首先致力於在食品零售商中展開使用冷凍設備方面的教育引導。他們為食品零售商免費舉辦技術培訓，請專家編寫冷凍食品的烹飪食譜和製作方法的書籍、刊物，舉辦冷凍食品營養成分的研討會和發表會，定期召開記者招待會，在報紙上開闢有關的專欄，用廣告宣傳使用冷凍設備及冷凍食品的優勢，經過十五年的努力，引導食品零售商普遍使用了冷凍設備，從而為該公司推廣冷凍食品打下了永久性的基礎。可見，消費教育不一定是立竿見影、馬上見效的，需要堅持不懈，鍥而不舍。

長期堅持消費教育和消費引導的結果便是形成消費者的系統化，也稱為消費者的組織化，即在公眾中培養起本身企業產品和服務的愛用者、崇拜者，形成企業對消費者凝聚力（表現為本企業產品在市場上有較高的「商標指名率」和「商標統一率」）。日本實現消費者系統化比較成功的是經營化妝品的資生堂，六〇年代初，它的消費者俱樂部「花椿會」就有五百多萬會員。這就形同「在魚池中養魚」。商品競爭的汪洋大海有太多的風險和未知因素，資生堂不是盲目地去撒網、捕撈，而是先投資開挖魚塘，建造水庫，將五百萬尾「魚」（花椿會員）引導到穩定的消費序列中來，做長期的買賣，從而形成了一支穩定的消費大軍，構成了一個穩固的市場。

可以說，消費管理是顧客公共關係活動的較高層次。過去，「廠商便是皇帝」，企業生產什麼，顧客就購買什麼。現在，「顧客就是皇帝」，顧客需要什麼，廠家便生產什麼。將來，可能是

「廠商與顧客同享繁榮」，企業扮演起消費者的教育者、引導者、組織者的角色，與「顧客皇帝」一起設計生活、美化生活，從而構成相互依賴、相互推動、互惠互利的親密友好關係。

三、媒介關係對象

媒介關係也稱作新聞界關係，即與新聞傳播機構（包括報社、雜誌社、廣播電臺和電視臺）以及新聞界人士（記者、編輯等）的關係。新聞界公眾是公共關係工作對象中最敏感、最重要的一部分。這種關係具有明顯的雙重性：一方面，新聞媒介是組織與公眾實現廣泛、有效溝通的必經管道，具有工具性；另一方面，新聞媒介人員又是組織必須特別重視的公眾，具有對象性。媒介與公眾的合一，決定了新聞界關係是一種傳播性質最強、公共關係操作意義最大的關係。因此，從對外公共關係實務工作層次來看，新聞界關係往往被擺在最顯著的位置，或被稱之為對外傳播的首要公眾，不管哪一種類型的組織均不例外。

與新聞界建立關係的目的就是爭取新聞界對本身組織的瞭解、理解和支持，以便形成對本組織有利的輿論氣氛；透過新聞界實現與廣大公眾的溝通，密切組織與社會公眾之間的聯繫。其意義可以從兩個方面去加強認識：

第一，好的媒介關係等於好的輿論關係。

雖然不是絕對的，但幾乎每一個與新聞界保持良好關係的個人或組織，都容易獲得良好的公眾輿論；而幾乎每一個與新聞界交惡的個人或組織，都會在公眾輿論中遇到麻煩。因此，建立和保持良好的新聞界關係，對於營造良好的公眾輿論氣氛是個關鍵。媒介關係與公眾輿論關係幾乎是等價的。只要瞭解新聞界在現代資訊社會、傳播時代的特殊功能，就可以理解這一點。

在現代資訊社會，新聞界是社會資訊流通過程中的「把關人」，他們決定著哪些資訊應該轉述、疏導、傳播，哪些資訊應該中止、抑制、封閉。公眾每天所接觸到的資訊，大部分是經過層層把關人的精心篩選以後報導出來的。一個組織、一個人物、一個事件或一件產品等等，一旦被新聞界選中，成為集中連續報導的熱點，便立即會成為廣大公眾討論的中心，成為具有公眾影響力的輿論話題，這就是新聞界所謂「確定議程」的社會功能，即確定公眾輿論的中心議題。從另一個角度說，一個組織、一個人物、一個事件或一件產品等等，一旦能夠成為公眾的話題、輿論的熱點，也就自然地獲得較高的社會知名度，被賦予較重要的社會地位，這就是新聞傳播界所具有的「授予地位」的功能，即能夠授予被傳播者特殊的社會地位。「把關人」、「確定議程」、「授予地位」這些特殊的功能，便使新聞界在公共關係溝通中佔有極重要的地位。

公共關係工作的一項重要任務就是為組織創造良好的公眾輿論，爭取公眾輿論的理解和支援。這項任務是否能夠完成，與媒介的關係佔有很重要的地位。與「把關人」（記者、編輯、總編等）的關係好，組織的資訊就容易透過傳播管道中的層層關口，就能有更多的機會被確定在公眾生活的「議事日程」上，從而吸引公眾的注意力，獲得公眾輿論的認可，被授予顯赫的社會地位，樹立起良好的組織形象。這是一個傳播的連鎖反應。所以，我們說，好的媒介關係等於好的輿論關係。在大眾傳播時代，建立和保持良好的新聞界關係被稱為公共關係工作的「第一要務」並不過份。

第二，建立良好的媒介關係是運用大眾傳播手段的前提。

組織與公眾只有很少的一部分是可以直接面對面的，大部分公眾是沒有機會直接接觸的，不少公眾是遠距離的、大範圍的。

實現遠距離、大範圍溝通的最好途徑就是運用大眾傳播。大眾傳播借助於現代印刷、電子等傳播技術，大量地、高速度地複製資訊，傳送給分散、匿名的大眾。大眾傳播是現代公共關係絕對不可缺少的手段。

但是，與其他傳播手段不一樣，大眾傳播媒介一般不是由組織內的公共關係人員直接掌握和控制的。組織的有關消息能否被大眾媒介所報導，以及報導的時機、頻率、角度等等，決定權不在組織的公共關係機構，而在專業的傳播界人士如記者、編輯、總編等那裏。除非花錢作廣告，直接購買大眾媒介的使用權（如報紙的版面、電視的播出時間），否則，公共關係對大眾媒介的使用必須透過新聞界人士的協助才有可能辦到。特別是新聞宣傳這種「免費傳播」形式，完全是藉記者、編輯的口和筆來進行傳播，這種傳播沒有良好的新聞界關係作基礎是不可能的。因此，與新聞界人士建立廣泛、良好的關係，是成功運用大眾傳播媒介的必要前提。與新聞界關係越多，組織有關資訊的見報率、上鏡率就越高；與新聞界關係越好，有利的報導就越多。

媒介關係的這種仲介性質即公關效用性之強，恐怕是其他任何一種公眾所不能比擬的。雖然，我們不應該採取純功利主義態度來對待媒介關係，而應該首先將新聞界人士列為必須特別厚待的公眾，誠心誠意為新聞界人士提供服務，以爭取理解和友誼，但是，在實際工作中，公共關係人員與新聞界人士總是相互需要，互相依賴，互為仲介的。一方面，公共關係人員需要透過記者、編輯將組織的資訊傳遞給大眾，因此，記者、編輯成為組織與大眾溝通的仲介；另一方面，新聞界人士需要透過公共關係人員瞭解有關組織的資訊，請公共關係人員協助提供各種有新聞價值的材料，因此，公共關係人員也成為新聞界與組織之間的仲介人。美國報紙頭版新聞中有30％來自公共關係人員，此情況還有

繼續上升的趨勢。沒有公共關係人員的幫助，新聞工作人員的採訪、編輯工作難以涵蓋大量發生的事件和素材。可見，新聞界關係的這種中立性、公共關係效用性不是單向的，而是雙向的。

不過，由於需要和角度不同，新聞界人士與公共關係人員互為仲介打交道時，動機常常不一樣，新聞界人士可能喜歡尋找問題和內幕，公共關係人員則傾向於提供好消息。這往往醞釀著相互間的對立和摩擦。許多記者熱衷於報導事情的陰暗面，用「問題新聞」去吸引讀者，美國著名企業家艾科卡在談到這一點時幽默地說道：「當某一個人因某事遭到譴責時，新聞界立即予以公布，但當同一個人後來被澄清是無辜的時候，新聞界的報導很遲緩的。對人們的起訴似乎總在頭版見報，而對於他們被判無罪的消息卻登在第二十六頁上，僅僅排在尋人廣告前面。」這說明新聞界人士與組織公共關係人員的立場、需要和動機是存在差距的。構建良好的新聞界關係應設法縮小或跨越這種差距。不縮小或跨越這種差距，公共關係人員就很難從正面的、積極的意義上去利用大眾傳播，或者根本不可能透過大眾傳播媒介向公眾傳遞資訊。

關於這一點，艾科卡有幾點經驗之談：(1)善於與新聞界接近，無論是在順境中還是在逆境中；(2)堅持每季度召開記者招待會公布生產經營結果，無論是好的結果還是壞的結果；(3)講真話，坦率誠實地對待新聞界人士；(4)對於有意刁難的記者不必惱怒和駁斥，故意不理睬他就夠了，例如，在記者招待會上，如果有誰故意找碴，就可以讓他周圍的其他人提各種問題，等輪到他提問題時，便適時地宣佈會議到此為止；(5)當記者陷入困境需要幫助時，給他提供真心誠意的幫助，如連夜為記者提供圖片和新聞資料等。由於艾科卡善於處理媒介關係，因此，他總能贏得新聞界80％的好評。

　　總之，應該清醒地認識到，雖然公共關係人員與新聞界人士之間具有「血緣的」、內在的聯繫，但他們之間不可能總是融洽、一致的，也會有不愉快乃至對抗的時候。公共關係人員必須記住，其他關係對象可能是變動不定的，唯有新聞界關係是伴隨終生的——除非不再從事公共關係工作。作為一個公共關係人員，與新聞界人士交惡是所有愚蠢行為中最愚蠢的。一個得不到新聞界「把關人」的信任與好感的公共關係人員，對任何組織都毫無用處；一個被新聞界人士討厭的公共關係人員，對於組織來說就是有害的了。如果能夠得到記者、編輯的信賴，這將是一個公共關係人員所擁有的最重要的財富，是他的職業「本錢」。因為，只有新聞界關係才會給組織帶來大眾傳播的機會和好處。

四、政府關係對象

　　政府關係指社會組織與政府之間的溝通關係，其對象包括政府的各部門官員、行政助理、各職能部門的工作人員。任何組織都必須面對和接受政府的管理和約束，需要與政府的各種管理職能部門打交道，如工商、人事、財政、稅收、審計、市政、交通、治安、法院、海關、商檢、衛檢、環保等行政機構，這些行政機構代表社會公眾最普遍的、共同的利益來行使社會管理的權力，因此，政府關係對象是任何組織的公共關係對象中最具社會權威性的對象。

　　與政府保持良好溝通的目的，是爭取政府及各職能部門對本組織的瞭解、信任和支援，從而為組織的生存和發展爭取良好的政策環境、法律保障、行政支持和社會政治條件。具體分析政府關係的意義主要有兩點：

　　第一，政府的認可和支持是具有高度權威性和影響力的認可

和支持。

　　政府掌握著制定政策、執行法律、管理社會等權力，具有強大的宏觀調控力量，代表公眾的意志來協調各種社會關係。政府的意見和態度會對整個社會輿論產生全面的影響。一個組織的政策、行為、人物或產品如果得到政府的關注、認可和支持，無疑會成為一種強有力的社會背景而引起整個社會的關注和重視，從而處於有利的社會位置。

　　為此，應該把握一切有利時機，擴大本組織在政府官方及有關部門中的影響和聲譽，讓政府及時瞭解本組織對社會、對國家的貢獻和成就，爭取獲得官方的良好評價和支持，例如，企業可以利用新廠房落成、新生產線投產、新產品問世或企業慶典活動等機會，邀請政府主管部門的官員出席企業的重要活動，主持奠基儀式或落成剪綵，參觀新設備、新產品，透過各種現場活動，增進政府官員對企業的瞭解和好感，提高政府部門對企業的信心和重視程度。

　　當政府的有關管理部門對企業行使管理職權時，企業方面應主動配合，積極支持，提供方便。如某一家汽車廠知道稅務部門對企業的生產成本比較關注，因為這關係到利潤的真實情況，於是每到年終盤點都主動邀請稅務部門參加，並且按時交稅，與稅務部門建立了良好的工作關係，取得了稅務部門的信任和支持。因此，當這家工廠要大批生產一項新產品而缺乏資金時，稅務部門便主動提供幫助，排憂解難，出面為他們籌集了部分資金。結果，政府部門的信任和支持迅速轉化成企業良好的社會聲譽和影響，使他們更加容易獲得社會各界的支持與合作。

　　第二，良好的政府關係能夠為組織贏得良好的政策條件、法律保障和社會管理環境。

　　政府的政策、法律、管理條例是任何一個企業單位和社會團

體的決策和活動必須遵守的基本準則和規範，組織的一切行爲都必須保持在政策法令許可的範圍之內。良好的政策條件、法律保障和社會管理環境，是一個組織生存和發展不可缺少的。因此，與制訂政策法規和實施管理的政府部門保持良好的溝通十分重要。

一方面，透過有效的政府溝通管道，及時、準確地瞭解政府有關方針、政策的變化，隨時按照這種變化去調整本身組織的政策和活動，把握政策變化給組織帶來的有利時機和避免政策變化給組織帶來的不良影響；另一方面，透過良好的政府溝通關係，將本身組織的實際狀況和特殊問題上傳政府主管部門和官員，主動地提出新的政策建議和方案，爭取政策性的優惠和支持；或者透過適當的遊說工作，在有關本身組織的政策方案進入法律程序和決策之前充分地反映情況，表達意見，使制定出來的政策法規更加符合實際情況，更加有利於本身組織的發展。透過這種雙向溝通，使政府的有關政策資訊和組織的有關情報資訊能夠及時地相互傳遞，良好循環，主動調整和相互適應。例如，某著名中藥廠接到政府物價局的文件，文件認爲該廠某藥品市場定價過高，要求該廠將這種藥品的出廠單價降低。該廠公關部爲此作了認眞的市場調查，舉行了一個座談會，邀請物價局的官員到場聽取了經銷商、顧客、醫療管理部門、消費者委員會等方面的代表的意見，各方面的意見和市場調查的結果說明該廠的藥品在同類產品的比較中，定價是適中的；經銷商和顧客代表甚至認爲，根據這種藥品的質量，其價格應高出其他同類產品。透過座談會，物價局的官員認識到原來的有關行政指令與事實不符，事後決定取消原本發的行政文件，使該中藥廠避免了不必要的損失。

此外，在與政府溝通的過程中，必須熟悉政府職能部門的內部分工、職責範圍、辦事層次和運作程式，並與各個主管部門不

同層次的具體工作人員保持良好的工作關係，以避免因爲不瞭解正確的工作程序或者逾越出規定的工作範圍，摸錯門、找錯人而碰釘子、走彎路，減少人爲造成的「公文旅行」或「踢皮球」的現象，減少人爲造成的行政摩擦和行政糾紛。良好的政府公共關係能夠提高行政效率和辦事效率。

五、社區關係對象

社區關係對象指本身組織所在地的區域關係對象，包括當地的權力管理部門、地方團體組織、左鄰右舍的居民百姓等等。社區關係亦稱作區域關係、地方關係、睦鄰關係。社區在地埋上與組織密不可分，是組織的生存空間和根基；社區公眾與組織有著共同的生存背景，與組織的關係千絲萬縷，是一種「準自家人」的關係。

發展良好的社區關係是爲了爭取社區公眾對組織的瞭解、理解和支持，爲組織創造一個穩定的生存環境；同時體現組織對社區的責任和義務，透過社區關係擴大組織的區域性影響。與社區公眾建立良好關係的公關意義是：

第一，社區關係直接影響著組織的生存環境，處理好社區關係是組織生存的需要。

社區如同組織紮根的土壤，沒有良好的社區關係，組織就會失去立足之地。組織與社區公眾之間這種地緣關係，直接影響著組織各方面的關係和組織的正常運轉。首先，社區爲組織提供所需的人力，如一個企業中的大多數員工，一般均是當地的居民。企業與社區的關係直接影響到員工及他們的家屬之間的關係。其次，社區爲組織提供各種所需的能源和資源，如供電、供水、供熱等等。離開了社區的支持，企業的生產活動甚至會癱瘓。再

次，社區為組織提供各種必要的社會服務，如治安、交通、衛生、郵政、電信、商業等等，組織的日常運轉也離不開社區的這些服務。此外，組織受到所在地政法權力機關的管轄，必須與當地的警政、法律及其他社會管理部門保持溝通，爭取支持。還有，社區公眾對於一家商業機構來說，又是最穩定的顧客，是組織的衣食父母，社區關係又直接影響到企業組織的顧客關係、消費者關係。總之，組織的利益與社區的利益息息相關，組織生存在一個具體社區環境中，要講究睦鄰之道，與前後左右善結良緣，為組織的生存和發展營造「人和」的氣氛。

第二，社區關係直接影響著組織的公眾形象，搞好社區關係能夠直接獲得良好的口碑。

社區公眾實際上涉及社區中各個不同的方面和階層，性質、類型各異的社區公眾客觀上與組織維繫著性質和程度各不相同的關係，因此對組織存在著各種不同的感受、評價和要求。由於處於同一社區，在空間上有著自然而密切的聯繫，因此，社區公眾對組織的某一種評價和看法又極為容易經過口頭傳播，形成區域性的影響。這種區域性影響一旦為社區的公眾媒介機構關注和報導，又會遠播到外地，形成更大範圍的影響。某著名化工廠生產的產品暢銷海外市場，但由於其長期忽略廢氣、廢料的妥善處理，其生產污染在當地社區居民中造成了一種奇特的慢性病，終於引起當地輿論的關注，引起法律官司，事件被廣為報導後，其產品在各地市場開始被抵制，公眾形象越來越惡劣。可見，一個組織如果不能處理好左鄰右舍的關係，就很難在社會上獲得良好的名聲。

認識到社區口碑的重要性，就要很注重組織在社區中的一言一行，為自己樹立一個「合格公民」的形象。特別是工商機構，要善於運用自己的人力、財力和物力，參與社區事務，主動承擔

必要的社會責任與義務，以實際行動去爭取社區公眾的好感。美國安塞公司在自己的員工中提倡對社區公共事務的熱心態度和服務精神，由員工自願組成「搜救隊」，二十四小時隨時出動，無報酬地爲社區提供救災救援等各種服務。二十多年來，這個社區搜救隊平均每日收到一次救援的請求，使企業深受社區居民的愛戴和依賴，成爲社區的中堅力量。

　　組織與本社區的公眾同處於一個生活空間，應該與社區公眾保持一種「準自家人關係」。爲此，組織應該儘量向社區開放，以增進瞭解、聯絡感情。美國通用汽車公司爲開放工廠專門編印了

　　本指導手冊，詳細列舉了開放工廠的意義、注意事項和具體做法，共十一款，其中第一款「計畫與準備」就包括六項二十一條，其細緻程度無可挑剔。美國通用電器公司則推行一項「社區企業環境改善計畫」，規定八項目標，爲地方解決不少棘手問題，例如改善市容、公路、房舍、公園及遊樂設施、交通情況、環境衛生乃至地方教師的待遇等，從而贏得當地社區的高度讚譽。總之，組織作爲一個社區成員，應該像愛護自己的家業一樣愛護社區，努力爲社區造福，爲人民造福，這是一種利人利己之道，是一個組織在社會上得人心、受歡迎的公關之道。

六、名流關係對象

　　名流關係對象指那些對於公眾輿論和社會生活具有顯著的影響力和號召力的社會名人，如政界、工商界的首腦人物，科學、教育、學術界的權威人士，文化、藝術、影視、歌壇和體育方面的明星，新聞出版界的輿論領袖等等。這類關係對象的數量有限，但社會能量很大，對公眾的影響力很強，能夠在社會輿論中迅速「聚焦」。透過社會名流進行公眾傳播工作，具有事半功倍的

效果。

與社會名流建立良好關係的目的在於借助社會名流的社會知名度，擴大本身組織對公眾的影響力和號召力，強化組織的良好形象。具體分析其意義和作用包括：

第一，借助社會名流的知識和特長。與社會名流建立良好的關係，便於充分借助和利用他們的特殊經驗、知識和特長，爲組織的經營管理決策和處理各種複雜的社會問題提供諮詢意見。特別是著名的專家權威，以及資深的政界、金融界、輿論界的首腦人物，他們的專業知識和豐富經驗是一筆無形財富，借用他們的知識和經驗等於借用「外腦」，能夠提高決策的思維層次和拓寬處理問題的思路。

許多企業組織的領導和管理人員整天忙於應付各種經營管理的事務，觀察問題和處理問題，容易形成一定的思維定勢和行爲慣性，不自覺地用僵化、固定的模式去處理種種發展和變化中的問題。但如果能夠經常和各類不同的專家學者以及各界名流打交道，就能夠借助新的眼光和角度來「啓動」僵化的思維，保持經營管理的活力和反應能力。某一家鄉鎮企業的總經理，雖然只有初中畢業的文化程度，但很善於透過結交各方面的專家學者來充實自己，他每月至少與專家名流座談一次，誠懇地請教經營管理中遇到的各種問題，幾年下來，與他交往的專家學者都感到他越來越成熟、精明，「聊天」的層次越來越高，駕馭多種複雜問題的能力也越來越強。可見，「外腦」對這位鄉鎮企業家發生了「啓動」的作用，可謂「近智者智」。多與智者名流交朋友，能使人益發地聰明起來。

第二，借助社會名流的關係網絡。與社會名流保持良好的關係，能夠介入社會名流的社會網路，進入更廣泛或高層的社交圈子，建立更重要的溝通管道，爲組織的生存和發展創造更多的機

會。有許多社會名流雖然不能直接爲本組織提供專業技術方面的資訊和幫助，但由於他們在社會上的顯赫地位和聲譽，能夠在高層社交範圍或專門的社會領域發揮影響力，組織與他們建立特殊關係後，便爲進入高層或專門的社會關係領域打開了綠燈，建立了通道。

舉例來說，中國大陸健力寶集團聘請了被譽爲「體操王子」的前國家體操隊運動員李寧爲總經理特別助理，主管公共關係與資訊傳播工作，借助於李寧在體育界的崇高聲譽，爲這家從事運動飲料和體育用品生產經營的企業，進一步開拓了海內外體育界的高層關係，進一步確立其「運動飲料王國」的地位。社會公眾看到作爲健力寶總經理助理的李寧活躍在亞運會、奧運會的許多重要場合，使健力寶集團在亞運、奧運等高層次的體育運動盛會中一次又一次地成爲世人關注的熱點，說明李寧在體育界的公共關係能量使健力寶集團如虎添翼，其公關價值在健力寶集團得到了充分的展現。

第三，借助社會名流的社會知名度。「名人效應」是一種特殊的公關效應，這種效應是建立在良好的名流關係的基礎上的。一個組織與社會名流建立起良好的關係，就能借助於名流的知名度「光環」，利用公眾崇拜名流的社會心理，擴大本組織的社會影響，強化本組織的公眾形象。

知名度的形成起碼需要兩個條件，一是本身能夠引起公眾關注、吸引公眾興趣的實際內容（如人的顯赫成就、產品的突出功效等），二是足夠大的傳播規模和累積，從而形成公眾輿論的重點，大眾傳媒的焦點。名人之所以功成名就，除了在事業等方面確實有過人之處，總離不開大眾傳播的宣傳或人際傳播的口碑，使其名氣不斷積累和膨脹，逐漸成爲一種個人的無形財富。組織借助名人的知名度，實際上是利用名人個人長期積累起來的傳播

資本與無形財富，來增強本組織對大眾傳媒和公眾的吸引力。而
這一點既可以成爲一種商業廣告活動（名人廣告），也可以用公關
的形式來表現。某一家經營進口汽車配件與維修的企業，聘請了
一百多位文化藝術界的名人作爲企業的顧問或名譽職工，積極支
持與參與文化藝術活動，在文化藝術界贏得了良好的聲譽；這種
聲譽又透過文化藝術界名流的社會活動得到廣泛的傳播，不斷提
高了這家企業的社會知名度。可見，良好的名流關係能夠發揮良
好的社會傳播效益。

七、國際公衆對象

國際公衆對象主要指組織在國際性活動中面對的不同國度和
不同文化背景的公衆對象，包括對象國的政府、媒介、消費者等
等。國際公衆是一種跨文化傳播與溝通的對象，涉及到與公關主
體所在國不同的語言、文字、歷史、風俗、社會制度和公衆心
理。任何跨國組織的公共關係，都具有這種跨文化的特徵。

發展良好的國際公共關係是爲了爭取國際公衆和國際輿論的
瞭解、理解和支持，爲組織的國際活動創造良好的國際聲譽和國
際環境。

首先，發展良好的國際公共關係，是各國對外開放政策的需
要。

實行對外開放政策就必須加強雙向的國際溝通，一方面努力
地瞭解外部世界，另一方面努力地使世界瞭解該國。各國在政
治、經濟、文化等領域與國際間的交流與合作不斷增加，無論官
方或是民間，都必須十分重視國際公衆關係的問題。例如，發展
外向型經濟，與國際市場接軌，參與國際競爭，就要求我們的企
業掌握國際公共關係的手段，一方面及時、準確地瞭解國際市場

動向，瞭解對象國的政治、經濟、文化、社會的特徵，瞭解國外投資者、合作者或客戶的資訊；另一方面有效地向國際市場、向對象國的公眾傳遞自己的資訊，介紹自己的產品和服務，提高自己的國際知名度和國際聲譽。對外開放，國門一開，無論是請進來還是走出去，都需要良好的公共關係。每一次的涉外接待或出訪活動，都會在不同的層面給國外公眾對象留下或好或壞的印象，因此，讓參與國際交往活動的各類組織都充分重視和運用公共關係，對於全面促進對外開放的健康發展具有重要意義。

其次，只有做好國際公共關係工作，才可能贏得國際公眾的理解和支持。

無論參與哪一個領域的國際活動，都應設法爭取輿論、爭取朋友，努力塑造在國際上受歡迎的良好形象。這就需要在國際公共關係工作中，注意研究有關對象國的社會文化差異，尊重對象國的社會制度和宗教信仰，適應對象國的文化傳統和風俗習慣，在資訊傳播和對外交往方面注意與國際慣例接軌，儘量能採用對象國公眾易於和樂於接受的方式去進行溝通與傳播，從而使我們國際性的政治、經濟、文化活動推展得更加順利、成功。

八、其他公衆對象

除了上述的基本公衆對象之外，還有若干種公眾對象亦是比較重要的：

(1)股東關係對象。指企業與投資者之間的關係，主要對象包括：董事會和董事局、廣大的股民、金融輿論專家。對於股份制企業來說，良好的股東關係是企業的生命線，因為

這種關係直接涉及到企業的「財源」和「權源」。建立良好的股東關係，加強企業與股東之間的溝通，能夠爭取已有股東和潛在投資者的瞭解和信任，能夠創造良好的投資氣氛，穩定股東隊伍，吸引新的投資者，最大限度地擴大企業的社會財源。

(2)金融關係對象。主要指企業與銀行的關係。沒有銀行的支持，企業的信貸業務就會癱瘓，生產經營就要停頓。因此，企業必須與銀行、信用社保持密切的溝通和穩定的關係。

(3)商業關係對象。主要指生產性企業與經銷商、批發商、零售商之間的關係。沒有良好的商業網絡，企業的產品就無法佔領市場，利潤就無法實現。這是一種共興衰、同進退的夥伴關係。

(4)競爭關係對象。指工商企業與自己的競爭對手之間的關係。競爭者之間需要在公平的機會和條件下進行良性的競爭，遵守一定的商業道德規範，並且在競爭中保持一定的合作關係，爭取在競爭中共同發展。這種競爭中的公共關係是現代企業風範中不可缺少的。

此外，還有供應關係對象、學校與科研關係對象，行業關係對象等等。認識上述基本關係對象的性質、內容、特點和公關意義，能夠幫助我們從對象的角度進一步理解公共關係的現象和本質。

練習、思考題

1. 如何正確理解「公眾」這個概念？

2. 實際思考各種公眾分類方法的作用和意義。

3. 建立良好的員工關係對樹立企業整體形象有什麼作用？

4. 如何理解新聞媒介關係是傳播性質最強的一種關係？

5. 建立良好的政府關係的意義是什麼？

6. 為什麼要成為社區的「好公民」？

7. 如何認識「名流公關」與「名人效應」？

8. 什麼是「國際公眾」？

9. 實際列舉和分析本組織的目標公眾對象。

第七章
內部公共關係

構建良好的內部公共關係，是每一個社會組織塑造良好形象
的基礎與起點。爲了卓有成效地實施公共關係活動，必須充分認
識內部公共關係工作的重要性和必要性，自覺領會內部公共關係
的一般運作機理，掌握各類內部公共關係工作的基本方法及其操
作思路。

第一節　組織內部的公共關係解析

一、內部公共關係是塑造組織形象的起點

所謂內部公共關係，是一個社會組織內部橫向的公眾關係與
縱向的公眾關係的總稱。組織內部縱向的公眾關係包括一個組織
機構裏上下級之間的關係，組織內部橫向的公眾關係包括一個組
織機構中各個職能部門、科室、班組之間和內部員工之間的關
係，內部公共關係是組織公共關係的重要組成部分，又是組織推
展各類公共關係活動的基礎。內部公共關係狀態如何，直接關係
到組織公共關係目標的實現和組織形象的塑造，這就要求我們對
內部公共關係的必要性與重要性有足夠的認識和重視。

在現代社會，一個組織要想生存發展，必須具備高度的競爭
能力。而健全的運行機制、高效的工作成績以及全體員工的精誠
團結，乃是一個組織富有競爭能力的基本保證。基於現代社會組
織是一個由相互聯繫、相互依存的若干要素組成的縝密系統，組
織內部的職能部門之間和員工之間是否配合默契，彼此步調一
致，廣大員工是否心情舒暢、團結一致、士氣高昂，決定著這個
組織能否充滿生機和活力。一個組織的公共關係目標是要獲得各

界公衆的信任、支持與合作，這裏必須首先取得組織內部公衆的眞誠理解與鼎力支持。團結組織內部的全體員工，協調組織內部各個部門科室之間、各類員工之間的合作關係，使組織內部上下左右各方共同爲組織的目標而奮鬥出力，這是內部公共關係工作的根本任務和宗旨，它本身也就表明了內部公共關係工作的必要性和重要性。

在形形色色的現代社會活動中，任何組織都不可能成爲獨立於社會關係網絡之外的一個封閉系統。因此，如何協調組織自身與各界公衆的關係，減少各類矛盾摩擦，進而達到「內求團結，外求發展」的目標，是每一個社會組織必然面臨的公共關係問題。公共關係是隨著經濟的繁榮發展而出現的新事物，人們對它還缺乏科學的認識和全面的理解。相當多的人認爲，公共關係僅僅是對外聯絡，常常把公共關係看成是「企業外交」、「機關外交」。一提起公共關係活動，許多人會不約而同地「向外看」，首先想到的是組織如何處理好與外界的關係，幾乎把公共關係與外界關係劃上了等號，這其實是一種誤解。

在歐美各國，專家們曾給公共關係下了這樣一個通俗的定義：「PR ＝ do good（做好）＋ tell them（告訴人們）」。很明顯，現代公共關係首先是促使組織把自身的工作做得更好，然後才是推展各種與外界的交往活動，並在社會公衆心目中樹立自身良好的形象。美國著名公共關係專家亨得利·拉爾特（J. Handly Wright）也明確指出：公共關係90％靠自己做，10％才靠宣傳。良好的組織形象和卓越的事業成就，來自組織全體員工的共同努力和不懈奮鬥，以及來自組織內部良好的公共關係。

組織形象是指在一定時期和一定環境下，公衆對組織及其日常行爲所產生的各種感知、印象、看法、感情和認識評價的綜合體現。以企業形象爲例，用戶或顧客透過產品與服務的質量、性

能、價格和外表,形成對企業的基本看法;政府機關透過考察企業是否遵章納稅和信守法規、政策,建立對企業的印象;社區居民或其他公眾透過廠容、廠貌,瞭解企業的文明程度;企業職工透過對勞動工資、獎金和福利的高低比較,以及觀察經營管理水準的優劣,就更有切身的感受。不同的公眾從不同的角度來認識企業面貌,產生各種感受和認識、看法,這就形成了企業的形象。

一個組織的形象是透過其內在精神和外顯事物顯現出來的。內在精神是指組織的精神風貌、經營管理特色、創新與開拓精神、員工的思想意識和工作態度等,外顯事物則表現為組織的名稱、註冊商標、產品特色、系列服務、店容廠貌、名片格式、辦公信箋等因素。在市場經濟條件下,要贏得「天時、地利、人和」的生存發展環境,企業組織的一項首要工作就是團結廣大員工,培養集體凝聚力。正是從這一點來說,內部公共關係是塑造組織形象的起點。

二、內部公共關係的構成要素

要做好組織內部的公共關係工作,創建和塑造優秀的組織形象,必須認眞分析和考察構成組織內部公眾關係的諸要素。一般來說,一個社會組織內部的公眾關係網路由員工、團體和領導者三個基本因素組成。

(一)員工公眾分析

協調組織內部的員工公眾關係,是組織推展公共關係工作的首要任務。組織內部公共關係工作就是要考察不同員工不同層次的需求結構,有針對性地引導員工的行爲,最大限度地調動每個

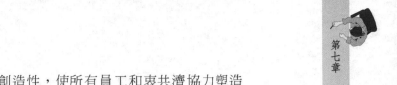

員工的積極性、主動性和創造性，使所有員工和衷共濟協力塑造好組織形象。員工的積極性和員工的言行舉止，是由動機所支配的，而他的動機又是以需要爲基礎的，所以，內部公共關係工作的一項重要任務就是認眞分析研究員工公衆的各種需要。根據現階段的實際情況，企業和組織內部員工的需求大致分爲勞動的需求、物質的需求、精神的需求和社會的需求等。其中，勞動需求和物質需求是最基本的，精神需求和社會需求則是高層次的。內部公共關係活動只有不斷滿足員工不同層次、不同內容的心理需求，才能激發全體員工公衆的幹勁，引發員工的自覺行爲。

在內部公共關係工作中，分析員工公衆要素時，還必須注意考察三種員工關係：

1.管理人員關係

組織的管理人員是指組織內部各級業務部門主管人員和各個職能部門的主管人員。在企業等組織中，管理人員對各個部門來說都是權威，他們的言行舉止在職工中很有影響力。管理人員與企業、組織集體之間日常的溝通最爲頻繁密切，有關組織內情外情資料也比一般員工瞭解得多，同時他們又是組織內部正式資訊管道的必經環節，因此對於整個組織內部公共關係活動的推展具有舉足輕重的作用。管理人員又往往是組織領導人的後備隊伍，他們的自我期望比較高，對企業、組織的前途與利益更爲關心，對自身形象和組織形象比其他職工更爲敏感。總之，管理人員關係是員工公衆關係中的一個重要方面。

2.技術人員關係

各類企業組織的技術人員和專業人員分布在供、產、銷各個環節，遍及組織運行和日常工作的每個活動過程之中。因此，專業技術人員是現代企業組織求生存圖發展的重要生力軍，離開了

技術人才或技術人員與企業組織的關係惡化，就等於失去了競爭的優勢力和實力後盾。某中藥廠公共關係工作成功經驗中，十分重要的一條就是重視企業的知識分子和專業技術人才。該廠組織成立了由全廠一百七十多位科技專家和技術人員參加的「知識聯誼會」，從日常工作、學習進修和生活安排各方面關心他們，經常舉辦工作野餐、學術沙龍、周末聚會等豐富多采的活動，認真聽取他們對企業的經營管理、科研專案、新產品開發的建議和要求，使廣大知識分子能心情舒暢，獻計獻策。一般來說，專業技術人員具有相當高的文化知識素養，他們從事比較艱苦的腦力勞動和複雜勞動。與普通員工相比，他們更希望組織提供寬鬆的人事環境和融洽的家庭式氣氛，他們的自尊心、自我控制能力和自我發展能力都比較強。在內部公共關係工作中，妥善協調處理與技術人員的關係，是一個必須認真對待的問題。

3.操作人員關係

操作人員處於組織業務活動的日常工作的第一線，是產品或服務的直接創造者，在人數上占了員工公眾的大多數，他們的勞動直接關係到組織的聲譽和形象。操作人員關係對於整個內部公共關係具有最直接的影響力，如果與操作人員關係不佳，彼此之間經常發生摩擦，合作常常中斷，就會影響到組織的效益和工作效率，影響產品質量和服務質量，組織形象也會受到損害；與操作人員關係融洽，配合默契，推展內部公共關係工作塑造良好的組織形象就有了可靠的堅實的基礎。操作人員關係是組織內部員工公眾關係的基礎層次。由於操作人員數量眾多，情況複雜，因而在內部公共關係工作中，處理好操作人員關係所需要的時間、精力也最多。

(二)團體公眾分析

組織內部的團體，是介於組織集體與員工個人之間的社會群體。團體成員互相影響、互相依存，具有相同或相近的行為規範和工作目標。組織內部的團體既包括班組、科室、工會等正式團體，又包括其他如文娛沙龍、興趣小組、業餘愛好聚會、群眾結社等非正式團體，在各種內部公共關係活動中，透過發揮組織內正式團體與非正式團體的作用，協調組織內部員工之間和組織員工之間的關係，是不可忽視的一個環節。

不論正式團體還是非正式團體，都具備完成組織下達的任務與滿足員工的心理需要兩大功能。它能夠在某些方面彌補組織的不足，組織在推展內部公共關係活動時，應該普遍重視發揮正式團體和非正式團體的作用。有時，激發團體的創造力和積極性要比刺激員工個人更為有效。日本的一些企業往往全力推行一整套正式團體參與管理的制度，同時，還人力提倡非正式團體的活動，比如豐田汽車公司除了有質量管理小組、自主管理制度之外，還在公司內組織大量的非正式團體，有體育俱樂部三十二個，文娛協會四十五個，還有大量社團、同鄉會、同學會等，有助於企業內部發展良好公共關係。

(三)領導者公眾分析

領導者是指組織的最高決策指揮層，它是各類組織的代表。他們在內部公共關係中處於獨特的地位，發揮著不可替代的特殊的作用。大量公共關係活動實例表明，在那些取得成功的組織中，員工心情舒暢，士氣高昂，工作積極主動，其中一個重要的原因是領導者具有強烈的公共關係意識，動員員工參與民主管理，增加決策的透明度，實行「玻璃窗式」的領導方法，從而使

組織內部形成一種良好的環境和氣氛，調動了廣大員工和各類團體的積極性，保證本身組織在激烈的競爭中佔據優勢，取得主動。浙江省總工會曾對不同行業的一萬五千名職工進行調查，得出的結果是企業領導者關心職工，重視公共關係工作，生產效率和職工積極性就高；領導者只顧生產，不問其他，企業的效益就降低。領導者善於抓內部協調，聽取群眾意見，關心職工疾苦，與各方常來常往，企業就蒸蒸日上；反之，企業則沒有活力，職工缺乏積極性。

三、內部公共關係的分類

組織並不是一種分散的個體的偶然集合，而是具有一定的組織規模和嚴密的組織程序、組織紀律、組織規範並具有獨立法人地位的社會機構。任何一個企業或其他組織，都必然存在著三個方面的運轉機制，其一是業務運轉機制：職工⇌產品或服務⇌市場；其二是行政管理機制：黨委⇌行政⇌工會；其三是人際關係機制：個體⇌群體⇌組織。

開發組織內部的公共關係，必須對組織內部的各類公眾關係進行客觀分類和評價。組織內部的公眾關係豐富而複雜，有縱向的和橫向的關係；有自然狀態的（如原材料、機器設備）和社會狀態的關係；也有個體之間、群體之間的關係，以及個體、群體與組織之間的諸多關係。

(一)人際關係

人際關係是一個組織內部最普遍、最常見的一種關係。在組織內部，領導者與被領導者、腦力勞動者與體力勞動者、第一線職工與後勤工作人員、不同年齡層次和不同文化程度的職員之間

等等，構成一般的人際交往關係。

　　人際關係是組織內部關係中的一個「特殊類」，它產生於每一種社會交往和合作關係之中。人際關係的最重要特徵是具有情感基礎，組織中的人際關係根源於結合性的情感和分離性情感。結合性的情感是各種使人們相互接近並且結合的情感，在這種情況下對方是一個使別人願意與其合作和共同行動的客體，結合性情感使組織內部形成的正式團體或非正式團體更加鞏固；分離性情感是使人們互相傾軋、彼此游離的情感，在這種情況下對方是一個使別人不願與其合作的難以容忍的客體，分離性情感常常導致組織內部人際關係的緊張，影響其他內部關係，從而不利於組織形象的塑造和組織聲譽的建立。

(二)權力關係

　　組織的權力關係不是組織自生的，而是組織內部的公眾共同賦予的，一個組織的權力總是透過集中而最終出組織的領導人加以實施執行的。內部公共關係工作的客體不是物，而是人，不同組織有不同的管理體制和不同的領導方式，相應地也會有不同的上下級權力關係。

　　國外的公共關係專家曾經對不同組織的領導方式所產生的上下級權力關係進行了分類比較。在不同管理體制下，參與式領導方式的上下級關係最為理想，下屬公眾較能自覺參與經營決策，關心組織集體的聲譽，具有較高的勞動積極性；專制命令式領導使上下級關係很不理想，上下級之間資訊沒有溝通，管理者與被管理者之間無法建立良好的關係，導致下屬工作被動，失去努力工作的積極性。

表7-1 不同管理體制下的內部公眾的權力關係比較

體制\關係		專制的命令式	溫和仁慈的命令式	協商式	參與式
上下級權力關係	信任程度	對下屬失去信任,沒有信心	具有主僕之間的信賴關係	上下級之間有一定的但不完全的信任	領導者與下屬之間完全信任
	交往情況	交往很少或是在不信任中進行	交往在上級指令、下級屈就中進行	適度的交往,並在相當信任的條件下進行	彼此之間的交往是深入的、友善的
	溝通程度	上下級之間沒有溝通	上下級之間有一定的溝通	上下級之間正常溝通	上下之間左右之間完全溝通

(三)資訊關係

在現代社會,不但組織與外部公眾存在著複雜而大量的資訊交換關係,即使組織內部也充滿了互相傳遞資訊的傳播溝通活動。

在內部公共關係活動中,組織內部公眾之間的資訊傳遞有知識性資訊溝通、思想性資訊溝通和生活性資訊溝通三種。知識性資訊溝通是指在組織日常工作中,內部公眾之間對新科學、新技術、新工藝、新知識的學習和普及傳授活動;思想性資訊溝通是組織作為社會細胞和建設精神文明的重要基地,開展的思想教育,還包括組織內部上下級之間的意見溝通和同級之間的思想溝通;生活性資訊溝通是指組織內部公眾之間在風俗習慣、生活方式等方面的互相感染,這種資訊溝通能夠潛移默化地改變組織內部的公眾交往及其組織在社會廣大公眾心目中的人格形象。

(四)競爭關係

面臨激烈的社會競爭,組織的動力主要來源於內部公眾的競

爭。組織內部公眾的競爭關係可以表現爲個人間的競爭關係和群
體間的競爭關係。事實證明，組織內部公眾的競爭機制和競爭關
係能夠激發工作熱情和潛在能力，調動內部公眾的積極性。

當然，組織內部公眾的競爭也會帶來一些不利因素，產生緊
張、不安和敵意、妒嫉等。這就需要我們在展開內部公共關係活
動中強調內部公眾關係的協調性和平等性，使組織內部的公眾之
間更加友好、互相信賴和親密無間。

(五)利益關係

組織內部各類公眾之間的關係是一種平等互助的交往關係，
其實質也是一種利益分配和利益實現的關係。

組織的縱向利益關係就是我們常說的國家、集體與個人之間
的利益格局關係，組織是三者利益關係的中介，它既要直接與國
家利益發生聯繫，又要合理分配組織內部員工的個人利益，組織
橫向的利益關係則是組織內部各個層次不同受益公眾的關係，這
種利益分配必須以個人的工作能力和實際貢獻爲依據，實行「各
盡所能，按勞分配」原則，同時，兼顧公平與效率的標準。

四、內部公共關係的特點

(一)穩定性

在一定的時間和條件下，某一組織的內部公眾關係是相對穩
定的。組織的成員是與組織關係最爲密切、最爲直接的一部分公
眾對象，穩定性是內部公眾關係的一大特點。如果組織關心職
工，保障職工應有的利益，職工心情愉快，那麼，組織內部的員
工思想穩定、安心工作，事事處處爲組織集體的利益著想，爲塑

造良好的組織形象出力，公共關係工作面對的內部公眾就保持基本穩定。

(二)密切性

組織與某一類公眾之間關係的密切程度，可以用它們之間資訊傳播的頻率和資訊交流內容的重要性等指標加以衡量。內部公眾與組織之間資訊交流的頻率次數，顯然要比其他任何公眾要多一些，另一方面，內部公眾的利益又與組織的整體利益息息相關，他們的工作效率又直接關係到組織目標的實現，因此，內部公眾與組織之間資訊交流的內容也是十分重要的。所以，在各類公共關係網路中，組織與內部公眾之間關係的密切程度，應當高於其他任何一種公眾關係。如果某一組織與內部公眾之間關係疏遠，矛盾和摩擦不斷產生，那麼企業或組織的形象塑造會隱藏危機，任其發展下去，這個組織必然面臨破產或瓦解的困境。

(三)可控性

與各類外部公眾關係相比較，組織的內部公眾關係比較易於控制。這是因為，一方面，組織可以利用行政管理關係來控制和調節內部各類公眾往來活動，可以很方便地利用正式的管理手段和溝通管道，對廣大員工進行宣傳教育，把他們的言行引導到對組織有利的軌道上來；另一方面，員工對組織也有一種上下級之間的服從關係，在廣大員工看來，服從組織的領導指揮，參與集體的各項活動，對自身也是有利的。因此，在員工身上也或多或少地常有一種自我控制能力，這也是決定內部公眾關係具有可控性的一個重要原因。

實質上，內部公眾關係的可控性是由內部公眾關係的穩定性和密切性決定的。一個組織內部的公眾關係，只要是相對穩定

的，就易於控制協調；而一個組織內部的公眾關係只要是密切的，資訊的交流溝通就易於反饋，因而也就易於控制。因此，內部公眾關係的穩定性、密切性和可控性三個特點，是相互聯繫、相互依存的。我們在籌劃內部公共關係活動時，應當全面考察，切忌偏頗。

五、內部公共關係的功能

(一)導向功能

內部公共關係活動既然反映了廣大職員共同的價值觀，共同的追求目標和共同的利益宗旨，它必然對組織內部的全體公眾有一種強烈的感召力，把眾多員工的言行引導到組織既定的公共關係目標上來。例如美國國際商用機器公司（IBM）在長期的內部公共關係實踐中，始終強調「提供最佳服務」，並以此來教育引導每一個員工的一言一行，在工作中追求盡善盡美，為世界各地的用戶盡可能提供滿意的產品和服務，廣大的職工群均十分重視把自己的一舉一動與公司形象聯繫在一起，使該公司成為舉世注目的信譽一流的優秀企業。在內部公共關係實踐中，一個組織一旦確立了自己的價值觀念和行為規範，就為組織自身的建設和發展樹立了一面旗幟，向全體職工發出一種號召。這種號召一經廣大員工的認可、接受和擁護，就會產生巨大的導向作用。

(二)規範和約束功能

內部公共關係往往是透過一些無形的、非正式的、非強調性的和不成文的行為準則產生作用的，它雖然不見諸文字，卻由於約定俗成，而對每一位員工的思想觀念和舉止行為產生規範約束

的作用。在一個組織特定的環境氣氛中，人們由於合乎組織特定準則的行為受到肯定和讚揚，而獲得身心的平衡與滿足，反之，則會產生失落感和挫折感。因此，在內部公共關係活動中，作為組織的一員往往會自覺地服從那些根據組織成員的根本意志和利益願望制定的行為準則，產生「從眾行為」。內部公共關係工作在尊重個人情感的基礎上，引導人們為實現組織共同的價值觀念進行自我控制、自我約束的功用。

(三)凝聚功能

內部公共關係活動使人們在個人目標與組織目標高度一致的基礎上樹立一種以組織為中心的群體意識，從而潛意識地對組織集體產生強大的向心力。具有強烈集體觀念的各個成員會對本組織所承擔的社會責任和發展目標有深刻的理解，組織目標成為強有力的「粘合劑」，把本組織全體成員的意志凝聚在一起。在內部公共關係實踐中所確定的價值觀念和行為準則，是廣大員工共同意願的集中反映，為大家所認可、理解和接受，使組織內部上下左右各方面「心往一處想，勁往一處使」，成為一個協調和諧、配合默契的高效率的團體。

(四)激勵功能

所謂激勵就是透過各種形式的外部刺激，使組織內部的個體成員產生一種士氣高昂、發奮進取的精神狀態。較之物質刺激來說，內部公共關係活動從精神上給員工以激勵，它的適應性更廣泛，作用力更持久。在一個「人人受到激勵，個個得到尊重」的組織環境中，每個成員的進步和貢獻都會及時得到領導的讚賞、同事的誇獎和集體的褒揚，從而誘導和刺激人們潛在的熱忱與幹勁。激勵猶如組織活力的「加壓泵」，它能向員工輸送力量，使他

們做出為人稱道的不凡業績。

(五)輻射功能

內部公共關係能夠使各類組織的人、財、物諸要素與產、供、銷諸環節得到優質化組合和合理的配置，發揮組織的整體優勢和特長。同時，內部公共關係活動也是一種自我表現活動，它向社會展示組織的形象，包括員工的精神面貌、管理風格與特色、經營思想、價值觀念和行為準則以及產品、服務、標識，不斷向外界廣大公眾提供有關本組織各方面可靠而真實的訊息資料與發展動態，以提高本組織在各界公眾心目中的知名度和信譽度，給廣大公眾留下良好的印象。在中國大陸，各類組織不僅是一個生產經營實體，也是一個社會群體和細胞，它不僅是物質財富的生產者，也是精神財富的創造者。在社會主義條件下，生產資料公有制決定了各個組織及其內部各類公眾根本利益的一致性。內部公共關係建設不僅要培養組織成員熱愛集體、關心組織、積極工作的思想態度，培養相互信賴、互相合作的集體主義精神和融洽親密的環境氣氛，而且要進一步引導組織成員的一言一行，提高他們的思想覺悟和道德素質，既為本身組織目標而奮鬥，又為國家發展、社會進步做貢獻，使人們精神境界昇華到更高層次。

第二節　內部公共關係運作機理

每個社會組織都有自身特定的內部公眾及其內部公眾關係，內部公眾在與組織互動過程中必定產生認知、動機、態度和行為，這就是內部公眾心理活動的全部過程和全部內容。內部公共

關係的運作過程就是透過某種途徑，採取一定手段對內部公眾的心理活動進行有計劃的調節和有意識的引導。

一、增加內部公眾的認知

公眾對企業、組織的認知，是指公眾對企業行為或組織行為的知覺、印象、記憶、想像、判斷和理解等。公眾對組織的認知，是公眾心理活動的開端和基礎。在內部公共關係工作中，增加內部公眾對組織的認知是一個首要課題。

組織形象實際上就是各界公眾對組織的感受和評價，組織形象的好壞固然決定於它自身的行為，但也決定於公眾對它的認知程度。在內部公共關係活動中，有效地增加公眾對組織的認知，可以從以下幾個方面入手：

(一)內部公共關係要重視組織給公眾的直接印象

組織給公眾的印象有三類：真實的組織形象、想像的組織形象和隱含的組織形象。真實的組織形象存在於公眾與組織的直接接觸中，想像的組織形象存在於組織的宣傳廣告活動中，隱含的組織形象存在於組織的某些象徵性行為之中。在三類印象中，對於一個企業最為重要的是真實的企業形象，即公眾透過直接接觸而產生的對組織的感受和評價。組織要以實際行動贏得內部公眾的信賴，讓其親身體驗和實地瞭解組織在提高產品或服務質量方面所作出的努力。

(二)要注意內部公眾對組織的「第一印象」

從公眾的認知規律來看，人們對認知對象的第一印象很重要，即所謂「先入為主」的心理現象，公眾對組織有一個好的第

一印象，以後就很可能保持這個良好印象；反之，公眾對組織的第一印象很差，以後就很難扭轉這種不良印象。

　　新產品推出、新職工報到、新工藝推廣、新商場開張、新用戶上門都務必認真佈置，周密接待，不可草率從事。以接待新職工為例，新職工剛進廠門第一印象的好壞，將對他們產生持久的影響，歡迎新職工的目的是為了使他們儘快熟悉瞭解本組織，消除新職工與老職工之間的陌生感，使新老職工共處於一種和睦友愛的家庭式氣氛之中，讓新職工心目中產生對組織深刻而難忘的良好的第一印象。對於已經熟悉組織情況的員工來說，他們最關心組織的「新招數」、「新調子」，例如老職工對企業的新產品、新工藝、新技術特別關心。因此，內部公共關係活動要督促組織在各方面不斷創新，以便給廣大公眾留下新的認知和充滿生機的印象。

(三)內部公共關係要培養和強化組織形象的個性特色

　　根據公眾的認知規律，人們對事物的認識具有選擇性，而影響認知選擇性的一個重要因素就是認知對象本身的個性特色。電影演員靠個性特色來塑造角色，贏得觀眾。在公共關係活動中，組織也要依靠個性特色來團結內部公眾，在激烈競爭中求生存圖發展。一個組織越有個性特色，就越能引起公眾的注意，越容易為公眾所認知，因而，也越能在公眾心目中留下難忘的組織形象。

　　在內部公共關係活動中，培養和強化組織的個性特色是增加公眾認知的一個重要內容，包括產品特色、服務特色、工藝特色、外觀特色、人員特色、管理特色等。在實際工作中，組織透過內部廣大公眾的不懈努力，向社會各界展示其精神面貌和形象特徵。

(四)要不斷增加組織的透明度

組織的透明度是指組織的管理決策及其日常行爲能被公衆感知和理解的清晰程度。公衆只有對組織看得清，才能看得準，才能在全面認知的基礎上與之保持良好的關係。

在內部公共關係工作中，增加組織的透明度，必須提倡「玻璃窗」式的經營管理方法，以便讓廣大員工更多地瞭解和認知組織的全貌。通常的做法是：

1.敞門法

爲了增進內部公衆和外部公衆對組織的認知，取得他們的信任和支持，不少企業、單位經常安排職工參觀瞭解企業的現狀與最新發展情況。

2.對話法

各類企業、組織機構透過與內部公衆和外界公衆的對話，可以清楚地解釋本單位的經營宗旨、決策規劃、方針政策及其面臨的困境，從而贏得公衆的諒解和支持，尤其是爭取內部公衆對組織集體的信任。

3.安民告示法

內部公共關係工作的一個重要任務就是促使組織內部的資訊交流暢通，做到「上情下達」和「下情上達」。在組織內部，可以經常地、生動地向廣大內部公衆發佈資訊和新聞，透過文件、廣播、刊物、布告欄、新聞發佈等方式，把組織內部的重要活動、重要事件等資訊告訴廣大員工，從而有利於組織內部上下左右公衆之間的相互瞭解和密切配合。

二、激勵內部公眾的動機

動機是指人們滿足一定需要的興趣、意願、期望和信念等，公眾動機是為了滿足需要而產生的對組織的一種心理活動。在內部公共關係實施過程中，激勵內部公眾的動機，可以採用以下幾種方法：

(一)民主管理激勵

這是企業組織內部公共關係活動採用的一種激勵方式。要激勵職工的動機，調動職工的積極性，必須切實保障職工的主人翁地位，真正做到職工當家作主，使廣大職工有權參加組織重大事件的決策，對領導者進行監督和質詢，以此調動廣大職工以及其他內部公眾的積極性，建立和發展良好的內部公共關係。

(二)獎懲激勵

透過獎勵或懲罰，充分肯定內部公眾的合理動機和正確行為，使之發揚光大；同時，徹底否定職工的不良行為，使之收斂和消退。在對內部員工實施獎勵時，要把物質獎勵與精神獎勵結合起來，精神鼓勵往往具有物質刺激無法替代的作用。有關研究表示，透過物質鼓勵只能發揮職工工作能力的60％，而剩下40％的潛在能力只有依靠精神獎賞的方法才能充分激發出來。因此，在給予獎勵時，應該堅持物質鼓勵和精神鼓勵相結合，兩者相輔相成，不可偏廢。

(三)榜樣激勵

榜樣激勵即通常所說的典型示範，以典型帶動一般，以先進

推動後進。透過樹立榜樣，會促使先進員工更加嚴格地要求自己，積極奮發更上一層樓；同時，榜樣對一般員工、後進員工產生感觸，促使他們對比先進找出差距，激發廣大內部公眾的上進心。在樹立榜樣時要注意其眞實性、代表性、可學性，切忌眼光過高，一味追求高、大、全，要注意榜樣典型對組織內部各層次的公眾都具有說服力和感召力。

(四)領導行為激勵

在組織內部，領導者行爲對於廣大員工下屬具有很大的感染、鼓舞和示範效應。領導者的模範行爲是一種無聲的號召，是廣大員工學習效法的榜樣。爲此，領導者在領導作風、領導水準、領導方法等方面應對自己提出更高要求。領導者要一心爲公，甘當服務員和勤務員；要廉潔奉公，正確運用群眾賦予的權力，不以權謀私，要發揚民主，經常與下屬溝通，深入基層發現問題，認眞聽取員工的意見、建議，與廣大員工眞誠相處、平等相待。

(五)情感激勵

在內部公共關係活動中，要注重對職工進行感情投資，對職工工作中或下班後的學習、工作和生活都不斷給予關心照顧，從而激發員工的積極性。感情需要是內部公眾最基本的心理要求，增強各類內部公眾與組織之間感情上的聯繫，不斷密切彼此間的關係，是塑造組織形象的一種寶貴財富。感情投資不受時空條件的限制，與有形的物質聯繫相比，情感激勵產生的作用和內聚效應更爲持久。

(六)反饋激勵

在內部公共關係工作中，及時地把員工業務成績和學習效果反饋給本人，同時作出客觀的評價和獎賞，這樣會更有效地激勵內部公眾的積極性。例如在企業中，可以透過各種反饋手段來激勵員工，逐月公布員工的各項生產活動指標和科研成果，建立和公布職工政治、技術、文化、業務考核統計資料等等，給廣大職工設置適當的指標，定期公布其完成情況，這會有效地激發內部公眾的行為動機。

二、轉變內部公眾的態度

態度是公眾對某類事物所持的一種心理傾向，這種心理傾向包括認識的因素、感情的因素和意向的因素。一個人的態度對他的行為具有指導性和動力性的影響，因為態度透過行為表現自己，行為的動力蘊藏在態度之中；態度影響到公眾對客觀事物的認識，而對客觀事物的認識又強化他本身的態度。組織內部不同類別的公眾，其經歷各不相同，除了形成多種不同的個性和不同的需求之外，還形成了不同的態度。例如：有的人對工作認真負責，一絲不苟，有的人卻馬馬虎虎，得過且過；對待同一事物或同一問題，有的職工贊成，有的職工反對。因此，公眾的態度在很大程度上決定了他的思維方式、生活方式和工作行為。

公眾的態度不是天生的，而是在社會環境及其日常生活中經過學習而逐漸形成的。內部公共關係工作的一項極其重要的任務，是透過各種形式的宣傳、教育和溝通活動，端正職工的工作態度，改變消極的態度，使廣大員工形成一種符合社會規範和組織要求的正確態度。

　　組織機構應善於利用各種媒介和途徑，有針對性地向廣大員工進行深入細緻的宣傳教育。這些內部公共關係活動表面上看起來只是一種資訊傳播和溝通活動，但其最終目的是爲了使內部公眾強化一種態度或改變一種態度。我們可以用內部公眾態度變化的方向和程度來考核評價內部公共關係工作的成效。

　　實施各種內部公共關係活動，改變或強化內部公眾的態度，一般必須依次經歷服從──認同──同化三個不同的階段：

(一)服從階段

　　這是從表面上轉變觀點和態度的時期，也是公眾態度轉變的第一個階段，處在這個階段的公眾只是被迫表現出一些順從的態度和言行，其內心並非心甘情願，他並不完全相信某種情況。

(二)認同階段

　　在認同階段，公眾不是被迫而是自願接受他人的觀點、信念和態度，並努力使自己的態度與他人的態度相接近。如加入某組織團體的人，經過一段時間之後，認識到作爲組織的一個成員，必須遵守組織的行爲規範和價值標準，於是他便能夠自覺地執行各種規章制度，並將此作爲一種自己恪守的信念和態度。認同階段不同於服從階段，它不在外界壓力下轉變態度，而是自覺自願地改變自身的態度。

(三)同化階段

　　在態度轉變過程的同化階段，公眾眞正從內心深處相信並接受他人的觀點，從而徹底地改變自己原來的態度。

　　在實際工作中，爲了更有效地轉變內部公眾的態度，提高內部公共關係活動的效率，我們必須重視利用和發揮「名片效應」

與「自己人效應」。

　　所謂「名片效應」，就是指在公共關係宣傳溝通活動中，宣傳者在論述自己的基本觀點之前，先表明自己在許多問題上與受眾有一致的意見。亮出這張「名片」的目的是爲了削弱受眾在態度轉變過程中的對立情緒，避免受眾對宣傳者所倡導的觀點持挑剔態度，使受眾認爲他們彼此之間有許多共同的觀點和見解，從而提高內部公共關係工作的實際效果。

　　所謂「自己人效應」，則是前一種「名片效應」的進一步發展，即宣傳者在論述自己的基本觀點之前，不僅表明自己在許多問題上與宣傳對象有一致的意見，而且指出自己與宣傳對象在其他方面也有不少相似之處，如共同的職業，習慣，風俗，民族、鄉土、興趣、個性特質等。這種亮相會進一步縮短宣傳者與受眾之間的心理距離，消除彼此的陌生感、隔閡感，使受眾從雙方相似之處引出認同感，從而把宣傳者看成「自己人」，願意接受宣傳者提供的資訊和觀點，改變自己的態度。

四、引導內部公衆的行爲

　　內部公共關係活動的最終目標是引導和控制內部公衆的行爲。一個組織要有良好的勞動秩序、生產秩序和工作秩序，就要對廣大內部公衆的日常行爲進行引導和控制，以制止越軌行爲的出現、蔓延，鼓勵積極行爲發揚光大，保持個人目標與組織目標的基本一致，使由諸多職工個人行爲構成的組織行爲系統產生最大的功效。

　　內部公衆行爲的引導和控制，一般要經歷三個不同的時期、階段：

　　第一階段，解凍期。解凍就是公衆破壞原有的價值標準與傳

統的處世習慣，接受新的行為方式。當一個人覺得再也不能按老樣子下去了，非改變原先的行為不可時，就可以說他開始進入解凍期了，加速解凍的辦法是增加公眾改變行為的內驅力和減少反抗改變的遏止力，這時要注意使願意改變的行為與獎賞結合起來，把不願改變的行為與處罰聯繫起來，從而促使解凍加速。

第二階段，消融期。當一個人已經被激勵去改變態度或行為時，他便能接受新的行為方式。在行為改變的消融期間，公眾所期望的新的行為方式越來越多，原來的行為方式越來越少。這時，公眾行為是一種努力接近新的行為模式的認同行為，也是一種「非新式行為就不行」的公眾內化行為。在消融期裏，有效改變公眾行為必須努力激發他們對待新行為的認同與同化。當舊的行為方式越來越少而新的方式越來越多並已成為主導方式時，就開始進入了一個新的階段。

第三階段，凍結期。凍結期是指將公眾新的行為方式固定成為一個模式行為，並使之持久、鞏固的階段。這時必須對內部公眾行為進行有效的定向強化與定向控制。連續的強化控制是對被改變的公眾每次從事新的行為時都給予肯定、表揚和讚賞，每當他出現一次積極的表現就給予一次強化。繼續的強化控制是按照公眾預定的行為反應次數或間隔時間而施行強化，它可以保證公眾改變行為的積極性。

在各類公共關係實務活動中，積極引導和控制內部公眾的行為，可以採取以下不同的方式和手段：

(1)思想控制。內部公眾的思想狀態如何，對於提高內部公共關係工作的效率具有決定性的意義。在社會主義條件下，思想控制是以正確的世界觀為前提的。用正確的思想指導公眾日常行為，保證公眾行為的目的性和方向性。在內部

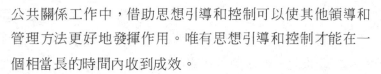

公共關係工作中，借助思想引導和控制可以使其他領導和管理方法更好地發揮作用。唯有思想引導和控制才能在一個相當長的時間內收到成效。

(2)紀律控制。在內部公共關係工作中，思想教育和必要的紀律是相輔相成的。內部公共關係的協調溝通不僅是口頭上的說服，也包括紀律約束這種強制的形式。利用紀律手段對內部公眾的行為進行引導控制，是內部公共關係活動不可缺少的內容。在加強思想教育的基礎上，對於違背紀律的部分職員，應當給予必要的處分。

(3)道德控制。道德控制是透過信念的力量來約束公眾的行為。在內部公共關係工作中要特別重視運用職業道德來引導、規範和控制內部公眾的言行舉止。職業道德是促進人們熱愛職業、獻身職業的內在力量泉源，一個人的職業道德水準如何，直接影響他所從事工作的職業績效。職業道德也是協調內部公眾相互關係的有力手段。在一個組織內部，矛盾無時不在、無處不有，許多問題的解決需要利用職業道德規範，如產品質量問題、服務態度問題等，只有用良好的道德意識和道德規範，才能有效地約束內部公眾的個人行為及其組織行為。

(4)經濟控制。經濟控制是圍繞物質利益這個中心，從不同內部公眾的不同經濟效益出發，把組織和職工個人的物質利益聯繫起來，利用工資、獎金來有效地激發內部公眾的積極性。

(5)心理控制。心理控制是公眾內心願望和外界要求互相一致的情況下所產生的自生性控制形式。利用調節心理的方式對內部公眾的行為進行引導和控制，能最大限度地發揮內部公眾的主動性和積極性。

(6)輿論控制。在內部公共關係活動中，輿論控制是依靠社會
輿論的力量，對組織內部的公衆行爲進行規範和約束。一
般來說，社會輿論客觀而且公正，因而對於內部公衆行爲
的引導和控制更具廣泛適用性和持久性。

第三節　內部公共關係溝通目標與管道

一、內部公共關係的溝通目標

(一)造就員工良好的價值觀念

　　一個能夠取得卓越成就，並能長久保持光榮的企業，究竟靠
的是什麼法寶？許多一流的中外企業家和潛心鑽研其成功經驗的
學者們普遍認爲，其中的一個重要因素便是極爲重視和推展內部
公共關係活動，並把培養廣大員工積極向上的價值觀念作爲日常
工作的關鍵一環，以維繫、動員和激勵整個企業的活力。

　　中國近代著名實業家范旭東、侯德榜在天津創辦經營的久大
精鹽廠、永利鹼廠和黃海化學工業研究社，在當時極端惡劣的外
部環境下能夠生存下來，並且得以發展興旺，成爲功勳卓著、蜚
聲中外的企業群，就是依靠了體現近代民族實業家社會責任感與
企業存在價值的員工精神信念，即「我們在原則上絕對相信科
學，在事業上積極發展實業，在行動上寧願犧牲個人而顧全團
體，在精神上以服務社會爲莫大光榮。」聞名中外的杭州著名藥
店「胡慶餘堂」，在日常業務活動和經營管理過程中制定的店員信

條是「戒欺」，強調「藥業關係性命，尤爲萬不可欺」，進而要求藥店及其員工的所有行爲必須遵循「採辦務眞，研製務精」的價值準則，提高了企業的知名度和信譽度，其產品在海內外市場的輻射力和競爭力不斷增強，使這家百年老店至今仍盛而不衰。

美國國際商用機器公司（IBM）的總經理小沃森提出該公司所有員工應有的價值觀念有三項內容：尊重公司內部每一個人的尊嚴和權利；提供全世界所有同類公司中最佳的服務給廣大用戶；相信本公司的每一項目標任務是以卓越的方法完成實施的。經過幾十年長期不懈的努力，「IBM公司意味著最佳服務」這句口號已眞正成爲公司全體員工追求的目標。正是這一精神上的優勢，促使IBM公司能夠在創業道路上果實纍纍。

在內部公共關係實踐活動中，日本松下公司的原則宗旨是：「認清我們身負的責任和使命，追求進步，促進社會文明，致力於世界文化的長遠發展。」他們提出的員工信條是：「唯有本公司每一位成員齊心協力，才能促成進步與發展，因此，我們每一個人都要時時刻刻記住這一信條，努力促使本公司的不斷進步。」他們在內部公共關係活動中還制定了「松下精神」，即「產業報國的精神，光明正大的精神，和親一致的精神，力爭向上的精神，禮節謙讓的精神，順應同化的精神，感謝報恩的精神」。松下公司是日本第一家有公司歌曲和價值規範的廠家，企業在日常經營管理中給予員工兩種訓練，一種是基本的生產技術訓練，另一種是獨特的「松下精神」的學習教育。每隔一個月，員工們至少要在他所屬的群體中進行十分鐘的演講，說明本公司的精神價值觀念，以及公司與社會、個人之間的相互關係。松下公司的價值觀念不僅成爲松下公司成功的保障和內源動力，甚至成爲日本經濟起飛的象徵。

根據大量中外企業組織成功的經驗分析，組織成功應具備七

個基本要素，即「7S」：組織結構（structure）、經營戰略（strategy）、組織系統（system）、組織班子（staff）、組織作風（style）、實務技能（skills）與員工共有的價值觀念（sharedvalue）。而其中的員工價值觀念是「7S」中的核心要素，它是企業成功的法寶，也是內部公共關係工作的一個主要目標。在組織內部推展公共關係活動時，一個首要任務是造就和培養一個共同的員工價值觀念，以達到團結廣大內部員工，使內部公眾協調一致的目的。

在內部公共關係工作中，培養員工的價值觀念對於組織形象的塑造和組織的生存發展具有重要作用。首先它賦予內部公眾的日常工作以崇高的意義。人們總是希望在自己的業務崗位上建立個人與社會組織的認同關係，獲得歸屬感和榮譽感，並且希望在特定的工作環境中以自己的才幹實績贏得他人和社會的承認與尊敬。因此，在公共關係活動中正確地揭示每個員工的工作價值，把他們的日常工作與高層次的價值目標聯繫起來，能夠使員工超

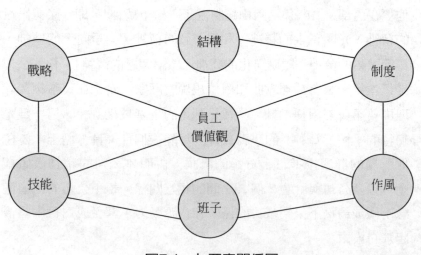

圖7-1 七要素關係圖

脫低層次的狹隘眼界，獲得精神動力，動員廣大員工團結一致爲共同的目標和任務精誠合作。其次，員工的價值觀念賦予企業、組織以重大的社會責任。一個正確選定的價值觀念和價值目標，同時要求企業、組織從文明進步和社會責任的角度出發，來指導和糾正自己的行爲，不僅僅強調組織自身的局部利益。再次，價值觀念爲廣大員工提供了日常行動的指南。在激烈的競爭面前，一個組織要求生存圖發展，必然要求上至領導者，下到普通員工，共同擁有一個積極上進、團結合作的價值觀念，並以此作爲自己日常一言一行的行爲準則和思想規範，促使上下左右各類員工圍繞共同的價值準繩作「向心運動」，將組織全體內部公衆在目標一致、利益一致的基礎上聚密地結合爲一個有機整體，自覺地調節局部利益與整體利益、目前利益與長遠利益之間的關係，保持員工思想言行的正確方向和組織運行發展的健全協調性。

(二)協調和改善組織內部的人群關係

從內部公共關係的角度來看，一個組織、企業能否取得成功，關鍵在於組織與個人之間目標是否一致，組織內部各類公衆的人群關係，領導者與職工之間以及職工個人之間的交往合作關係是否緊密融洽。如果組織能夠從自己的實際情況出發，滿足內部公衆各個層次的不同需要，那麼，這個組織內部的人群關係必然是良好的，這樣必定有助於組織提高工作效率，有助於本組織實現既定的目標和任務。一個組織的公共關係人員有責任透過內部公共關係活動，使廣大職員形成和獲得方向感、信任感、成就感、溫暖感、舒適感、實惠感，從而不斷改善組織內部的人群關係。

方向感指的是員工對組織的近期發展目標和遠期發展方向是否瞭解，是否寄予希望；員工對個人的職位、職務和工作前途是

否感到樂觀滿意。如果廣大員工的方向感良好，那麼就會對組織產生較強的歸屬感和依附感，甘願為組織的前途和個人的發展付出不懈的努力。

信任感就是指組織內部各類公眾之間的互相信賴和互相配合的程度。廣大員工充分信任本身組織的領導人和其他管理人員，領導管理者也充分相信職工。這種相互信任感的建立會使內部員工自覺以主人翁的態度來關心組織，以主人的身分對待各自的工作。因此，培養內部公眾的信任感是建立組織內部和諧人群關係的基礎。

溫暖感指的是廣大員工把組織看成是自己的「家」，是一個「擴大了的家庭」。組織中上下左右之間關係融洽，氣氛親切和諧，上級主動為下級排憂解難，下級自覺體諒上級的難處。身處這樣的組織裏面，每個人都會感到親切和溫暖。

實惠感指的是組織關心員工的切身利益，能夠幫助解決廣大員工的實際問題，報酬合理，獎懲得當，職工的衣、食、住、行等得到妥善安排，基本的物質需求得到滿足，使員工們感到本人的物質利益滿足程度與組織的成長興旺是密切聯繫在一起的。

舒適感指的是組織為自己的員工創造和提供良好的工作環境、勞動條件，重視勞動保護，合理安排勞動強度，使員工們在上班時和下班後都感到舒暢適宜。

成就感指的是每一位員工都認識到個人的每一項勞動都與組織的成就、組織的榮譽和組織形象的塑造息息相關，組織努力創造各種條件儘可能使每個員工取得更大的成就和更快的進步，而員工們則把個人的工作成績與組織的成就聯繫在一起，正確認識自己的工作價值與社會職責，並且激勵自己不斷進取。

一九八七年，有關部門曾經利用內部公眾的方向感、信任感、溫暖感、實惠感、舒適感和成就感六項指標，對上海一千六

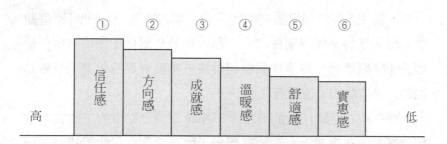

圖7-2　六項指標圖

百家企業的經營管理水準和人際關係狀況進行了測評。結果表明，接受調查的職工都把精神性需求例如信任感、方向感排在前列，而將物質性需求如實惠感等放在後面。得分排列出高到低依次為信任感、方向感、成就感、溫暖感、舒適感、實惠感。

　　這次調查給我們一個啓迪，就是組織內部的人際關係狀況對於該組織的興衰成敗是至關重要的。推展內部公共關係工作的目標之一，就是促進組織內部公眾之間的相互溝通、相互理解、相互信任、相互關心、相互尊重。

(三)培養組織內部「家庭式氣氛」

　　組織內部的公共關係工作應包括對生產經營和日常組織活動內、外的各個方面給予積極的關心，使員工感到置身於組織集體之中猶如置身於自己的家庭之中，每一個組織成員都有經濟的、社會的、心理的、精神的不同方面、不同層次的內在需求，只有員工們的種種需求在組織內部得到基本滿足，才能促使他們努力勞動、勤奮工作。因此，照顧好每個員工的工作、生活是組織應盡的責任。那些獲得卓越成就的公司，都十分重視關心員工，培養企業內部和諧融洽的人事環境和「家庭式氣氛」，他們總是把企業和公司看成是一個擴大了的家庭。例如美國著名的德爾塔航空

公司，就大力提倡和培植廣大職員的「家庭情感」，並把「家庭觀念」融入了各項管理制度之中。在內部公共關係工作中，他們把培養「家庭情感」看得比眼前利益或成本投資更為重要，這就是他們獲得成功的「德爾塔之路」。

每一位在組織任職的員工，不僅希望自己從事的工作富有價值和意義，在事業上有希望有願景，而且希望自己的組織是一個充滿人情味和溫馨感的「大家庭」，只有在融洽的家庭式氣氛中，員工們在日常工作中碰到的焦慮和壓力才能得到緩解、消除，同時，這種家庭式的情感需求的滿足必然促使廣大員工形成強大的工作動力和為事業獻身的奮鬥精神，從而把組織造就成為一個堅強團結的團體，以卓越的事業成就去贏得社會各界公眾的信任和大力支持。

二、內部公共關係的溝通形式

社會組織的內部溝通，是內部公共關係活動的重要內容。組織內部溝通工作包括有關組織運行情況的資訊溝通，以及有關組織內部員工狀況的資訊溝通，目的在於協調各類內部公眾關係，增加組織的內聚力和外引力。組織內部的溝通形式是多種多樣的，可以作如下幾種劃分：

(一)正式溝通與非正式溝通

正式溝通是指在組織系統內，依據一定的組織層次所進行的資訊傳遞與交流活動，它是按照組織明文規定的管道進行的資訊溝通。組織內部規定的彙報制度，定期或不定期的會議制度，上級的指示命令按組織系統逐漸向下傳達，下級的情況逐級向上級領導反映等等，都屬於正式溝通方式。

正式溝通的優點是溝通效果比較好，比較嚴肅，約束力強，易於保密，可以使內部公共關係工作保持權威性。重要的資訊和文件的傳達、組織的決策一般都採用正式溝通的管道。其缺點是各層次層層傳遞，顯得刻板而缺乏靈活性，溝通的速度比較緩慢。

非正式溝通是在正式溝通管道以外進行的資訊傳遞和交流，它不受組織監督，自由選擇溝通管道。例如，企業職工私下交換意見，朋友聚會議論某人某事以及傳播小道消息等，都屬於非正式溝通。內部公共關係必須重視研究非正式的溝通活動，因為廣大內部職員真實的思想和動機往往是在非正式的溝通中表露出來的，與正式溝通相比，非正式溝通往往能更靈活迅速地適應組織內部資訊傳播，省略許多繁瑣的程式，並且常常能夠提供大量的透過正式溝通管道難以獲得的資訊，更全面、更準確、更真實地反映職員的思想、態度和動機，為組織管理和公共關係決策提供可靠的依據。

非正式溝通的優點是溝通方便，直接明瞭，資訊溝通速度快，容易及時瞭解到一些來自內部公眾的「內幕新聞」。其缺點是非正式溝通管道難於控制，傳遞的資訊容易扭曲失真，傳播一些馬路消息和流言蜚語，它可能導致小集團、小圈子形成，影響內部公眾的人心穩定和組織團體的凝聚力。在現代公共關係活動中，不少組織開通了「高度的非正式溝通」，利用各種場合和各種管道，排除拘束感和謹慎感，以保持內部公眾之間經常不斷的資訊交流，從而在一個組織系統內部形成一個開放的資訊溝通網路。國外的一些公共關係專家在這方面動了不少腦筋。美國華特‧迪士尼公司上至董事長下至一般員工，都配戴一個只有各自姓名的統一標記，讓大家彼此直呼其名，以減少在交往時因身分不同而造成的等級感，便於形成富有人情味的家庭式氣氛。

(二)單向溝通與雙向溝通

所謂單向溝通指的是資訊發送者以命令方式面向接受公眾，一方只發送資訊，另一方只接受資訊，雙方無論在語言上還是情感上都不需要資訊反饋。如發指示、下命令、作報告等都屬於單向的資訊溝通。所謂雙向溝通，指的是資訊的發送者以協商和討論的姿態面對接收公眾。資訊發出以後還需及時聽取反饋意見，必要時發送者與接受者還要進行多次重複商議交流，直到雙方共同明確和基本滿意為止。例如與職工談心、召開座談會、聽取情況彙報、協定雙方談判等都屬於雙向資訊溝通。

單向溝通與雙向溝通各有利弊，這具體表現在：

第一，單向溝通主要是上級發指令、下級執行，因此，在解決一般問題或處理緊急情況時，它比雙向溝通快捷、迅速。而雙向溝通因為要聽取反饋意見，有可能受到接受公眾質詢和挑剔，因此傳遞資訊的速度較慢。

第二，單向溝通在傳播資訊時，發送者和接受者之間沒有討論的餘地，上級下達指示命令，下級無論理解還是不理解，都必須執行。所以，單向溝通得到的資訊往往不那麼準確，把握性不大。而雙向溝通在接受者和發送者之間有反饋機會，可以重複討論及多次商議，易於準確把握資訊。

第三，單向溝通比較嚴肅呆板，往往是一個人或少數人說了算，因此，當接收者不願聽取意見時，易產生抗拒對立情緒。而雙向溝通則比較靈活自由，接受者有表達自己觀點、建議的機會，產生平等感和參與感，增強自信心和責任心，而且有利於雙方互相理解，形成融洽的人際交往關係。

第四，對資訊的傳遞者來說，雙向溝通的壓力比單向溝通要大，這是因為雙向溝通不僅要在發送資訊前做好多方面的準備工

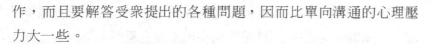

作，而且要解答受衆提出的各種問題，因而比單向溝通的心理壓力大一些。

在組織內部的公共關係活動中，究竟採取何種溝通方式爲好，應當因人因事因時因場合而異。爲了使工作快速和維持組織正常的秩序，宜用單向溝通；例行公事的指示命令的傳達，可用單向溝通。如果要求工作踏實有效，重視組織成員的人際關係，宜用雙向溝通；處理重大的、複雜的或陌生的問題，宜用雙向溝通，總的說來，內部公共關係工作要十分重視雙向的資訊傳遞和溝通。實務表明，要達成雙向溝通並不是一件容易的事情。它一方面要縮小內部公衆之間的心理上的差距，特別是組織內部上下級之間的交往，往往會出現心理差距，下級不敢暢所欲言；另一方面，對不同意見的容忍程度也是影響雙向溝通效果的一個因素。

(三)橫向溝通與縱向溝通

在內部共關係活動中，橫向溝通又叫平行溝通，它指的是在組織系統中層次相當的個人或團體之間所進行的資訊傳遞和交流。組織機構內部的橫向溝通又可以劃分爲三種不同情形：一是組織決策層或者高層管理人員之間的資訊溝通，二是組織內中層各部門、團體之間的資訊溝通，三是一般員工在工作上、思想上的相互溝通。橫向溝通具有很多優點，它可以使組織內各部門、各團體之間互相瞭解，克服本位主義傾向，培養員工的整體觀念和團結合作精神；其缺點是橫向溝通頭緒過多，易於造成資訊散亂和疏漏，有時員工個體之間的橫向溝通也可能成爲發牢騷、講瘋話的途徑，造成渙散士氣的消極影響。

組織內部的縱向資訊溝通又可分爲下行溝通與上行溝通。下行溝通是指管理者對員工所進行的自上而下的資訊溝通。如將組

織目標、計畫方案、政策措施傳達給基層群眾，發佈組織新聞消息，對組織面臨的一些具體問題提出處理意見等。下行溝通的優點是可以使下級部門和團體成員及時瞭解組織目標和領導意圖，增強員工對所在團體的向心力和歸屬感，它也可以協調組織內部各個層次的活動，加強組織紀律。下行溝通的缺點是：如果管理決策層使用下行溝通管道過多，會在下屬中造成高高在上、脫離群眾、獨裁專橫的形象，使下屬產生消極對抗情緒。此外，由於來自組織最高決策層的資訊需要經過層層傳遞，容易被延誤時間。

上行溝通主要是指團體成員和基層公眾透過一定的管道與管理決策層所進行的自下而上的資訊交流。它有兩種表現形式：一是層層傳遞，即依據一定的組織原則和組織程序逐級向上級反映，例如基層單位的資訊通報就是從班組開始，經過線路、分廠再到總廠逐級向上反映的；二是越級反映，它指的是減少中間層次，讓最高決策者和領導者和一般員工直接對話，例如員工在「廠長接待日」直接向廠長反映情況，或是把有關意見建議直接投入「廠長意見箱」。上行溝通的優點是管理者便於全面及時瞭解組織近況和廣大員工的思想動態，員工可以直接向上級反映意見，提出建議，從而使上下級之間的關係更密切，提高組織的凝聚力和信譽度。上行溝通的缺點是：下屬因級別不同造成雙方溝通上的隔閡感和心理上的距離感，還有的人因害怕「穿小鞋」而不願如實反映情況，某些資訊在自下而上的層層過濾中也可能會出現失真現象。

三、內部公共關係的溝通網路

內部公共關係的溝通是在組織內部的公眾之間進行的資訊交

流和傳遞。當公共關係人員為解決某個問題和協調某一方面而在明確規定的組織系統內進行溝通時，就會選擇和組建組織內部不同的資訊溝通網路，這些溝通網路既可以影響團體公眾的工作效率，也可以影響團體成員的心理和組織的氣氛。

(一)鏈式溝通網路

在一個組織系統中，它相當於一個縱向溝通網路，在鏈式網路中的資訊按高低層次逐級傳遞，資訊可以自上而下或自下而上地交流。在這個網路模式中，居於兩端的公眾只能與內側的一個成員相聯繫，居中的則可以分別與上下互通資訊。各個資訊傳遞者所接受的資訊差異較大，不同公眾的平均滿意程度也有較大差距。在內部公共關係管理中，如果某一組織系統的內部機構過於龐大，需要實行分層授權控制，此時利用鏈式的資訊溝通網路是一種行之有效的方法。

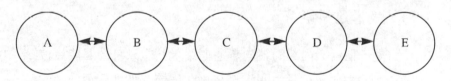

圖7-3　鏈式溝通網路

(二)圈式溝通網路

這種組織內部的資訊溝通是指不同公眾之間依次聯絡溝通。這種網路結構可能產生於一個多層次的組織系統之中。第一級主管人員對第二級建立縱向聯繫，第二級主管人員再與底層建立聯繫，底層工作人員之間或底層主管人員之間建立橫向的溝通聯繫。在實施內部公共關係時，如果需要在組織中創造出一種高昂

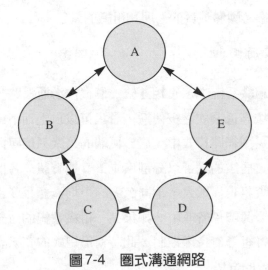

的士氣，彼此共同實現組織既定的目標，那麼，採用圈式溝通網路較為合適。

圖7-4　圈式溝通網路

(三)Y式溝通網路

這是一個組織內部的縱向溝通網路，其中只有一個成員位於溝通活動的中心，成為中間媒介與中間環節（例如國內推動的員工協助方案）。在一般企業、公司機構中，這一網路大體相當於企業領導、秘書班子再到基層部門或一般員工之間的縱向溝通關係。這種溝通模式集中化程度高，解決問題的速度快，有助於對整個組織運行及其內部公眾行為實行有效的控制。

(四)星式溝通網路

在這一網路中，主管人員分別與下屬部門發生聯繫，成為各種資訊的匯集點和傳遞中心。在企業中，這種網路大體類似於一

公共關係學

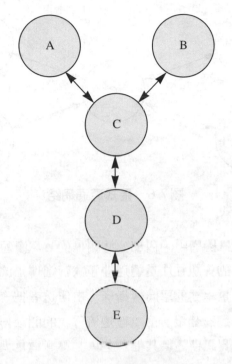

圖7-5　Y式溝通網路

個主管領導直接管理若干部門和權威控制系統。只有處於領導地位的主管人員瞭解全面情況，並由他向下屬發出指令，而下級部門和基層公眾之間沒有溝通聯繫，他們只分別掌握本部門的情況。星式網路是加強控制、爭時間、搶速度的一個有效方法和溝通模式。

(五)全通道式溝通網路

這種網路是一個開放式的資訊溝通系統，其中每個成員之間都有一定的聯繫，彼此十分瞭解，在民主氣氛濃厚、合作精神很強的組織機構，一般採取這種溝通網路模式。

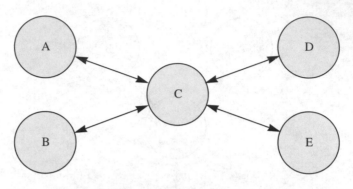

圖7-6　星式溝通網路

　　在一個組織機構中，內部公共關係的資訊溝通網路除了上述五種之外，有的資訊往往是透過非正式管道傳播的。其具體表現爲：第一種是單串式的單向傳播線，由傳送者把資訊透過一連串的仲介人最終送達受衆；第二種是流言式的閒談傳播線，由資訊持有者主動將資訊傳遞給其他一些人；第三種是偶合式的機遇傳播線，它是由資訊持有者隨意把資訊傳送給偶然相遇的人；第四種是集束式的群集傳播線，它是將資訊有選擇地告訴有關的公衆，使有關的人也照此辦理的資訊溝通方式。

第四節　內部公共關係操作要點

一、員工關係的溝通與協調

　　員工關係是組織內部公共關係中最基本、量最大的一類。任何社會組織因其性質不同，它所面臨的公衆對象也彼此有異，但有一個共同點，即每個組織都有自己的員工。員工是構成組織的

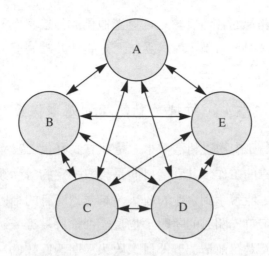

図7-7　全通道式溝通網路

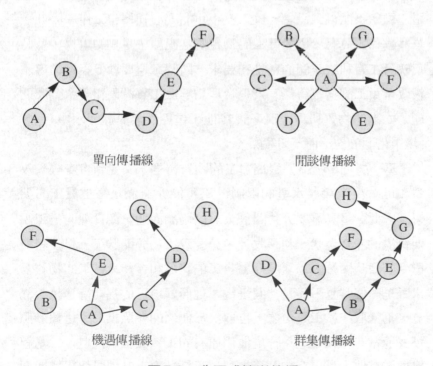

單向傳播線　　　　　　　　　閒談傳播線

機遇傳播線　　　　　　　　　群集傳播線

図7-8　非正式管道傳播

「細胞」，組織的各項目標只有透過他們的分工協作，各盡其責，才能付諸實現，所謂「內求團結」方能「外求發展」的道理就在於此。

(一)物質利益 —— 維持勞動熱情的基本保證

滿足員工的物質利益需求，是建立良好員工關係的前提。員工參加組織的工作，其直接目的是獲取一定的勞動報酬。在付出勞動之後，能否拿到合理的收入，享受到應有的福利待遇，是絕大多數員工首先關心的問題，也是能否維持員工勞動熱情的基本保證。尤其是目前情況下，員工收入水準普遍較低，工資、獎金和福利待遇的多少，直接影響他們的日常生活，他們關心本組織的經營發展，要求改善物質待遇的呼聲，就顯得更為迫切。如果這一願望不能得到滿足，員工就不可能安心在崗位工作。因此，公共關係人員對於廣大員工的物質利益應給予足夠的重視，及時反映員工對利益分配的意見和要求。同時，還要敦促組織領導重視改善員工的物質待遇，公平合理地解決工資調整和獎金分配問題。如撇開物質利益則別奢談其他，這顯然無異於「水中月」、「鏡中花」的空泛而不切實際。

另一方面，組織要提高員工的物質待遇，又受到自身經營效益和社會生產發展水準的限制，不可能完全滿足每位員工的要求。因此，這又需要公共關係人員的協調溝通，如實地向員工說明組織的經營現狀、利潤收入、分配政策和分配狀況，以及組織碰到的暫時困難，以求得下屬員工的諒解和合作。員工的物質需求既是一個常量，又是一個變數。他們對自己的福利待遇是否滿意，不僅取決於工資份額，也取決於他們的參照模式。這種參照模式通常有三種類型：一是他們原有的工資和福利待遇，二是組織內部其他人員現有的工資福利，三是社會上其他同類組織或同

種類型員工享有的工資及福利待遇。員工透過各種參照模式的比較，就產生了他們對自身工資收入和福利待遇的期望值。有時，員工對自己的物質待遇不滿意，常常是現有收入和期望值之間的差距造成的。因此，公共關係人員應設法弄清員工的期望值有多大，有多少現實可能性。對於能夠滿足的就應設法給予滿足，對那些不能滿足的過高要求，須利用協調溝通手法使其降低期望值，儘量使員工對工資福利的期望值保持在合理的水準上，讓他們對組織的擴大再生產、拓寬市場、新產品開發予以理解和支持。

(二)精神鼓勵——激發工作潛能的有效手段

現代管理理論認為，把員工關係簡單視為「做事——拿錢」是不對的。職工的文化素養、工作性質、個人經歷和志趣愛好不同，其個人的內心需要和精神追求也不同。尤其在物質利益獲得基本滿足之後，精神上的需要就會逐漸上升為主要因素。實施精神激勵的主要特點是引導員工在日常工作中尋求生活的樂趣和意義，透過培養員工對本身崗位、本身企業的責任心、自信心和自豪感，使每位員工獲得心理上的平衡與精神上的滿足。

1.讓員工分享足夠的組織資訊，借助企業刊物溝通上下左右之間的交流與合作管道

企業內部公共關係工作的一個重要任務，就是暢通企業內部的資訊交流，做到「上情下達」和「下情上達」。有時我們各方面的工作都做得相當不錯了，但還是得不到廣大員工的理解和支持，這種「一廂情願」的情況說明企業組織與員工之間的資訊交流不夠順暢通達。所謂「上情下達」是指企業領導決策層透過情況簡報、資訊發佈、傳達文件、內部刊物、廣播、布告欄等方式

把企業內部的重要資訊，如企業經營現狀、主管升遷罷免、經驗交流、市場供求、新技術新工藝、違紀處理、立功獎賞等情況告訴廣大員工。「下情上達」是指企業的職工群眾透過建議箱、談話會、黑板報、民意測驗和意見徵詢表等方式，把他們的建議、意見等告訴企業管理決策者與領導層。

企業刊物是內部公共關係活動的書面媒介，大型企業可以編印油印或鉛印工廠刊物，中小型企業可以用黑板報、布告欄或簡報窗等代替。企業刊物有利於溝通各種橫向資訊交流和縱向資訊交流，密切企業領導管理部門與員工之間的往來聯繫，促進企業上下左右的相互瞭解和合作協調。企業刊物的內容應包括企業生產經營狀況，人事和機構變動，員工的文化體育和其他業餘活動等；還可以刊載同行業的資訊，如新技術、新產品、新工藝和海外動態；開辦一些社會新聞、時事短評專欄以充實刊物的內容版面，吸引員工讀者的注意。企業刊物的內容一定要是員工關心的問題，切忌過分嚴肅，要做到生動活潑、豐富多彩，並且發動廣大員工動筆投稿，廠長經理也親自動手撰稿，提高員工公眾對企業刊物的關心和興趣，使他們認識到它是大家自己的刊物，從而給予積極支持。企業刊物的分發也要保證送到基層員工手中，經常聽取員工對刊物宣傳的意見建議，不斷提高辦刊效益和刊物的質量。在國內外，企業刊物皆日益增加，美國有五千多種，日本有四千多種，其中比較著名的美國福特公司的 *Ford Times*、克萊斯勒公司的 *Friend* 的發行量高達一百五十萬份。在中國大陸不少企業也開始重視企業刊物的工作，如上海正泰橡膠廠從一九六三年六月開始創辦了《正泰每日新聞》，向全廠員工報導各種資訊，反映企業生產經營的真實狀況，促成工廠主管和群眾上下信任、互相理解、和諧融洽的局面，為辦好企業提供了良好的條件，因而人們稱之為「魔力神奇的《正泰每日新聞》」。

2.倡導民主管理，鼓勵每一位員工參與經營決策，在組織內部修建「玻璃屋」

　　本職工作是員工施展抱負、取得成就的主要場合。因此，只要可能，員工總是希望能在工作崗位上一展身手。在本職工作中，每個員工是各自從事領域內最熟悉情況、最有發言權的人。所以，完善合理化建議制度，廣泛徵集員工對改進經營管理、工作程序、操作技術的意見，對組織發展具有重要意義。它一方面使員工的創造能力和工作潛能得到開發利用，另一方面又使員工的精神需求得到滿足，個人價值得以實現，從而產生自豪感和強烈的進取心。這樣做的結果，還有助於形成良好的組織「風氣」和「團隊」精神，促使員工個個關心組織團體形象，並出色地完成本職工作。

　　經常向企業領導者提合理化建議，可以提高員工的自信心和自豪感、責任感，如果他的建議被採納實行，更使員工感覺到自己在企業中受到重視，從而激發員工的主動精神。在國外，「建議箱」已經成為企業管理的寵兒，成為經理、董事們不可缺少的工具。美國社會流行的一句口號就是「請拿出你的主意去換金錢」。

　　實行和完善企業的合理化建議制度，應當鼓勵每個員工對企業的經營管理、技術改造、產品創新諸方面提出有價值、有見地的建議。合理化建議制度的推行，一是一定要訂出合理的方案，事先設計好「合理化建議表格」分發給員工填寫，隨時隨地蒐集各類建議意見；二是抓緊時間及時審議處理，對於每一條建議都要認真分析，反覆斟酌，篩選出其中有價值的可行的東西；三是經常注意資訊反饋，及時向廣大員工公布合理化建議的採納情況和實際效果，對提供建議的積極成員給予適當的表揚獎勵。某工廠曾先後舉辦過「假如我來當廠長」、「我為企業獻一計」的合理

化建議活動，絕大多數員工對工廠的人財務、產供銷各個環節各個方面提出了許多有益的意見，既激勵了廣大員工的主動性積極性，又提高了企業的經濟效益和社會效益。在日本，豐田汽車公司的合理化建議制度是馳名於世的。早在七〇年代，豐田公司每年的建議總數就達四十六萬三千多件，平均每個員工提了十多件建議，而公司每年採納總數達三十八萬六千多件，對於所採用的建議，公司還發給建議者五百日圓至十萬日圓不等的獎勵。大量的實務證明，推行合理化建議制度是一種行之有效的企業公共關係方式。

　　與此同時，合理化建議制度還應當和企業獎勵制度結合起來。獎勵先進要做到：

(1)明確性。要讓企業全體員工明確瞭解公司獎勵什麼行為，使人覺得有確定的目標去爭取獎勵。

(2)及時性。應該隨時注意員工的積極表現，及時發現，當場獎勵，使大家感到親切，倍受鼓舞，儘量避免事過之後再去獎賞。

(3)可獲性。一項大獎的獲得是很不容易的，應當使大家注重小發明小創新，從而使多數人有機會成為優勝者，較頻繁的小型的獎勵比大規模的獎勵更有效。

(4)多樣性。廣義的獎勵不僅包括物質鼓勵，而且包括晉升和賞識，精神鼓勵往往具有物質鼓勵無法替代的效果。美國福克斯波羅公司的「金香蕉獎章」就是公司對優秀員工的最高獎賞，獲得它的職工取得了企業最高的榮譽和聲望。一隻小小的金香蕉形別針，為激勵企業員工的積極性產生了巨大作用，對於公司的興旺發展立下了汗馬功勞。

二、部門關係的溝通與協調

在組織內部，劃分若干部門的目的在於確定各項任務的分工與職責的歸屬。同時，部門又是組織聯繫員工的仲介機構，部門功能是組織整體運行系統化的組成部分。

以企業爲例，作爲一個相對獨立的經濟細胞，它是諸部門的系統化集合體。一般來說，企業在廠長（經理）之下，設立若干職能部門或科室，有生產、供銷、技術、人事、財務、公關、後勤等。在一些大型事業單位，部門的分工還會更細。在日常運作中，組織整體素質的優劣和功能的發揮受到各部門的影響。如果下屬各部門都能有條不紊，配合默契，那麼組織的整體效能就會充分展示出來；如果下屬不同的職能部門只從自身「小團體」的利益出發，斤斤計較，搞本位主義，內耗嚴重，不僅會影響自身功能，還會導致部門效能的抵消，削弱組織的整體優勢。

(一)與組織內部正式團體的溝通方式

在正式團體中，各個成員公衆之間具有共同的目標和利益關係，這些目標和利益非個人努力所能達到，必須透過全體成員的共同工作方能實現。正式團體的行爲活動受一定的規範制約，成員之間有密切配合和協作的保證，因此產生和形成團體紀律與團體輿論。正式團體還能滿足成員的歸屬感，每個成員彼此之間相互認同，在工作上、思想上、情感上經常交流切磋。

在一個社會組織內部，正式團體的溝通與協調可以採取這樣一些手法：

第一，強化成員的「團體意識」。公衆一旦加入了某正式團體，就要接受團體的價值觀念，遵守團體的行爲規範。廣大公衆

以主人翁的姿態，自覺按照組織團體的目標來校正自己的行為。

第二，編印內部刊物，刊物是內部公共關係活動的書面媒介，它有利於進行各種橫向資訊交流和縱向資訊交流。

第三，積極推展各種團體文化活動。所謂團體文化是指由組織內正式團體的價值觀念、道德規範、工作方式等內隱文化以及組織內各類正式團體推展的文化教育、娛樂聯誼活動等外顯文化構成有系統的統一體。各種團體文化活動，可以溝通正式團體不同公眾之間的資訊，保持內部公眾之間和諧融洽的合作氣氛，造就組織內部良好的公共關係狀態。

(二)與組織內部非正式團體的溝通方式

所謂非正式團體是人們在相互交往中自發形成的、沒有得到正式認可和批准的團體。非正式團體的形成是基於某種利益和觀點一致，彼此有共同的興趣愛好和相似的經歷背景。非正式團體成員以個人的好惡興趣為聯繫樞紐，也有共同遵守的不成文規範，它也會產生較高的自覺性和較強的內聚力、認同感。

非正式團體在組織管理和公共關係工作中，一方面具有積極作用，它可以發揮溝通意見、穩定情緒、互幫互學的效應，有時可以發揮正式團體所無法辦到的作用，另一方面非正式團體也有不可忽視的「副作用」，容易散佈流言蜚語，帶來哥們式的義氣，削弱正式團體的控制力與影響力。

按照非正式團體的不同作用效果，可以將其劃分為三種不同類型：一種是正面型非正式團體，它與組織目標一致，服從組織協調統一，例如職工們自發組成的讀書小組、技術開發小組，這類非正式團體有益無害；一種是中間型非正式團體，他們與組織目標有時一致有時不一致，在這個問題上持相同看法而在其他問題上持不同觀點，例如幾個人經常聚合在一起打撲克而形成的小

群體，它無益也無害；再一種是負面型的非正式團體，這類小群體的目標與組織目標是不一致的，它有害而無益，容易搞派系謀私利，擾亂組織秩序，與主管唱對臺戲。

在內部公共關係工作中，我們要注意發揮非正式團體的積極作用，剔除非正式團體的消極作用。具體來說，非正式團體的溝通協調可以透過認知溝通和協調、人際溝通和協調、組織溝通和協調等途徑來施行。

1.認知溝通與協調

在內部公共關係工作中，應當正視非正式團體的客觀存在及其雙重作用，認識非正式團體的產生是對正式團體的有益補充。同時，要對非正式團體的具體情況認真瞭解，做一番深入細微的調查研究，弄清楚非正式團體形成的背景原因、思想傾向、成員構成、意見領袖以及活動方式，以便因勢利導，對症下藥，盡可能使非正式團體的目標方向與組織目標保持基本一致。

2.人際溝通與協調

非正式團體的產生與人際交往有很大關係。因此，公共關係活動要注意聯絡感情，建立友誼，融洽人際關係，積極支持非正式團體的各種有益活動。在實際工作中，特別注意與非正式團體的「意見領袖」之間的交往，取得這些「意見領袖」的信任、理解和協助配合，影響了「意見領袖」的積極性也就調整他所代表的非正式團體的積極性。在非正式團體中，「意見領袖」雖然沒有組織賦予的正式職務與權力，但他在自己的圈子中具有特殊的地位、很大的影響與很高的威信，如果對他們採取「殺一儆百」的強制辦法，效果往往適得其反。

3.組織溝通與協調

公共關係人員透過全盤考慮和科學決策來制定一個能夠得到非正式團體認可的組織目標，把非正式團體的利益維繫在這個可行的總目標上，從而使各類正式團體與非正式團體、公共關係和人際關係結成一個有系統化的整體。在組織內部溝通協調過程中，還應當合理利用行政手段和控制方法，引導和發揮非正式團體的積極作用，儘量限制和消除非正式團體的消極作用與破壞作用。

三、股東關係的溝通與協調

(一)股東關係及其意義

1.股東關係

股東關係又稱「投資者關係」，它是六○年代以來在公共關係領域中不斷發展的一個新方向。與員工關係一樣，股東既是制約組織經營活動的重要因素，也是實施內部公共關係工作的重要對象。

股東是企業股份的所有者，他們因持有股份而取得某種權利和義務。所謂股東關係，具體地說就是股份企業與投資人之間的關係。在國外，股份制企業十分普遍，持有股票的人數急劇增加。據統計，八○年代美國有四千多萬人持有各類股份公司公開發行的股票，其人數比五○年代增加了五倍；在英國，約有四分之三的成年人是直接或間接的投資者，其中持有工商界或政府股票的直接投資者有五百多萬。在西方發達國家，對股東關係的理解也相當寬泛，股東既包括形形色色的個別投資者，也包括其他

股票持有者、證券公司、股票經紀人、股票交易商、股評人員、銀行機構、投資公司等等。伴隨股東人數的增加和各類組織爭取股東投資的競爭，使股東的地位和作用日趨重要。由於股東關係涉及如此眾多的資金供應者的利益，制約企業自身的籌資能力和「造血功能」，股東關係處理的好壞必然影響社會形象的優劣和對公眾吸引力的大小。因此，許多國外的工商企業與股份公司一般都注重密切與各類股東之間的往來關係，專門設立處理股東關係的機構與人員。

在中國大陸，隨著改革開放的不斷深入和企業經營機制的轉換，許多工商企業和組織機構為了擴大生產規模及能力，解決資金短缺問題，在「公平、自願、互利」的基礎上建立了各種形式的橫向經濟聯合體。這種經濟聯合體採取了社會集資的方式，把資金、技術和設備等生產要素價值折合成相對應的股份，允許國家股、集體股、個人股東等多種成分並存。與此同時，股份制企業的出現，也為經營管理和公共關係工作帶來了新的課題。

2.股東關係的意義

按照現代股份制度的要求，一個持有企業股票的投資者，事實上也就是企業的所有者，他具有企業財產的支配權和經營權，並享有取得股息的受益權。廣大股東既是企業的資金供應者，又是日常業務經營的參與者，同時也是企業盈利的支配者。由此觀之，股東對組織生存發展的重要作用和密切聯繫，使其成為組織的重要支柱。

在內部公共關係活動中，做好股東工作的意義，首先在於股東是現代組織的資金「源頭」。任何組織的財力都是有限的，為了給組織發展奠定雄厚的經濟實力，就需要廣泛爭取相對穩定的投資管道。所以，一方面須穩定現有的股東隊伍，堅定他們對組織

發展前景的信心，使其願意長期持有本企業的股票而不輕易轉讓、拋售，另一方面要創造有利的投資環境和投資氣氛，使潛在的投資者增加對組織的瞭解和信任，提高社會各界對組織的關心程度和支持程度，吸引更多的投資者。

其次，眾多的股東是組織重要的資訊來源。股東們分散於社會的各個階層，來自各行各業。他們資訊靈通，各有所長，擁有各自的社會關係和交往網路。與股東保持經常的聯繫，可以使組織獲得多方面、多角度的資訊，讓他們爲經營決策提供諮詢。

最後，股東還可以成爲組織形象的「宣傳員」和產品、服務的「推銷員」。在內部公共關係工作中，如果能爭取廣大股東的鼎力相助，他們就可以成爲組織的「業餘公關人員」，把各類形象資訊、產品資訊、服務資訊傳播給他們周圍的鄰里、親友、同事和所在的組織。假設一個組織有上百個股東，每個股東有幾十個朋友，那麼其宣傳面就可達成千上萬人。某公司曾給每位股東寄發問卷，請他們協助徵詢產品意見和市場資訊。結果，有31.8％的股東寄回了問卷，並附上了許多關於產品的評價和對經營管理的建議，還有許多股東表示願意幫助公司推銷產品。由此可知，良好的股東關係不僅有利於組織吸引游資、拓展財源，而且有助於建立組織形象、推廣企業產品。

(二)協調股東關係的方法

1.配合股票發行推展宣傳活動

結合實際情況，我國股份制企業所發行的股票，一般都是在銀行、證券機構的參與下，由有關金融機構代理發行的。一家金融機構是否願意代理企業發行股票，取決於它對該企業的信譽、創業歷史、管理機構、實力大小、經營效果的認識。因此，要使

企業股票能夠順利發行與上市流通，公共關係部門首先必須對代理發行機構展開宣傳活動，主動請對方上門指導，使企業與代理機構彼此瞭解和相互信任。一旦確定了股票代理發行機構，公共關係人員就要把宣傳的重點轉移到有可能購買本企業股票的社會公眾身上。透過精心策劃和宣傳引導，使那些擁有一定閒散資金並打算用於投資的機構和個人，在瞭解和信任的基礎上踴躍認購企業所發行的股票。

2.尊重股東權益，定期向股東通報經營狀況

　　一旦資金擁有者購買了企業的股票，他就成為企業的股東，同時也就具有瞭解企業經營狀況的權利。作為一位特殊的內部公眾，股東們往往會產生一種「主人意識」，認為自己有權知道企業的發展動向和經營情況，對有關企業的各種資訊表現出特別的關心。據此，企業在協調股東關係時，應正確評價股東的入股行為，他們投資入股並非坐等分享紅利，而是關心國家建設、支持企業生產的具體表現。除了保證以良好的經營業績吸引股東之外，企業在日常工作中要注意加強與廣大股東的資訊交流，運用各種傳播手段，及時向他們傳遞有關企業經營情況的各類資訊，如經營目標、生產任務、資金運轉、財務收支、利潤增長、專案投資、股息分紅、市場銷售和新產品開發、高層管理人員的變更，都應以最快的速度傳達給每一位股東。

　　股東大會既是股份制企業的一個重要管理形式，也是推展公共關係活動的良好時機。股東對企業經營活動的參與，實際上是透過股東大會實現的，亦即透過參加股東大會，對企業的重大事務進行投票表決進行的。在國內外一些股份制企業裏，積極籌備和開好股東大會，已經成為公共關係人員一項專職工作：

　　(1)召開股東大會之前，要把書面通知書送達股東手中。通知

書要求文字簡潔，對會議的內容、時間、地點及議題有明確的說明。

(2)對於會議日程的安排，要做到有條不紊。需要在大會上發言的代表，應做到事先告知，以便他們做好充分的準備。在選擇會議地點時，還要考慮到交通問題，避免路途遙遠而過於勞頓。

(3)在會議期間，可以考慮安排一些其他活動，如股東聯誼會、座談會，組織股東參觀旅遊。例如，美國通用食品公司每逢股東大會，便為與會者準備一套公司的罐頭樣品，股東們為這份特別禮物而感到十分高興；日本東芝公司則在一年一度的股東代表大會上，向所有到會的股東贈送一件當年公司的最新電子產品，並在會議期間放映一部當年的最新影片。這樣做的結果，既提高了股東大會的感召力，又緊密地結合了公司與股東間的往來關係。

3.編制股東年度報告，監督企業、公司的經營活動

目前，越來越多的企業正在嘗試股份制，股東關係已成為各類組織不可忽視的內部公眾關係。從公共關係的角度來看，協調股東關係要從維護股東合法權益的角度出發，對企業的經營活動進行必要的監督，促使經營者努力做好管理工作，創造出令股東滿意的業績，進而維護企業長期穩定的股東隊伍。

股東年度報告是企業與股東交流的一個重要管道，也是公共關係人員幫助廣大股東監督企業經營狀況的資訊媒介。股東年度報告是一個企業、公司定期向股東提交的一年來經營情況的詳細書面報告，它一般由企業各職能部門多方合作協助，最後由公共關係部門起草撰寫的。在編制股東年度報告時，應當注意以下幾點：

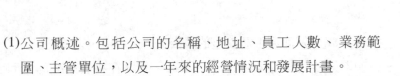

(1)公司概述。包括公司的名稱、地址、員工人數、業務範圍、主管單位，以及一年來的經營情況和發展計畫。

(2)致股東函。每份股東年度報告都要附帶一封公司經營者寫給全體股東的公開信。信函內容要精確充實，說明清晰，情真意切，不可冗長累贅，空泛議論。

(3)近期公司財務狀況。公司的財務收支和盈利水準是股東最爲關心的一個問題，年度報告在陳述這部分內容時，須詳盡說明一年來公司的營業收入、稅賦水準、資金周轉、折舊提留、產品成本等數量指標。有時，報告中還要儘量使用圖表或資料來反映公司各項業務的完成情況，以吸引股東的閱讀興趣，增強股東年度報告的說服力。

四、內部公共關係障礙及其消除對策

內部公共關係活動，實質上是組織內部的資訊溝通過程。進行卓有成效的資訊溝通业非易事，要受到許多因素的阻礙和干擾。主要表現在：

(一)內部公共關係溝通中的主觀障礙

(1)公眾個性因素所引起的障礙。在組織內部的資訊溝通中，公眾個人的性格、氣質、態度、情緒、興趣等的差別，都可能引起資訊溝通的障礙。

(2)知識經驗水準的差距導致的障礙。以資訊溝通中最常見的口頭語言和書面語言爲例，由於公眾的語言修養不同，表達能力有差別，對同一思想、事物有的表達清晰，有的表述模糊；有的人聽了馬上理解了，有人聽來聽去還是理解不了；有的聽後作這樣的解釋，有人聽了卻作那樣的解

釋，因而產生語義上的障礙。

(3)知覺選擇偏差所造成的障礙。公眾在接收或轉述一個資訊時，符合自己需要的便十分專注，若與自己切身利益無關的則不容易聽進去，等等。

(4)公眾個體的記憶因素造成的障礙。有關研究表明，記憶不佳所造成的損失十分嚴重。在進行口頭溝通時，每傳遞一次大概都要損失30％。對資訊的接受者來說，員工只能記住他所接收資訊的50％，領導者只能記住他所接受資訊的60％。

(二)內部公共關係溝通中的客觀障礙

(1)空間距離所造成的障礙。空間距離對資訊溝通傳遞及其效果有很大影響。一般說來，資訊的發送者和接收者進行面對面的交流有利於把複雜問題搞清楚，提高工作效率。如果溝通雙方距離太遠，接觸機會較少，只能借助於通訊設施和書面媒介來傳遞資訊，那就有可能造成溝通障礙。此外，由於溝通雙方社會背景的差異而形成的距離也會影響組織內部的資訊溝通和傳遞。

(2)組織機構所造成的障礙。合理的組織機構有利於資訊溝通。如果組織機構過於龐大，中間層次太多太雜，那麼不僅容易使資訊傳遞遭漏失眞，而且還會浪費時間，影響資訊傳遞的及時性和公共關係工作的效率。

(3)外界環境因素的影響所造成的障礙。外界的干擾過多過大，超過了資訊溝通的信號強度，如噪音等干擾過強，就會使資訊溝通難以進行。

(三)內部公共關係溝通方式的障礙

(1)語言溝通方式所造成的障礙。語言是內部公共關係溝通的一種基本工具，但是語言使用不當會帶來溝通上的障礙，措辭不當，丟字少句，空話連篇，辭彙貧乏，句子結構彆扭，使用方言土語等，都會造成資訊溝通的障礙。

(2)溝通管道選擇不當造成的障礙。內部公共關係的種種溝通管道，都有各自的優缺點，不顧本組織的實際情況和公共關係工作的具體要求，隨意選擇溝通方式和網路，勢必造成資訊溝通的障礙。

(3)資訊溝通中冗餘量過大造成的障礙。在與內部公眾進行資訊交流時，無休止的套話和老話是引起資訊冗餘量過大的直接原因。

總之，在內部公共關係工作中存在資訊溝通，也就必然存在溝通障礙。公共關係人員的任務在於正視這些障礙，找出其形成的緣由和根源，並且採取相應的措施來清除這些溝通障礙，創建組織內部良好的公共關係。

首先，創造最佳的組織溝通氣氛。在內部公共關係工作中，組織領導者要作風民主、平易近人，善於傾聽不同意見，鼓勵下級成員大膽提出批評和建議，這樣可以消除溝通雙方的緊張和拘束，形成輕鬆和諧的溝通環境氣氛。創造良好的溝通氣氛是改善組織內部溝通，有效推展內部公共關係活動的重要一環。

其次，作出主動溝通的姿態。公共關係人員在工作中應主動地創造交往溝通的機會，樂於與各部門和基層成員進行多方接觸，增加內部公眾對自己的信任。

再次，遵循內部公共關係「溝通十戒」。歐美公共關係界總結

實踐經驗，提出了改善組織溝通的十項建議，其主要內容是：(1)
溝通前做好準備，預備可能發生的事件及其應變措施；(2)認眞考
慮本次溝通的眞正目的，選擇適當的溝通語言和溝通方式；(3)全
面省察溝通的環境和氣氛因素；(4)溝通的資訊內容準確客觀；(5)
善於利用最有利的溝通時間；(6)重視溝通中的「肢體語言」；(7)
資訊溝通發送者的言行一致，講究信用；(8)克服不良的聆聽習
慣，學會做一個「好聽眾」；(9)重視溝通中資訊接收者的反饋；
(10)在正確運用語言文字時，酌情使用圖表、數據和實物資料以
說服對方。

　　最後，在內部公眾關係的溝通協調過程中，做到資訊蒐集制
度化、資訊表述標準化、資訊傳遞規範化、資訊內容系統化、資
訊儲存檔案化。在內部公共關係工作中，建立科學化、現代化的
資訊管理系統，是有效清除組織內部資訊溝通障礙的制度保證和
根本對策。

練習 · 思考題

1.爲什麼說「內部公共關係是塑造形象的起點」？

2.簡述內部公共關係的運作機理。

3.內部公共關係的功能是什麼？內部公共關係的溝通目標是什麼？

4.怎樣協調與投資者之間的關係？

5.有效溝通員工關係應當從哪些方面入手？

6.如何化解和消除內部公共關係障礙？

第八章
公共關係的傳播媒介與溝通原則

　　傳播是公共關係的一個基本要素。公共關係活動的過程，其實主要就是一個組織與公眾之間進行資訊傳播和溝通的過程。能否有效地利用各種傳播媒介，遵循傳播溝通活動的基本原則，造就有利的輿論環境，這是組織推展各類公共關係活動成功的關鍵，也是衡量公共關係工作人員能力水準的重要標準。

第一節　公共關係的傳播媒介

一、傳播的基本涵義

(一)傳播的定義

　　在公共關係中，傳播是社會組織利用各種媒介，將資訊或觀點有計畫地與公眾進行交流的溝通活動。其基本涵義包括以下兩個方面：

(1)傳播是一個有計畫的完整的行動過程。「有計畫」，是因為整個傳播活動必須按組織的公共關係總目標有步驟地進行。「完整」，是指傳播過程必須完全符合傳播學的「五個W模式」。即：Who（誰）；Say What（說什麼）；Through Which Channel（透過什麼管道）；To Whom（對誰說的）；With What effect（產生什麼效果）。

(2)傳播是一種資訊的分享活動。傳受雙方是在傳遞、反饋、次序等一系列過程中獲得資訊。因此，這不是一般意義上的單向性資訊傳遞，而是透過雙向的資訊溝通，使雙方在

利益限度內最大程度地取得理解，達成共識。

(二)傳播的要素

傳播的構成要素有兩類：一類是基本要素，包括來源和受信者、資訊、媒介、通路和反饋等；另一類是隱含要素，指傳播活動中的時空環境、心理因素、文化背景和信譽意識等。前者是公共關係傳播的「硬體」，後者是公共關係傳播的「軟體」。其中每一個要素，都會對傳播效果產生一定的影響。如果缺少一個要素，就無法構成傳播。

1.傳播的基本要素
◎來源和受信者

來源，即資訊的發佈者，也就是傳者。這裏一般是指某一個具體的社會組織。受信者，即接受並利用資訊的人，也就是受者。這裏一般是指公眾。

◎資訊

從公共關係傳播這一角度看，資訊是指具有新內容、新知識的消息，其中包括觀念、態度和情感等。

◎媒介

媒介，原意指中間物。這裏指用以記錄和保存資訊並隨後由其重現資訊的載體。媒介與資訊密不可分，離開了媒介，資訊就不復存在，更談不上信息的交流和傳播。

◎通路

通路，是指資訊傳遞的途徑、管道。通路的性質和特點，將決定對媒介的選擇。例如，在談話中，傳者如果是以聲波為交流通道的，那麼，聲波通路的特性，便決定了所選取的交流媒介，只能是具有「發聲」功能的物體、材料和技術手段。同樣，如果

以頻道為資訊傳遞管道的，那麼，其媒介選擇只能是電子類的載體。

◎反饋

反饋，這裏指受者對傳者發出資訊的反應。在傳播過程中，這是一種資訊的回流。傳者可以根據反饋檢驗傳播的效果，並據此調整、充實、改進下一步的行動。

2.傳播的隱含要素

◎時空環境

時空環境，包括時間和空間兩個方面。傳播的任何一方，或「無故失約」，或「拖延時間」，或「姍姍來遲」，都會使對方對這次傳播活動的態度和感受發生變化，其傳播行為也會隨之而改變，從而影響傳播效果。

從時間角度來看，真正衡量傳播效果的是單位時間內所傳播的有效資訊量。當然，傳播時機（即在何時進行傳播）的選擇，對傳播效果也是有一定影響的。例如談判，談判時間適當與否，都會對談判效果產生影響。一般地說，以下幾種情況，是在選擇談判時間時應注意的：

第一，避免在身心處於低潮時進行談判。例如夏天的午飯後，這是人們需要休息的時候。

第二，避免在一周休息日後的第一天早上進行談判，因為這個時候人們在心理上可能仍未進入工作狀態。

第三，避免在連續緊張工作後進行談判，這時，人們的思緒比較零亂。

第四，避免在「體內時間」內進行談判。從現代心理學、生理學角度來看，傍晚十六時至十八時是所謂「體內時間」，即是最沒有效率的時間。這段時間人一天的疲勞在心理上、生理上都已

達頂峰,因而焦躁不安,思考力減弱。

空間,指傳播活動存在於一定的物理環境。傳播資訊總是在具體的空間環境之中進行,不同的環境條件會使人對資訊有不同的感受,並產生不同的傳播效果。

空間環境影響傳播效果,一般有兩個方面:一是座位的設置排列;一是交流環境的氣氛。

座位的設置排列,應該根據資訊傳播目的來安排不同的就座方位。一般來說,如果是向員工做報告,應採用並排同向的教室型座位排列,以此避免員工之間的橫向溝通,從而加強縱向傳播效果;如果是舉辦聯誼會,則應採用圍桌而坐的方式,以增加彼此之間的交往次數和表示友好的機會。因此,如何選擇適當的就座方式,將會直接影響公關的傳播效果。如**圖8-1**所示,在辦公桌前,甲與乙交談,乙可以採用四種不同的位置。相對甲來說,$乙_1$是友好位置;$乙_2$是社交位置;$乙_3$是競爭位置;$乙_4$是公共位置。

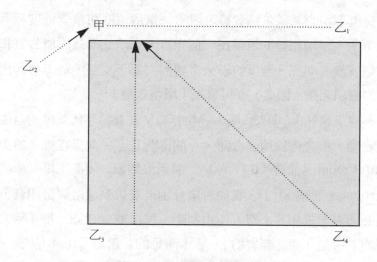

圖8-1　幾種社交就座方式

　　友好位置體現了一種「親切、信賴」的交談氣氛。這種位置最有益於合作，顯示出雙方的意氣相投，親密、平等的關係。在公關傳播中，一般與員工談心、徵求消費者的意見等，友好位置較有利於溝通。

　　社交位置體現了一種「誠摯、友好」的交談氣氛。坐在這個位置上，無緊張情緒感覺，行動方便，有利於觀察對方的身體變化，從而隨時調整話題，易於把握住談話的主動權，當其中一個人感覺有威脅時，桌角可以產生屏障作用。在公關傳播中，一般與客戶談生意、與新的目標公眾溝通等，社交位置要算是最策略、最巧妙的選擇了。

　　競爭位置是與對方隔桌相望就座，會造成一種防範性的競爭氣氛，一般用於談判。

　　公共位置是雙方之間無溝通的需要的座位。這種座位，一般在公共場合如飯店、圖書館、公園等處，人們往往採取這種互不搭界的位置就座。因此，在公關傳播中，應儘量避免採取這種座位。

　　交流環境的氣氛包括音響、照明、室內溫度和整潔程度等。經驗證明，一個組織的領導在一個噪雜、昏暗、髒亂的辦公室和在一個安靜、明亮、整潔的辦公室與他的部下交談，絕不會作出同樣的資訊互動。因此，不可忽視「環境效應」。

　　心理學家N. L. 明茨（N. L. Mintz）早在五〇年代就做過這樣一個實驗：事先佈置兩個房間，一間窗明几淨，典雅莊重（所謂beautiful room，簡稱「B」）；另一間粗俗齷齪、凌亂不堪（所謂ugly room，簡稱「U」）。實驗對象分別被安排到這兩個房間裏，每人必須對十張相片上的人作出判斷，說出他（或她）是「精力旺盛的」還是「疲乏無力的」，是「滿足的」還是「不滿足的」。結果坐在「B」房裏的實驗對象傾向於把相片上的人看成「精力

旺盛的」和「滿足的」；在「U」房裏的則傾向於把相片上的人看成「疲乏無力的」和「不滿足的」。可見，公關傳播中，應該注重交流時的環境影響。

◎心理因素

　　心理因素，主要是指資訊接受者的情感心理狀態。在不同的情感狀態下，人們接收資訊的效果是不一樣的。心理學原理揭示了這樣一條規律：凡是在一定活動中伴隨著使人「愉悅」的情緒體驗，都能使這種活動得到強化，而「不滿意」的情緒體驗，則使這種活動受到抑制。因此，傳播行為的發生、延續和發展都是建立在雙方心理相悅這一基礎上的。沒有心理上的溝通，是無法獲得最佳的傳播效果的。例如，在旅遊勝地的花園內、樹林旁，向遊客宣傳「愛護花草樹木」這一觀點，同樣木牌上寫不同的話，效果就截然不同：

(1)嚴禁摘花折枝，不准亂寫亂刻！違者罰款！

(2)除攝下美景，其他請別帶走；除留下足跡，其他請別留下。

　　第(1)例是一些訓斥性的詞語，命令式的口氣，「不滿意」的情緒體驗使人難以接受傳播的觀點。而第(2)例是一種語言藝術，並在傳播過程中產生一種「附加的誘因」，其作用就在於喚起受者肯定、積極的「愉悅」情感和行為上的接納。因此，「愉悅」性情感是促使傳播取得成效的「催化劑」。

◎文化背景

　　傳播是一種文化現象。在傳播過程中，傳受雙方的文化差異，必然會對傳播效果產生影響。不同的經濟環境、風俗習慣、民族心理、性格特徵、思維方式和價值觀念等，使人們對同一資訊內容可能產生不同的主觀感受。

據說有一種牌號叫CRICKET（奎克脫）的小型汽車，在美國的銷售情況與在英國的便大不相同。究其原因，在於兩種文化對"CRICKET"這一詞的理解不同。這是一個多義詞，既可指蟋蟀，又可指體育運動中的板球。美國人不愛打板球，所以一聽到"CRICKET"就理解為蟋蟀，於是覺得這種汽車雖然很小，卻跑得很快，如同蟋蟀三跳兩跳就跑了一樣，所以在美國市場上這牌子很有吸引力。而英國人則相反，聽到"CRICKET"就以為是板球，「板球牌」汽車怎能吸引人呢？

一九八〇年初，聯合國秘書長飛抵伊朗協助解決人質問題。伊朗的大眾傳播媒介一播放他抵達德黑蘭時發表的談話「我來這裏是以中間人的身分尋求某種妥協」時，他的努力立即遭到嚴重的抵制，甚至連他的座車也受到石頭的襲擊。產生這種傳播效果的原因是「中間人」（mediator）一詞在伊朗是指「愛管閒事的人」。因此，在跨文化傳播中，務必瞭解和尊重受者的文化習慣，避免產生溝通障礙。

◎信譽意識

信譽意識，包括兩個方面：一是指傳播內容的可信度；二是指傳播者被受眾所信賴的程度。

在傳播過程中，資訊內容權威性越高，那麼，受眾對之就越信服，反之，就很難使受眾信服，從而影響傳播效果。所以，對新產品的宣傳，廣告主往往利用用戶來信、有關學術權威機構的鑑定、產品獲獎的名次等來提高其廣告資訊的可信度。

傳播者被受眾信賴的程度，就如同其所傳播的資訊內容一樣重要，它將極大地影響著資訊傳播的效果。受眾對傳播者所產生的信賴感，一般由三個因素形成：第一，產生於「權威效應」，即傳播者客觀上是這一方面的專家、學者；第二，產生於「名人效應」，即傳播者本不是這一方面的專家，但由於他的職位、身分而

帶來的聲望,增加了感召力;第三,產生於「首因效應」,即傳播者給受眾的第一印象良好等。

(三)傳播模式

模式,是事件的內在機制以及事件之間關係的直觀的、簡化的形式。一個模式,不在於它自身是一種解釋性的東西,而在於它有助於直接地表述或構成理論。傳播模式分析,就是把傳播過程分解為若干組成部分,以顯示其在傳播的全過程中所產生的作用。

傳播模式大致可分為兩大類:一類是傳統的線性傳播模式;另一類是新型的控制論傳播模式。

1.傳統的線性傳播模式

傳統的線性傳播模式,最早是香農和韋弗提出的。其模式如圖8-2所示。

這種模式是一種單向的直線式運動過程。它在傳播學上具有廣泛影響,被稱之為「香農—韋弗模式」。不過,它也存在兩個明顯的缺陷:第一,缺乏資訊反饋;第二,忽視了影響社會資訊傳播過程中的兩個重要因素,即客觀上社會環境(如政治的、經濟的、文化的等)的制約因素和主觀上傳受雙方的能動因素。

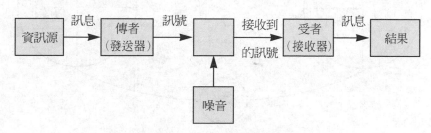

圖8-2 線性傳播模式

2.新型的控制論傳播模式

　　新型的控制論傳播模式，是美國學者施拉姆提出的。其模式如**圖**8-3所示。

　　這種模式是一種雙向的迴轉式運動過程。它與傳統線性傳播模式的根本區別在於：第一，它引進了反饋機制，將反饋過程與傳受雙方的互動過程聯繫起來，把傳播理解成為一種互動的、循環往復的過程；第二，在這一循環系統中，反饋還對傳播系統及其過程，構成一種自我調節和控制，傳受的雙方要使傳播維持、發展下去，達到一定的目的，就必須根據反饋資訊，調節自身的行為，從而使整個傳播系統基本上始終處於良性迴轉的可控狀態。

3.公共關係傳播模式

　　公共關係傳播模式，是根據新型控制論模式的理論設計的，並且包含了拉斯韋爾的「五W模式」中的基本要素，用圖形表示為**圖**8-4。

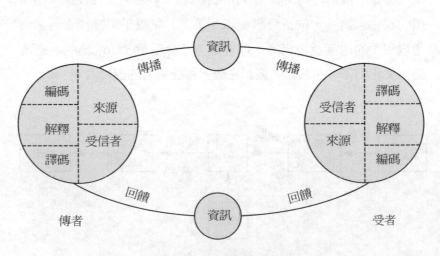

圖8-3　**控制論傳播模式**

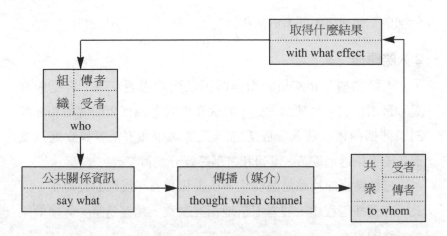

圖8-4　公共關係傳播模式

公共關係的傳播模式表明：資訊來源是組織；傳播的內容是為了實現組織公共關係目標的資訊；傳播管道是人際傳播媒介、大眾傳播媒介等；傳播對象是組織所面臨的公眾；根據反饋的資訊，不斷調整、修改下一步的傳播計畫，目的是樹立良好的組織形象。

(四)傳播的類型

根據人類傳播的發展過程，一般可將傳播分為四種類型：自身傳播、人際傳播、組織傳播和大眾傳播等。

1.自身傳播

自身傳播，也叫人的內向交流，即傳播的「雙方」集於一身，本身內部進行交流。其表現形式是人的自言自語、自問自答、自我發洩、自我陶醉、自我反省和沈思默想等。這種傳播的特點是「主我」（I）和「賓我」（Me）之間的內向溝通。因此，從嚴格意義上講，它是個人內心的思維活動。從傳播學角度看，

它卻是人類傳播的基本單位和細胞。

2.人際傳播

　　人際傳播，指的是個體與個體之間的溝通交流。它是最常見、最廣泛的一種傳播方式。其表現形式分為面對面傳播和非面對面傳播兩種。前者一般透過語言、動作和表情等媒介進行交流；後者則透過電話、電報和書信等媒介進行交流。

　　這種傳播的特點是個性化、私人化和資訊反饋的及時化。因此，在傳播過程中，雙方不斷地相互調整、相互適應，傳播效果也易於顯現。

3.組織傳播

　　組織傳播，指的是組織和其成員、組織和其所處環境之間的溝通交流。組織和其成員之間的傳播有兩種形式：一種是職能傳播，例如廠長與生產線主任、經理與員工之間的角色溝通，其溝通方向一般為下行和上行的垂直傳播；另一種是非職能傳播，員工與員工、校長與師生之間的感情溝通，其溝通方向一般為平行的橫向傳播。

　　組織和其所處環境之間的溝通交流，就是組織和其外部各類公眾的溝通交流。這種傳播的特點是：傳播的主體是組織，傳播的對象十分廣泛、複雜，傳播具有明確的目的性和可控性。例如公共關係廣告，這是組織與社會公眾互相溝通的一種常用的傳播宣傳手段。

　　與一般的商品推銷廣告不同，我們把旨在為組織樹立形象和創造聲譽的廣告，稱之為公共關係廣告。公共關係廣告著重於介紹組織的觀點、政策，使公眾瞭解本組織的情況，增加對本組織的信任，並給予支持和合作。

　　作為一個社會組織來說，公共關係廣告的主題內容有：組織

的聲譽、公共服務項目、經濟貢獻、員工關係、特殊事項等。

常見的公共關係廣告形式有：

(1)節慶假日向公衆賀喜。例如元旦、春節期間在電視、廣播、報紙上向公衆拜年。

(2)宣傳介紹本組織的目標、方針和經營思想。例如在開張開業、廠慶紀念的廣告中列入上述內容。

(3)向公衆披露自身的實力、技術裝備、人員素質和經營發展狀況，增強組織對公衆的吸引力。

(4)經常向社會公益事業和文體活動提供贊助，也可以在不同場合利用各種媒介向廣大公衆或其他團體、機構致謝。

公共關係廣告與一般商品廣告是不同的，具體表現在以下幾方面：

(1)推銷對象不同。公共關係廣告推銷的對象是組織的形象、企業的聲譽；而商品廣告推銷的是產品的性能、用途和特點，樹立的是產品形象。

(2)傳播內容不同。公共關係廣告傳播的內容，不僅是大量的，而且是多方面的。以一個企業的公關廣告爲例，其內容可以包括產品方面、管理方面、技術設備方面、員工素質方面、股票價值和企業前途等諸方面。而商品廣告傳播的內容僅限產品本身以及與推銷該產品有關的方面。

(3)追求目標不同。公共關係廣告追求的目標是社會效益，不與銷售發生直接的聯繫，注重的是與公衆的溝通。具體包括：消除公衆對某一組織的誤解，求得公衆的支持贊許和好感；爭取協辦單位的配合和合作，特別是國外投資者的瞭解與信任；改善組織內部關係，協調各級管理部門的經

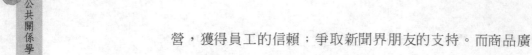

營，獲得員工的信賴；爭取新聞界朋友的支持。而商品廣
告則以銷售爲導向，追求的目標是經濟效益。

(4)評估標準不同。公共關係廣告，一般沒有確定的商品和確
定的商標，其經濟效益將在相當時期內逐步展現。因此，
廣告的效果是透過調查、測定公眾態度的變化來加以評估
的。而商品廣告則是以該商品的銷售額的增長與否來評估
的。總之，公共關係廣告是讓公眾愛企業，作爲組織傳播
的一種手段，它是一種非直接營利的聲譽性廣告。

4.大眾傳播

大眾傳播，指的是職業傳播者透過大眾傳播媒介（報紙、雜
誌、廣播和電視等），將大量複製的資訊傳遞給分散的公眾的一種
傳播活動。從媒介角度看，它有兩大類型：一類是印刷類的大眾
傳播媒介，另一類是電子類的大眾傳播媒介。

這種傳播的特點是：傳播主體的高度組織化、專業化，傳播
手段的現代化、技術化，傳播對象眾多，覆蓋面極廣，傳者和受
者之間的「人際關係」不復存在，資訊反饋比較緩慢、間接等。

大眾傳播的迅猛發展，是現代社會科學技術高度發展的產
物。大眾傳播的方式，是公共關係從業人員所必須掌握的。

傳播的四種基本類型，既自成體系，具有獨特的結構、要
素、形式和功能，同時又相互聯繫、相互包容、互爲補充，其關
係可用圖8-5表示。

從這個樹狀的層級系統中，自身傳播位於最底部，並與其他
傳播形式重合，成了一切傳播形式的基礎。而大眾傳播則處於該
系統的頂端，具有最大的傳播規模和包容能力。在這個系統中，
由下往上，傳播形式出現了四個變化：第一，受眾面越來越大；
第二，傳受雙方在距離和感情上越來越遠；第三，資訊的個性化

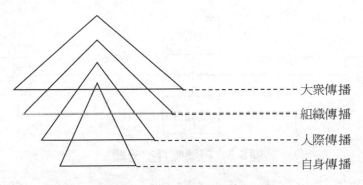

————————— 大眾傳播
————————— 組織傳播
————————— 人際傳播
————————— 自身傳播

圖8-5　四種傳播類型關係圖

越來越淡；第四，組織系統和傳播技術越來越複雜。

二、公共關係的傳播媒介

公共關係傳播媒介是公共關係藉以溝迪、傳播資訊的載體。公共關係傳播媒介，從其物質形式看，可以分成四大類：符號媒介、實物媒介、人體媒介和大眾傳播媒介等。

(一)符號媒介

符號是資訊傳遞過程中的一種有意義並觸發引起互動的載體。符號媒介是現代社會運用最廣泛的傳播媒介，也是公共關係傳播中最主要的媒介。

符號媒介的分類，可以用「語言─非語言」和「有聲─無聲」兩個思維度進行劃分（**圖8-6**）。

1.有聲語言媒介

有聲語言即自然語言，是發出聲音的口頭語言。在公共關係活動中，大量運用有聲語言媒介進行傳播。其方式有：答覆記者

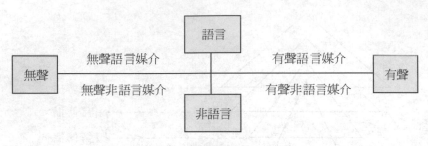

圖8-6　符號媒介的分類

問題、與員工談心、電話通訊、內外談判、各類演說和爲賓客致
迎送辭等。

　　有聲語言媒介的特點是資訊反饋迅速，形式靈活多樣，傳播
效果明顯。

2.無聲語言媒介

　　無聲語言是有聲語言的一種文字符號形式。在公共關係傳播
中，是透過印刷文字進行資訊傳遞的。其方式有：談判決議、會
議紀要、社交書信、調查報告、電文、通知、通訊和公共關係簡
報等。

　　無聲語言媒介的特點是超越時空，語言表達便於斟酌，也有
利於保存，但資訊反饋不及有聲語言媒介迅速。

3.有聲非語言媒介

　　有聲非語言，也就是「類語言」。它是傳播過程中一種有聲而
不分音節的語言。常見的方式有：說話時的重讀、語調、笑聲和
掌聲。

　　有聲非語言媒介的特點：第一，無具體的音節可分，其資訊
是在一定的語言環境中得以傳播；第二，同一形式其語義並不是
固定不變的，例如同是以笑聲爲媒介，可能是負載著正資訊，也

可能負載著負資訊，又如掌聲這種媒介，可以傳遞歡迎、贊成、高興等資訊，也可以是傳遞一種禮貌的否定等。

4.無聲非語言媒介

無聲非語言，指的是各種人體語言。它是以人的動作、表情和界域等來傳遞資訊的一種無聲伴隨語言。在公共關係傳播中，無聲非語言是一種廣泛運用的重要溝通方式。表現在視覺方面，又可分為動態的和靜態的兩類。

動態無聲非語言媒介是以身體在某一場境中動態姿勢所表示的一種人體語言。它包括人的首語（點頭和搖頭）、手勢語（握手、招手、手指和手掌運作）、目光（視線接觸的長度、視線接觸的向度和瞳孔的變化）和微笑等。

靜態無聲非語言媒介是以身體在某一場境中的靜態姿勢所表示的一種人體語言。它包括人的姿勢和界域（位置界域和距離界域）等。

無聲非語言媒介的特點：第一，具有鮮明的民族文化性，例如人的有些動作，在不同的民族文化中所表示的語義資訊會完全不一樣；第二，強化有聲語言的傳播效果，在交談時，如果伴有適當的人體語言，會明顯增強口頭語言的表達效果。

(二)實物媒介

實物媒介，指的是實物上包含有某種資訊，實物充當了資訊傳遞的載體。它包括產品、象徵物、公共關係禮品等。

產品，其本身就是一種典型的實物媒介。產品運載資訊的要素有品牌、商標、包裝、外表形態、內在質量、售後服務以及廣告設計等。

公共關係禮品，包括兩層含義：第一，非商品化，它必須是

一種不進入（或尚未進入）市場流通的物品，常常需要社會組織根據一定的公共關係目標設計製作，讓其成為傳遞組織資訊的一種載體，它的形式有本組織名特產品的微型樣品，有為即將進入市場的新產品作輿論導向的物品等；第二，公共關係禮品交際價值大於禮品的使用價值，因為其中還有資訊價值和情感價值的成分。

實物媒介除了產品和公共關係禮品外，還有象徵物、購物袋、賓館內的藏物袋、餐廳內的煙灰缸等。

(三)人體媒介

人體媒介，是借助人的行為、服飾、素質和社會影響來作為傳送資訊的載體。它包括組織成員（從領導人員到員工）的形象、社會名流、新聞人物以及能夠影響社會輿論的其他公眾等。

以員工形象為例，它是組織形象的重要組成部分。其中包括員工的內在素質，外表行為（談吐舉止、面部表情、服飾等）以及隱於其中的行為規範、交往技巧等。例如一個商業公司，統一得體的員工服飾，這一載體傳遞給公眾的不僅僅是一種整體的視覺識別，更重要的是在傳播一種企業的精神和企業的經營作風，讓顧客走進店門就有一種信任感，相信在這樣的公司購買物品不會受騙上當。因此，人體媒介在公共關係傳播中有其獨特的形象影響力。

公共關係的三種傳播媒介，各有各的傳播作用。符號媒介使用方便，運用廣泛，資訊反饋周期比較短；實物媒介在這些方面雖然不及符號媒介，但可信度卻比較高，特別是產品這一實物媒介所傳遞的質量資訊，自然要比廣告宣傳來得可靠；人體媒介的作用既不如符號媒介廣泛，也不如實物媒介牢靠，但它卻容易建

立傳播雙方的感情溝通。對社會組織來說，只有恰到好處地運用這三種傳播媒介，才能獲取最佳的公共關係傳播效果。

(四)大眾傳播媒介

大眾傳播媒介在公共關係活動中具有重要作用，在此稍作詳細介紹。

1.印刷類大眾傳播媒介

印刷類大眾傳播媒介可分三大類：圖書、報紙和雜誌。

圖書是歷史最爲悠久的一種印刷類的大眾傳播媒介。圖書的容量大，除了以其規範化的形式，便於人們閱讀和保存外，還具有一定的權威性，它在傳播和積累人類知識、文化中具有相當重要的作用。

報紙是受眾面最大的一種印刷類的大眾傳播媒介。報紙具有三大優點：第一，可選擇性，讀者可按自己的需要、閱讀的習慣，在許多「並時性」排列的消息中，迅速選取自己最感興趣的閱讀；第二，周詳性，同樣一則消息，報紙報導要比電視報導深入細微、周密詳盡，讀者甚至可以反覆閱讀、細細琢磨；第三，製作容易、成本較低，讀者接受資訊不需特別設備。

雜誌是受到普遍歡迎的一種印刷類大眾傳播媒介。按其內容，雜誌可分爲知識性、趣味性雜誌和專業性雜誌兩大類。知識性、趣味性雜誌以一般社會大眾爲讀者對象。專業性雜誌以特定專業人員爲讀者對象。雜誌的第一個優點是讀者群比較穩定；第二個優點是內容安排比較靈活多樣，伸縮性大；第三個優點是便於讀者在不同的「單位時間」內閱讀，也容易攜帶。

2.電子類大眾傳播媒介

電子類大眾傳播媒介可分爲兩大類：廣播和電視。

　　廣播是覆蓋面積最廣的一種電子類大眾傳播媒介。廣播的優點是收聽不受環境限制，活動性強。其次，收聽對象非常廣泛，文化程度低的、視力不佳的、行動不便的等都可以收聽，甚至人們可以邊工作邊收聽。再次，節目製作成本是電子類大眾傳播媒介中最經濟的。

　　電視是現代最強有力的一種大眾傳播媒介。電視集音響、圖像、動作、色彩於一身，在傳播資訊過程中，能同時訴諸人的聽覺和視覺，形象生動，眞實感強，最易激發人的興趣和抓住人的注意力，另外，時效性也很強。

3.兩類大眾傳播媒介的比較

　　大眾傳播媒介的這兩大類型，就其社會功能來說，大致上是相同的。但由於傳播資訊的載體不同，傳播過程的環節也不同，再加上許多人文因素（指受眾對媒介的適應情況）影響等，使得印刷類大眾傳播媒介與電子類大眾傳播媒介之間存在著一些差異。具體從以下三方面來比較：

　　第一，傳播載體比較。印刷類大眾傳播媒介是以文字或圖畫爲傳播載體，受眾只能憑視覺感官去接受。因此，使用這一媒介必須以受眾是識字者這一條件爲前提。而電子類大眾傳播媒介是以電波爲傳播載體，受眾可以透過聽覺和視聽覺並用接受資訊。因此，受眾一般只要具備一定的視覺、聽覺能力就可以了。

　　第二，傳播速度比較。印刷類大眾傳播媒介，由於其製作過程比較複雜，周期較長，大大降低了它傳遞資訊的時效性，其中圖書是最慢的，雜誌居中，報紙相對來說是最快的，但還是不如電子類媒介快。電子類中廣播最快，電視稍次。

　　第三，傳播內容比較。印刷類大眾傳播媒介由於具有空間上的廣延性，對所闡述的觀點和傳遞的資訊，能提供詳盡的細節和

深入的背景，解析性強，所以，傳播的內容具有一定的深度。而電子類大眾傳播媒介，由於受到時空的制約（電臺和電視臺每檔節目，時間控制很嚴），傳播的內容相對來說缺乏深度和廣度，其作用是告知性大於解析性。

瞭解和掌握這兩類大眾傳播媒介的不同，是講究傳播效果的前提。使用不同的傳播媒介，會導致對同一資訊作不同側面的強調，實際上就是對內容和形式作出不同的取捨。報紙較偏重於資訊傳播的理性層面；圖書、雜誌可在敘述的基礎上，更具分析色彩；而廣播、電視，則可動用其全部現代化傳播手段，或現場錄音，或錄影探訪，非常重視資訊本身的可聽性·可看性和真實感。

第二節　公共關係的溝通原則

一、雙向溝通原則

(一)雙向溝通原則的內容

公共關係的雙向溝通原則，是指溝通雙方互相傳遞、互相理解的資訊互動原則。它的內容包含以下三個方面：

(1)溝通的雙方互為角色。當一方是發出者時，另一方是接受者；另一方是發出者時，這一方又成了接受者。在溝通過程中，不斷更換自己的角色位置。

(2)溝通不僅僅是一種資訊的交流，更是人的一種認識活動的

反映。參與溝通的雙方皆為具有主觀能動性的人，在整個溝通過程中，雙方的認知場總是在不斷地擴大、不斷地深化。因此，溝通不是在原來水準上的重複，而是一個螺旋上升的認識過程。

(3)溝通的過程由兩個基本階段組成：傳遞階段和反饋階段。傳遞階段，發出者將要表達的意願和所要傳遞的資訊，轉換成具體的物質形式（這種轉換行為叫編碼），以便透過傳遞的管道到達彼方。反饋階段，接受者得到一系列的資訊符號後，先將其還原成溝通內容（這個過程叫解碼），進行領會、理解，然後，透過某種方式將自己的意見、態度反饋給對方，進行逆傳遞。如果反饋成功，那麼，就意味著一次溝通過程的實現和下一次溝通過程的開始。因此，溝通始終是一個沒有終點的轉圓活動。

(二)貫徹雙向溝通原則的目的

1.提高資訊互動的質和量

從資訊互動的質上看，雙向溝通的資訊比單向溝通更為準確、更為完善。因為發送者可以根據反饋，不斷地檢驗所送出的資訊。從量上看，雙向溝通比單向溝通大大加速了資訊流量，增加了溝通過程中單位時間內的資訊容量。

2.最大限度地迅速消除溝通障礙

在溝通過程中，往往會出現各種各樣的障礙，或稱干擾因素。而這些障礙，如果沒有及時地進行雙向溝通，發出者往往還不會意識到，這樣就會嚴重影響傳播的效果。一般地說，溝通過程中傳而不通的情況有二：其一是資訊未到位，即資訊已經傳遞出去，但沒有被對方收到，造成這種情況的原因，一般是通道受

阻；其二是資訊不同質，即收到的資訊和發出的資訊是兩碼事，換言之，傳出的資訊未被人所理解，造成這種情況的原因是很複雜的，其中有的可能是人文性因素影響，有的可能是其他因素影響。以上情況都屬於資訊溝通沒有實現。如果貫徹雙向溝通的原則，那麼，當第一個反饋行為發生時，發出者就會立即採取相應的措施，消除障礙，暢通管道，保證溝通活動的順利進行。

(三)雙向溝通原則的實施

1.溝通雙方應該存在一定的共識域，即溝通雙方具有共同的 經驗範圍

一則資訊，從甲方傳遞到乙方，溝通雙方以類似的經驗為條件。這種「類似的經驗」越多，其共識域越大，溝通時共同語言也就越多，資訊的分享程度當然就高。如圖8-7所示。

可見，貫徹雙向溝通的原則，溝通的雙方必須存在一定的共識域，這是受者接受傳者所希望傳遞的資訊的前提條件。反之，溝通就會產生「卡殼」。

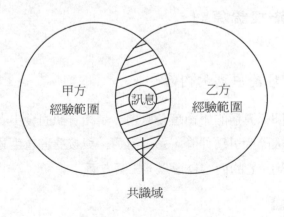

圖8-7 共識域示意圖

267

2.溝通雙方必須具備反饋意識

　　所謂反饋意識，即溝通雙方在理解了所接收到的資訊後應作出的反應。它包括資訊反饋要主動、及時、適路和適量等。主動，是指反饋不僅要對所接受到的資訊簡單地表示贊成與否，還應該主動提出自己的意見，或補充、修正原始資訊等；及時，是指反饋應迅速，不延誤溝通的時機；適路，是指反饋的內容不要偏離中心；適量，是指反饋的資訊量要適當，以免沖淡主要資訊的傳遞。

3.溝通雙方應根據反饋來作自我調節

　　公共關係傳播引進反饋機制、分析處理問題的方法，實際上是利用結果（輸出資訊的實踐結果）對原因（輸出資訊）的反作用來調整自身溝通行為的方法。溝通中雙方便在實際上輪流充當著施控者與受控者，雙方的輸出，作為對方接收的反饋和控制資訊，勢必對雙方的行為產生制約力；雙方必須根據相關反饋進行自我調節。因此，雙向溝通原則，是衡量溝通是否成功的客觀尺度，是評估公共關係傳播效果的一個標準。

二、平衡理論原則

(一)平衡理論原則的內容

　　公共關係溝通的平衡理論原則，是指資訊的發出者利用「相似性」的人際吸引為仲介，透過溝通，與接受者產生認同，達到協調的原則。它的內容包含以下三個方面：

1.平衡理論

　　平衡理論也叫「A-B-X」模式。由美國紐科姆（T. M.

Newcomb）提出。這裏，A是一個認識主體，B是另一個認識主體，X是一對象，一種觀念或一則資訊。A與B是否協調，不僅決定於他們之間相互的認識程度和吸引程度，而且與他們對X的態度是否一致密切聯繫著，不一致就會引起緊張、不協調，而溝通能改變他們的態度，使緊張消除，求得平衡。

假設某廠的正副廠長（A與B）平時關係很好，配合也很有默契，可是，近日來接二連三的工傷事故，使得負責安全生產的副廠長（B）提出要分期分批對職工進行安全生產知識培訓。而廠長（A）則認為這會影響生產，不予同意。於是，就造成圖8-8所示的緊張狀態。

透過溝通，會發生圖8-9所示的二種可能變化，

圖8-9(1)是副廠長改變主張，使兩者的關係協調；圖8-9(2)是廠長放棄自己觀點，也使原先的緊張消除；圖8-9(3)是副廠長改變對廠長的看法，甚至不願和他共事，要求調離，以致達到一種特殊的心理平衡狀態，這樣，人際關係的性質發生變化。根據此例的情況，從公共關係的角度看，顯然，圖8-9(2)是最理想的溝通效果。

2.平衡理論的基本思想

人與人之間的不平衡狀態是客觀存在的，也正因為如此，使

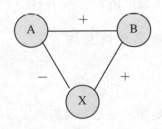

圖8-8　兩位廠長意見不同的情況

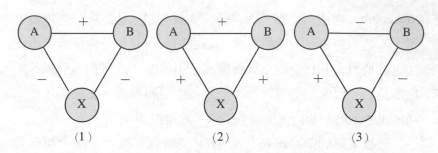

（1）　　　　　　　　（2）　　　　　　　　（3）

圖8-9　溝通後可能發生的變化

得溝通不僅是可能的，而且是必要的。溝通的過程是由不平衡走向平衡的過程，而選擇途徑的原則，就是平衡理論的核心思想──最小努力原理。換言之，就是選擇一條不必花費很大力量去平衡關係的途徑。途徑的選擇，應根據不同的溝通目的而決定。一般地說，改變對一個人的看法，甚至下決心解除雙方的角色關係（如圖8-9(3)所示），從公共關係角度看，要慎而又慎，從某種意義上說，這種做法是公共關係的失敗。

「相似性」的人際吸引，是使溝通雙方保持平衡關係的重要因素。傳者的相似性與溝通效果之間的聯繫以人際吸引──喜愛為仲介，喜歡他，就傾向於接受他的觀點。從心理學角度闡釋這種現象，這不僅反映了受者的一種滿足心理，而且作為一種獎賞，傳者的觀點所蘊含的資訊會在他內心激起一種心理力量，驅使自己與傳者產生認同，做出傳者期待的行為。

(二)貫徹平衡理論原則的目的

1.實現傳播的目的

傳播的目的就是使所傳遞的資訊產生效果，即受者接受傳者的消息、觀點、情感等。例如，演講這種溝通方式，可用來發表

主張，抒發感情，傳遞資訊，從而說服聽衆，引起聽衆思想上、情感上的共鳴，並對傳者產生信任感。演講者的成功，在於他的觀點不變，而勸導聽衆改變觀點，雙方達成共識，進而保持平衡。

2.協調雙方關係

當傳者受者關係發生衝突時，如果以傳統的行政手段來作出裁決，一般只能改變雙方表面行爲，無法影響其內在態度，不能達到眞正的協調。而貫徹平衡理論原則，衝突的雙方必須在溝通中共同尋找解決途徑，其中有一方必須作出必要的修正，或讓步，或改變原先的態度，以此來消除緊張，協調好彼此的關係。從公共關係的角度看，作爲社會組織應以滿足公衆利益爲出發點，自覺改善不平衡的狀態，增強彼此溝通的機會，使關係和諧化。

(三)平衡理論原則的實施

1.提倡A-A式平行溝通

A-A式平行溝通，來源於人格結構的PAC溝通理論。PAC溝通分析，是人的三種自我狀態的簡稱。其中P（parent state）表示父母狀態，A（adult state）表示成人狀態，C（child state）表示兒童狀態。這裏的父母、成人、兒童不是實際的指稱，而是抽象意義上的概念。

P狀態以權威和優越感爲標誌，其言語和行爲往往是支配性的、評介性的、批評性的，甚至是跋扈的。

A狀態以理智和穩重爲標誌。其言語和行爲往往是不卑不亢，充滿自信和理性，富有教養，並具有分析、理解和平等精神。

271

C狀態以衝動和變化無常為標誌，其言語和行為往往是創造性的、自發性的，有時是任性或粗暴的，表現為遇事無主見，要麼感情衝動，要麼絕對盲從。

在一個人的性格結構中，哪種心理狀態佔優勢，在溝通中就會出現哪種心理狀態溝通行為。假設有人問：今年貴公司舉行了幾次訂貨會？請看兩種溝通方式：

(1)共舉行了三次。

(2)無可奉告。

(1)的溝通方式是A-A式的平行溝通，溝通雙方關係是平等的，因此，溝通會繼續。(2)的溝通方式是非A式交錯溝通，溝通雙方的關係由非預料中的回答而引起對抗，氣氛較為緊張，溝通無法繼續。這種溝通方式，違背了平衡理論原則，是公共關係溝通中的大忌。上述兩種溝通方式如圖8-10所示。

可見，由於A狀態的思考符合理智和邏輯，而P和C狀態對客觀世界的感受和反應往往並不一貫。因此，最佳溝通方式是A-A型，即雙方均以成人狀態參與溝通。其次是有A狀態參與的各

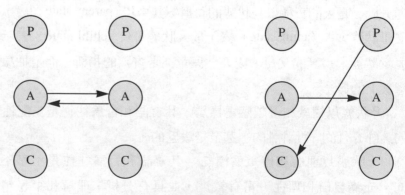

圖8-10　兩種溝通方式圖

種溝通方式，而沒有Ａ狀態的溝通，往往會使資訊交流中止或發生衝突。

2.注重情感溝通

情感是人對客觀事物是否符合於自身需要而產生的態度的體驗。平衡理論的主要思想之一就是在溝通中訴諸情感，增進情感的互動和思想的交流，彼此發出認同，從而產生親密感，達到關係的平衡。現代公共關係廣告正是利用了這一點來改變訴求方式。例如上海市第一百貨商店在四十周年店慶之際，相繼推出了三類廣告：

(1)穿在一店，美在一店。
(2)不惑之年，赤誠之心。
(3)不愁貨比貨，更願心貼心。

從溝通效果看，第(1)例給人一種主觀認定式的單向意識，行「自吹自擂」之嫌。第(2)(3)例體現了一種「顧客至上」的意識，站在雙方為一個利益共同體的角度上，傳遞一種情感資訊，其方式是透過自己對他人的奉獻，來達到他人對自己的偏愛，讓人聽後感到親切、溫暖，增加了對該店的信任感。

在演講中，運用情感溝通和理智溝通相結合的方式，其效果往往更佳。一般來說，在剛開始溝通時，應當訴諸情感，引起聽眾情感上的振動和激發其興趣；然後，則可以側重於理性說教，使聽眾進行較深刻的思考，以形成持久、系統的觀點。美國學者曾結合競選演講來進行實驗研究，比較情感和理智在選舉時對選民們行為態度的影響。實驗結果表明，情感的號召比理性的號召作用大。

一九八六年，菲律賓艾奎諾夫人在大選中戰勝了馬可仕，其

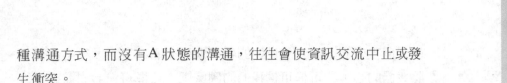

中一個重要的因素，就是她的競選演說充滿感染力，牢牢扣住了聽眾們的心：「可憐可憐我們的國家吧！可憐可憐我們前途黯淡的孩子們吧！讓我們結束他們的苦難，我呼籲你們，幫助我推翻馬可仕政權……！」這充滿真情實意的演講，深深激起了公衆的共鳴，贏得了選民們的信任。

三、整分合原則

(一)整分合原則的內容

公共關係溝通的整分合原則，是指在整體規劃下，將溝通過程的各相關部分進行有效綜合的原則。它包含以下兩個內容：

1.溝通具有系統的整體性特徵

所謂系統的整體性，是指系統的整體具有其組成部分在孤立狀態下所沒有的性質。簡言之，整體大於部分之和。假設人們將一個組織的溝通管道割裂開來，各個部門所獲得的分散的資訊，對他們自身來說，只能是心有餘而力不足，無法徹底解決問題，而一個組織如果將這些資訊和情況匯總起來，就可以縱觀全局，作出正確的宏觀決策。

2.溝通作為一個系統，其內部各構成要素是相互依存的

所謂相互依存，是指系統內各要素之間的相互依賴和互為條件的關係。例如溝通過程是由傳者和受者兩大要素構成，如果只有前者而沒有後者，顯然溝通就不能成立。反之亦然，受者相對傳者才有意義。所以，傳受雙方是相互依賴、互為條件的。

(二)貫徹整分合原則的目的

貫徹整分合原則的目的是為了使溝通過程中各組成部分排列有序。溝通過程有六個部分：準備、編碼、傳遞、接收、解碼和反饋。這六部分的次序是按照一定的規律排列的，如**圖**8-11 所示。

(1)準備部分，主要承擔對溝通的資訊內容、溝通的對象和溝通的時間等的確定。

(2)編碼部分，主要承擔資訊的轉碼、使用媒介的協調和受者情況的瞭解等。

(3)傳遞部分，主要承擔選擇合適的輔助媒介、控制傳遞的速度、注意溝通資訊的保真度等。

(4)接收部分，主要承擔完整準確地接收傳送來的資訊，力求消除「資訊差」。

(5)解碼部分，主要承擔對接收到的資訊進行正確的譯解、理解。

(6)反饋部分，主要承擔向傳者及時、主動作出反應。

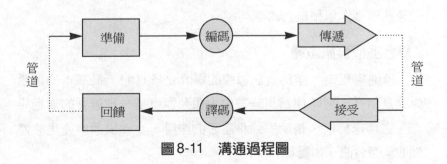

圖8-11 溝通過程圖

(三)整分合原則的實施

1.綜合多種溝通方式

一個社會組織，往往是綜合運用多種方式進行溝通，來提高資訊溝通的整體效應。根據資訊流動的方向，溝通方式一般有三種類型：垂直溝通、橫向溝通和非正式溝通。

垂直溝通：指資訊在上下級之間的傳遞。這是最主要的一種溝通方式。它包括向下溝通（領導發佈指示、評價下屬工作和向員工做工作報告等）和向上溝通（請示、彙報和提建議等）。

橫向溝通：指在同級的不同部門之間進行的溝通，也稱平行溝通。它是一種協調型溝通，以會談、商洽為主。它的存在，有助於組織與公眾之間的平衡、合作。

非正式溝通：是指非組織職能路線內的溝通，也稱小道消息傳播。如果非組織溝通利用得好，也可作為上述兩種正式溝通的補充，從中瞭解組織內員工的狀況和組織內的人際關係。非正式溝通的缺點是資訊無一定的流向，失真度大，往往以訛傳訛，其消極作用也會影響和干擾正常途徑的溝通。

在溝通實務中，三種方式都不能偏廢，而應揚長避短，充分發揮其積極作用和綜合效應。

2.綜合多種資訊載體

溝通過程中，作為資訊載體的媒介是多樣的。最基本的溝通媒介是語言，同時作為非語言的人體動作也是一種重要的溝通媒介。它具有替代、輔助和強化語言的作用，並在溝通中產生立體性的整體效應，如圖8-12所示。

例如，某公關經理向前來參觀的客人介紹本公司的領導，他邊微笑邊以手示意：「這位是本公司的經理先生！」經理立即笑

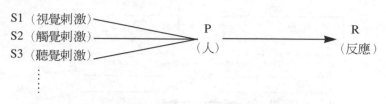

圖8-12　多種媒介綜合作用

著握住來賓的手：「您好！歡迎！歡迎！」幾秒鐘內，多種媒介同時傳遞了幾個資訊：微笑（表情語，視覺刺激）、握手（動作語，觸覺刺激）、問候、介紹（有聲語，聽覺刺激）等，整個溝通過程給來賓以立體性的綜合感受，留下了良好的第一印象。

四、有效原則

( )有效原則的內容

　　公共關係溝通的有效原則，是指透過傳受雙方的溝通行動取得預期效果的原則。它包含以下兩個內容：

1.溝通的有效度

　　即指傳者對受者態度變化的影響程度。這裏的態度有兩種狀態：正向狀態和逆向狀態。按其程度的不同，列表如圖8-13。

　　溝通的有效性，主要看傳者轉變受者態度的狀態及其程度。一般有兩種情況：一種是受者原來就處於正向狀態的態度，溝通後，其程度得到進一步提高，此稱之為「順向強化」。如交通廣告，前幾年一直沿用「寧停三分，不搶一秒」的用語，對此，受者（即開車的司機們）當然表示「認同」（即處在「正向狀態」的態度）。而後來的交通廣告，用語注重情感溝通，從「高高興興出門，平平安安回家」到「為了您和您家庭的幸福，請您注意安全

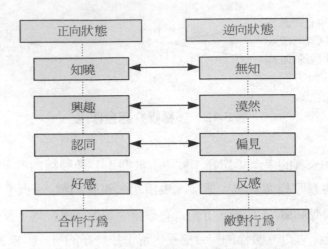

正向狀態	逆向狀態
知曉	無知
興趣	漠然
認同	偏見
好感	反感
合作行爲	敵對行爲

圖8-13 傳者對受者態度變化的影響程度

行車」，使受者的接受程度更爲提高。從溝通的有效性來看，這叫
「順向強化」。

　　另一種是受者原來處於逆向狀態的態度，溝通後，改變了態
度，成了正向狀態的態度，此稱爲「逆向轉化」。如一著名演講家
曾在某市監獄對年輕的犯人作過一次「認罪服法，教育改造」的
演講。講演前，他首先瞭解到這些罪犯對這類內容是不感興趣
的，他們已經形成一種抵制心理。爲了轉變受衆的這一「反感」
態度，演講家在講演發端語的稱呼上花了相當的功夫，巧妙地運
用了公關語言藝術，稱他們爲「觸犯了國家法律的年輕的朋友
們」，選擇這個可接受性的稱呼，有利於提高溝通的有效性。話語
剛落，立即引起了全體罪犯的強烈共鳴，有的當時就掉下了激動
的眼淚，有效地消除了受衆的抵制心理，爲演講資訊的傳遞鋪平
道路，這叫「逆向轉化」。

2.溝通的有效率

　　溝通的有效率是指溝通有效數與溝通資訊總數之比，可用下

列公式來計算：

溝通有效率＝（溝通資訊總數－無效數）÷溝通資訊總數×
100％

溝通中無效數的產生，原因是多方面的，有來自傳者方面的
原因（如不適時、不適量等），也有來自受者方面的原因（如語言
障礙、文化差異等），還有來自溝通管道方面的原因（如種種物理
性的干擾，多管道、多層次等）。

(二)貫徹有效原則的目的

1.不失時機地充分利用資訊

當今世界，一個社會組織的戰略資源已不是資本，而是資
訊。資訊是一個社會組織發展的源泉，是決定其命運的不可忽視
的重要因素。然而，資訊的時效性很強，資訊一旦過時，就失去
或減弱了它的價值。因此，在溝通中貫徹有效原則，就是為了不
失時機地充分利用資訊，使資訊更迅速、更廣泛地發揮其獨特的
作用。

2.力求達到最佳的溝通效果

公共關係傳播把公眾態度的轉變作為其所擔負的重大任務。
最佳的溝通效果就是使公眾在組織的互動過程中抱有良好的「正
向狀態」的態度。態度是行為的先導。例如好感和反感，這兩種
態度在溝通過程中往往會產生兩種不同的行為模式。

(三)有效原則的實施

溝通的有效性，必須以滿足受者的需求為前提。以推銷行為
為例，這一溝通過程一般有四個階段，每個階段都反映了受眾的

一定需求。

1.知曉階段

受者從產品廣告或人際傳播中瞭解一些新產品。但記憶中的產品形象清晰度不高。因此，這一階段，應該採用高資訊量的方式溝通。這樣不僅能產生一定的心理效應，而且強化所傳資訊的滲透力、刺激度，以喚起受者的注意。

2.興趣階段

受者在瞭解的基礎上，優先對某物集中了注意力，但這種注意不鞏固，甚至是有偏差的。因此，這一階段需要誘導，發話要主動，直到能基本控制導向爲止。

3.評價階段

受者在權衡使用這一新產品的利弊得失時，心理上往往會產生需要諮詢的願望。因此，這一階段的溝通，首先必須破說事理，站在消費者的立場上陳述好處，滿足受者反覆權衡利弊的心理需要。

4.行動階段

受者透過上述三個階段後，在決定行動前，還有一種想從側面再一次得到證實的需要。因此，這一階段的溝通，必須在「促」字上下功夫，促使其儘快達成交易。

練習、思考題

1. 簡述公共關係傳播模式。
2. 什麼是人際傳播、組織傳播和大眾傳播？什麼是符號媒介、實物媒介和人體媒介？
3. 公共關係的溝通原則有哪些？

第九章
公共關係調查和策劃

公共關係工作不僅具有較高的藝術性，而且還有較強的科學性。它使組織的形象管理具有高度的計畫性、連貫性、節奏性和規範性。從事公共關係工作的人員應當按照調查、策劃、實施和評估這四個工作步驟，運用科學的理論和有效的方法處理和解決各種問題。這四個工作步驟也就是公共關係專家們常說的「四步工作法」。

第一節　公共關係調查

在公共關係實施和具體操作過程中，調查是第一步工作。古人云「知己知彼，百戰百勝」，正說明調查的重要性。

一、公共關係調查的意義

公共關係調查與其他社會調查有所不同，它是就公眾對組織形象的評價進行統計分析，用資料或文字的形式顯示公眾的整體意見，或者就某一具體公共關係活動條件進行實際考察。進行公共關係調查的重要意義首先表現在，它可以使組織準確地瞭解其在公眾中的形象地位。組織的形象定位是指用定量化方法準確地判定組織在其公眾中的形象地位。透過形象定位，可以測量出組織自我期望的形象與其在公眾中實際形象的差距。公共關係人員可針對這個差距，策劃有效的公共關係活動方案。由此也可以大大加強公共關係策劃的目的性。

其次，公共關係調查為組織決策提供科學依據。我們進行的主要任務就是及時地為組織提供決策依據，並能有效地預測和檢驗決策的正確性。要保證組織的決策正確，調查是最好的辦法。

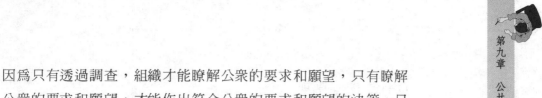
因為只有透過調查，組織才能瞭解公眾的要求和願望，只有瞭解公眾的要求和願望，才能作出符合公眾的要求和願望的決策，只有作出符合公眾要求和願望的決策並認真實施，才能使組織在公眾的心目中樹立起良好的形象。

再次，它使組織及時地把握公眾輿論。

公共關係調查可使組織及時地把握公眾輿論並適時地作出決策。公眾輿論是自發產生的，並處於不斷擴大和縮小的動態中，它是公眾對組織的一種浮動表層的認識。但是，當少數人的觀點、態度擴展為多數人的觀點、態度；分散的、彼此孤立的意見集合為彼此呼應的公眾整體意見；聲勢尚小、影響甚微的局部意見變成聲勢浩人的公眾的共同迴響時，對組織的形象將產生很大的影響。積極的公眾輿論有利於組織塑造良好形象，消極的輿論則有損於組織的形象，甚至會造成組織形象危機。因此，透過公共關係調查，監測公眾輿論，並便組織及時擴大積極輿論、縮小消極輿論是十分重要的。

最後，提高組織公共關係活動的成功率。組織在推展某項公共關係活動之前，必須要對現有的人力和物力條件作充分的調查，必要時還要作現場考察。透過調查，組織對所要推展的公共關係活動的主客觀條件有了足夠的瞭解，這樣，才能保證公共關係活動有充分的準備和切實可行的計畫，並獲得好的效果。

二、公共關係調查的原則

公共關係調查要為組織提供決策依據，所以，調查活動和調查過程應有很強的科學性。為了保證公共關係調查的科學性，調查人員必須遵循以下原則：

(一)客觀性原則

公共關係調查是爲了準確地瞭解公衆對組織形象的評價。調查人員在調查過程中，應從客觀實際點出發，要注意區分公衆的客觀態度和主觀臆測。公衆的客觀態度是指調查對象對組織形象的直接感受和評價，而主觀臆測則是調查對象對組織形象的一種想像和願望。在調查過程中，只有把握了調查對象的客觀態度，才能對公衆的有關評價得出科學、準確的結論。此外，調查人員在調查過程中，切忌主觀性，不可隨心所欲地給客觀事實加入主觀猜測的成分，而應隨時隨地都從客觀事實出發，不迴避更不掩蓋事實。只有這樣，才能充分保證調查的可信度和時效度。

(二)全面性原則

公共關係調查的客觀性本身就要求調查的全面性。公共關係調查的全面性要求調查人員在蒐集調查對象對組織形象的評價時，必須注意蒐集各方面公衆的意見。這裏應注意兩點：一是調查對象必須能夠代表公衆，如果調查對象沒有代表性，儘管他們對組織形象的評價是客觀的，但這並不能代表公衆的整體態度。所以，調查人員必須用嚴密的科學方法蒐集所有有代表性的調查對象的客觀態度；二是調查所得的資料必須全面，既要有調查對象的正面意見，也要有調查對象的反面意見，既注意到一方面公衆的意見，也注意到另一方面公衆的意見，並注意各種意見之間的聯繫，不能一葉遮目、不見泰山，以偏概全的調查對組織是十分有害的。

(三) 時效性原則

公共關係調查是瞭解調查對象在某一確定時間對組織形象的

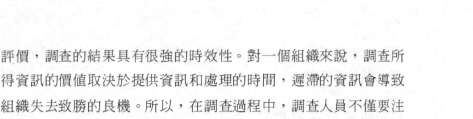

評價，調查的結果具有很強的時效性。對一個組織來說，調查所得資訊的價值取決於提供資訊和處理的時間，遲滯的資訊會導致組織失去致勝的良機。所以，在調查過程中，調查人員不僅要注意調查資訊的準確性，還要注意調查資訊傳遞的快捷性。此外，客觀事物總是處在不斷變動和變化之中，「人不能兩次進入同一條河流」。公共關係的一次調查，只能反映此時此刻公眾的態度，這種態度會隨著時間的延續而發生變化。切忌根據公眾一時的態度，則高枕無憂，或自暴自棄。公共關係調查的時效性，也包含調查的長期性、反覆性。遵循公共關係調查的時效性原則，有利於組織及時地蒐集情報並作出果斷的決策。

（四）計畫性原則

公共關係調查是組織形象管理中的重要一環。組織不可企望透過一次調查獲得所有的情報。公共關係調查工作應列入組織的整體運作計畫中，使之制度化、規範化。公共關係調查的制度化、規範化不僅可以使組織適時得到有價值的資訊，同時也可以不斷地總結調查的經驗，提高調查工作的質量。此外，對一項具體的調查工作來說，事前必須要制訂一個完整、嚴密的調查計畫，對調查任務及完成任務的人力、物力作出合理的安排；對調查中可能會遇到的各種問題及其對策都要充分考慮。這樣，才能保證調查的順利進行，提高調查工作的效率。

三、公共關係調查的內容

公共關係調查的目的是甄選公眾對象，測量輿情民意，評價組織形象。然後，再找出差距，確定存在問題，為組織設計形象、策劃公共關係活動提供依據。公共關係調查主要有三項內

容，即組織的形象調查、組織的公衆輿論調查和組織推展公共關係活動的條件調查。

(一)組織形象的調查

1.組織自我期望形象調查

自我期望形象是指一個組織自己所期望建立的形象，它是一個組織公共關係工作的內在動力、基本方向和目標。自我期望形象的確立應注意主觀願望和實際可能相結合。作爲組織的動力和方向，自我期望形象的要求越高，組織自覺作出公共關係方面努力的可能性就越大；作爲目標，自我期望形象的要求越高，實際成功率也可能越低。科學的自我期望形象的調查主要包括以下三個方面：

(1)組織領導層的公共關係目標和要求：公共關係活動的目標必須圍繞著組織的總目標，支持組織總目標的實現。組織的公共關係計畫實質上始於領導層。作爲組織的決策者和領導者，他們對自己組織形象期望水平，對於組織目標和組織信念的形成，對於組織形象的選擇和建立，具有決定性的意義。因此，公共關係工作者首先必須詳盡研究領導者所擬定的各項目標和政策，領會領導者的決心和意圖，研究他們的言行和經營管理手段，測定他們對組織形象的期望水平和具體要求，以此作爲設計組織形象的重要依據。

(2)組織員工的要求和評價：即瞭解本組織廣大幹部和職員對自己組織的看法和評價。一個組織的目標和政策須得到廣大員工認同和支持，才可能有效地轉化爲該組織的實際行動。因此，需要透過調查研究，瞭解廣大員工對組織的要

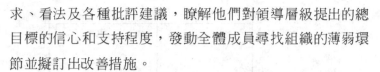

求、看法及各種批評建議，瞭解他們對領導層級提出的總目標的信心和支持程度，發動全體成員尋找組織的薄弱環節並擬訂出改善措施。

(3)組織的實際狀態和基本條件：組織對自我形象的要求不能脫離客觀的實際狀態和條件。公共關係工作者必須完整地掌握本組織各方面的基本資料，包括經營方針和管理政策、生產狀況、財務狀況、技術開發狀況、市場營銷狀況、人事組織狀況等等，並以此作爲設計組織形象的客觀依據。

透過上述三個方面的調查，從主觀願望和實際可能的結合上，確定本組織的自我期望形象。

2.組織實際形象調查

反映組織真實形象的鏡子是社會輿論和公眾評價。瞭解組織實際的形象，就是運用各種調查方法，瞭解本組織在公眾中享有的知名度和信譽度。具體的實施方法是：

◎公眾網路分析

首先必須對本組織的公眾範圍、公眾分類、主要目標公眾等進行調查分析，透過辨認公眾、甄選對象，確定調查的對象和範圍。關係對象不清楚，就不可能正確地找到調查對象，不可能獲得正確的調查結果。

◎形象地位測量

在對公眾網路調查分析的基礎上，實施具體調查方法（如訪談法、問卷法等）。然後，根據知名度和信譽度兩項指標，綜合分析公眾的評價意見，運用組織形象地位圖（見圖9-1），測定組織的實際形象地位。組織形象地位圖分爲四個區，分別表示四類不同的公共關係狀態。

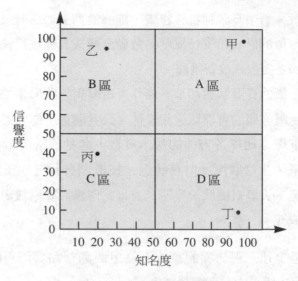

圖9-1　組織形象地位圖

　　A區表示高知名度、高信譽度。處於這種形象地位，說明組織的公共關係處於較好狀態（如圖9-1中的甲）。

　　B區表示高信譽度、低知名度。處於這種形象地位，說明公共關係具有良好的發展基礎，公共關係工作的重點應該是在維持信譽度的基礎上提高知名度（如圖9-1中的乙）。

　　C區表示低知名度、低信譽度。處於這種形象地位，表明公共關係的狀況不佳。其公共關係工作甚至需要從零開始，首先應該完善自身，爭取較高的信譽度，而在傳播方面暫時保持低姿態，待享有較高的信譽以後，再大力做提高知名度的工作（如圖9-1中的丙）。

　　D區表明低信譽度、高知名度。處於這個形象地位，說明組織的公共關係處於臭名遠揚的惡劣境況。其公共關係工作，應該是先扭轉已經形成的壞名聲，默默地努力改善自身，設法逐步挽回信譽（如圖9-1中的丁）。

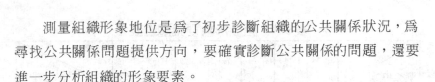

測量組織形象地位是為了初步診斷組織的公共關係狀況，為尋找公共關係問題提供方向，要確實診斷公共關係的問題，還要進一步分析組織的形象要素。

◎形象要素的分析

組織形象的內容不是單一的。處於上述某種形象地位，總是由多種因素造成。要正確評價組織的實際形象，還需要進一步調查分析形成某種形象的具體原因，以便有憑有據地制定改善公共關係狀態的具體措施。

可根據語義差別分析法製作組織形象要素調查表（見**表9-1**），作為分析形象要素的工具。其方法是：將事關組織形象的重要項目，例如經營方針、辦事效率、服務態度、業務水平等，分別用正反相對的形容詞表示好與壞兩個極端，在這兩個極端中間設置若干程度有所差別的中間檔次，以便公眾對每一個調查專案均可以分檔次進行評價，例如經營方針，可以用正直和不正直表示兩種截然相反的評價，而在中間，則可以設置相當正直、稍微正直、一般、稍微不正直、相當不正直等不同程度的評價標準。

調查時，請調查對象就自己的看法給出評價。公共關係人員對所有調查表格進行統計，計算每一個調查項目中各種不同程度的評價所占的百分比。

這裏以**圖9-1**中的丙組織為例。分析這份調查結果，可以勾畫出丙組織的形象要素如下：經營方針比較正直，辦事效率平平，服務態度較差，業務缺乏創新，管理顧問知名度甚低，公司規模較小。這就是丙組織處於C區的形象地位的具體原因。公共關係的計畫和措施，有必要針對這些原因去制定。

3.形象差距的比較分析

將組織的實際公眾形象與組織的自我期望形象比較，找出兩

表9-1　組織形象要素調查表

評價　　調查專案	非常	相當	稍微	中	稍微	相當	非常	評價　　調查項目
經營方針正直		65	25	10				經營方針不正直
辦事效率高			25	65	10			辦事效率低
服務態度誠懇				15	20	65		服務態度惡劣
業務水準有創新					20	70	10	業務水準缺乏創新
管理顧問有名氣						10	90	管理顧問沒有名氣
公司的規模大眾					25	55	20	公司的規模小

者之間的差距，彌補或縮小這種差距便是下一步設計形象和建構形象要做的工作。

可以運用形象要素差距圖（詳見**圖9-2**）將這種差距顯示出來。方法是把組織形象要素調查表上表示不同程度評價的七個檔次相應數位化，成為數值尺規。比如：1表示非常差，2表示相當差，……4表示中間狀態、一般，……7表示非常好。然後，根據組織形象要素調查表的調查統計結果，計算公眾對每一個調查項目評價的平均值，將各個平均值分別標定在數值尺規相對位置

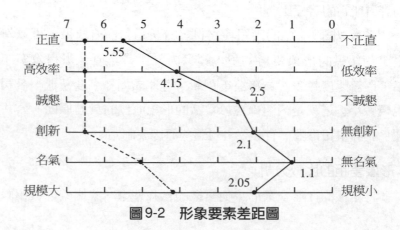

圖9-2　形象要素差距圖

上，連接各點，即成為組織的形象曲線。圖9-2以上述丙組織為例，圖中實線部分是丙組織的實際形象，虛線部分則是該組織的自我期望形象。兩條曲線之間的差距就是組織的形象差距。

從圖9-2可以看出，除了經營方針一項形象要素實際評價與自我期望值接近以外，其他各項形象要素均有相當差距。縮小和彌補這個差距，即是該組織的公共關係工作目標。

找出差距，發現問題，是公共關係調查的重要任務之一。

(二)組織的公眾輿論調查

組織的公眾輿論調查是對公眾的態度傾向進行統計、測算，用資料顯示公眾的整體意見。公眾輿論具有廣泛性和變動性等特點。

對公眾輿論進行測量分析，把握其變化的勢態，必須依賴對輿論指標體系的考察，並用具體模式圖形加以說明。所以，公共關係調查人員應當按照一定的指標體系測量、調查輿論，用科學尺度描述輿論狀態。建立公眾輿論狀態模型圖可鮮明地顯示輿論的現狀與變化趨勢。

公眾輿論是個含有多層次結構的表層意識，是由公眾的各種意見和態度構成的集合體，任何一種輿論都是可以分解的，根據輿論各部分解值的大小，調查人員可以統計出公眾輿論的傾向和影響力。而衡量輿論分解部分的值，則要確定出公眾輿論標誌和指標體系。

1.輿論標誌

輿論標誌表明各種公眾意見在一定時間和空間所達到的規模和發展趨勢，它揭示各類輿論的綜合對比關係，是對輿論總體趨勢的一種描述。

公衆對組織的整體形象或是對組織的某項決策持贊成還是否定態度，這種態度代表多數人還是少數人，這些都是輿論標誌。輿論標誌是變動的、多樣的，是各種輿論傾向的一種象徵。例如，某種輿論是絕大多數公衆的意見，這就標誌著它是主導輿論，而一部分人的意見，則標誌著它是分支輿論。按輿論分布的區域和公衆人數的多少可把輿論標誌分爲四個等級：主導輿論、分支輿論、次輿論和微輿論。一般來說，主導輿論是指在一定範圍內有70％以上的人所堅持的共同意見；分支輿論是指同時存在的幾種有相當數量的人贊成的一致意見；次輿論是指在某些局部地區有多數人堅持的但並不具有全局性的意見；微輿論通常是指小社會環境下的群體輿論，該輿論主體只是極少的一部分人。

輿論標誌揭示的是某種輿論整體的強度與量度特徵，而這種標誌又是透過輿論指標體系反映出來的。所以，輿論標誌又是輿論指標體系的綜合展現。

2.輿論指標

輿論指標主要分兩類，一類是量度指標，另一類是強度指標。

公衆輿論的第一類指標稱作輿論的量度指標，包括輿論的公衆數量和公衆的分布。公衆的數量是第一個量，公衆的分布是第二個量，任何輿論測量都不能缺少這兩個方面的量。這是因爲，作爲客觀存在的人的集體意向，不僅表現爲所持人數的多寡，而且和公衆的分布種類有重要關係。有些問題可能在一方面公衆中持肯定意見多，而在另一方面公衆中則持否定意見多。所以，公衆輿論調查在確定量度方面，必須兼顧公衆的人數和分布種類兩種量的平衡，不能捨棄一面而只顧另一面。

公衆人數和分布種類的乘積數，就是輿論量度指標。量度指

標越大，表明公眾輿論的影響越廣，也越具有權威性。比如，某一組織在全公眾範圍內進行公眾輿論調查，選擇調查的人數爲一萬人，選擇測定的公眾種類爲五種，那麼，輿論的量度指標則爲五萬人，即透過一萬人的測定可以大致推出五萬人所具有的態度。

確定輿論量度指標和輿論涉及的公眾範圍緊密相關。一般來說，公眾對組織形象的意見和態度覆蓋多大的公眾範圍，就應該在多大範圍內選擇調查對象。比如，組織要進行某一產品形象的輿論測量，則應主要考慮在顧客公眾中選擇測量對象；如組織要進行某項經營方針的輿論測量，則不僅要考慮在顧客公眾中選擇測量對象，還應考慮在政府公眾、社會公眾、媒介公眾中選擇測量對象。只有同時攝取公眾人數和公眾分布數量，量度指標顯示的指數才能令人置信。總之，輿論量度中公眾的人數量和分布種類量是互相聯繫　互相協調的輿論指數，這個指數可用公式表達：

$$L_s = R \cdot f$$

公式中 L_s 代表量度指數，它是公眾人數和分布種類數的乘積。R 是測量公眾人數，f 是公眾的分布種類數，要取得公眾對組織形象某種態度的量度資料，可用上式計算。

輿論調查，主要是測定出正反兩種指標的百分比，即持肯定態度和否定態度的人占全部量度指數的百分比。指數百分比大的輿論，就是高指標輿論，即廣度輿論，說明它在整個公眾的分布上占有優勢。而指數百分比小的輿論則是低指標輿論，即狹度輿論，它處於被支配的地位。取得上述量度指標的公式是：

$$L_k = L_s k \div L_s \% \qquad\qquad L_f = L_s f \div L_s \%$$

這裏，L_k代表肯定態度的量度指標，L_f代表否定態度的量度指標。比如，某一組織就某項制度的建立進行內部公眾輿論調查，選擇一千人爲調查對象，調查結果七百人表示贊成，兩百人表示反對，另有一百人未表示任何態度，測量的量度指標分別爲：

$$L_k = 700 \div (700+200) \times \% = 77.78\%$$
$$L_f = 200 \div (700+200) \times \% = 22.22\%$$

持肯定態度的量度指標是77.78％；持否定態度的量度指標是22.22％。前者屬主導輿論，處於支配地位；後者屬次輿論，或分支輿論，處於從屬地位。

輿論的第二類指標是強度指標，即公眾所表示的意見、態度、觀點的強烈程度。調查對象在表達對組織的意見時，不同的調查對象具有不同的強烈程度，用指數體系表示出來，叫做輿論的強度指標。例如：公眾對組織某項決定的態度有十分贊成（D）、贊成（C）、比較贊成（B）、無所謂（A）、不夠贊成（－B）、不贊成（－C）、極不贊成（－D）等七個級差，哪一級差的人數多，輿論強度的指數就大，這裏可用一橫軸線表示不同的級差，見圖9-3。

輿論強度表達的是公眾態度的堅定強度，它剔除了各種虛幻的成分，描述公眾對組織形象評價的質量。進行強度指數計算，

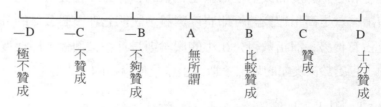

圖9-3　輿論強度級差圖

可以清晰地顯示出公眾中持有各種態度人數的百分比。計算公式如下：

$$q_k = B（C、D）÷L_s × \%$$
$$q_f = -B（-C、-D）÷L_s × \%$$

其中q_k代表公眾肯定態度的強度指標，q_f代表公眾否定態度的強度指標，二者標誌持有各種態度的人數比。例如，一家企業就一項新產品投入市場對一萬名用戶進行調查，所得結果表明，喜歡這種產品的有六千人，不喜歡的有三千人，有一千人不置可否，其中十分喜歡和很不喜歡的人數分別為六百人和三百人，這樣，顯示十分喜歡的態度指標則是：

$$q_k = 600 ÷（6000+3000）× \% = 6.67 \%$$

由此可推出，有6.67％的人十分喜歡這種新產品。

可見，任何輿論都可以用輿論的量度指標和強度指標來顯示，透過不同輿論的廣狹、強弱的對比，對公眾輿論作出準確的說明，可使組織對公眾輿論做到胸中有數。

3.輿論測量模型

輿論模型是標示輿論動態的座標體系，它將輿論的量度指標和強度指標有機地展示在一個平面上，醒目地展示輿論狀態和趨勢。編製輿論模型應是公共關係調查人員熟悉的一項工作。

編製輿論模型圖的過程，實際上是匯集、顯示輿論指標體系的過程。它大體上分三步，即指標測定、編製座標和勾畫曲線圖。

在確保輿論指標準確無誤的情況下，便可以進入編製輿論模型的階段。輿論模型由兩條垂直相接的直線組成，橫軸表示輿論

強度的各個級差，縱軸表示輿論量度的指數，這樣，就把公眾輿論的分布趨勢和態度的強度變化集中展示出來，詳見**圖**9-4。

在橫軸上，從Ａ點開始，右側三個級差是肯定性態度級差，左側三個則是否定性態度級差，它們的強弱走向正好相反。這種排列方式可以使肯定與否定的輿論高峰彼此呼應，從而明顯地表示出兩種輿論的態度對比。

縱軸上的刻度表明量度指數的級差，每一刻度表示的人數可由調查人員根據調查對象的人數和範圍確定，一般以十人、一百人、五百人、一千人或一萬人為一刻度。

輿論模型圖的製作實例：一家企業調查了一千名用戶，這一千名用戶是從企業所在社區的五個區域中的六種不同公眾中按比例選定的，測量用戶對該企業的一項新產品的歡迎程度和不歡迎程度。調查對象根據自己的態度自由選擇答案。結果如下：

量度指數：1000 人 ×5 × 6 ＝ 30000 人

量度指標為：

$L_k = 21000 \div 30000 \times \% = 70\%$

$L_f = 9000 \div 30000 \times \% = 30\%$

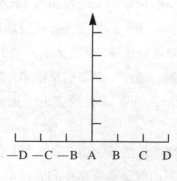

圖9-4　輿論模型圖

由此可推知：兩萬一千人持肯定態度，即有70％的用戶對這項新產品表示不同程度的滿意；有九千人持否定態度，即有30％的用戶對這項新產品持有各種不滿意的態度。測量還提供了這項新產品受輿論歡迎的程度，即：

強度指標：

$q_k = B$（10000人）÷30000人×％＝33％；

（比較滿意的人占33％）

$q_f = -B$（500人）÷30000人×％＝1.7％；

（不夠滿意的人占1.7％）

$q_k = C$（8000人）÷30000人×％＝27％；

（滿意的人占27％）

$q_f = -C$（5000人）÷30000人×％＝17％；

（不滿意的人占17％）

$q_k = D$（3000人）÷30000人×％＝10％；

（十分滿意的人占10％）

$q_f = -D$（3500人）÷30000人×％＝10.5％；

（很不滿意的人占10.5％）

製作輿論模型圖，就是把上述指標體系在座標軸上標示出來，然後將所得到的座標點用曲線連接起來，形成公眾輿論變化的趨勢、走向，見圖9-5。

右側肯定輿論的曲線表明，對這項新產品比較滿意的人最多，其次是滿意的人數，右邊的虛線表明持肯定態度的人佔有2.1個刻度，每個刻度為一萬人，那麼共有兩萬一千人的類比數。與左側的否定輿論相比，否定輿論的曲線低矮，相差懸殊。所以，從總體上觀察，立即可以看出肯定輿論占據絕對優勢，無疑是一

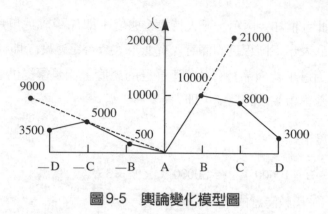

圖9-5　輿論變化模型圖

種占主導地位的輿論。

　　值得注意的是公眾輿論處於不斷變化之中，絕不可一次測量
得出滿意的結果就麻木大意。組織決策者必須清醒地認識到，處
於從屬地位的否定輿論，在某些條件下，會上升爲主導輿論。因
此，定期地進行公眾輿論調查是必要的。將數次調查的結果，在
同一張輿論模型圖上顯示出來，可圖像化地展示輿論變化的態
勢。

　　組織的形象地位調查和公眾輿論調查，都是公共關係調查的
內容。這兩方面的內容各有偏重。前者多用於組織整體形象的調
查，具有一定的靜態性、持續性；後者多用於組織形象的單一指
標調查，具有更多的動態性、變動性。

(三)組織推展公共關係活動條件的調查

　　組織在整個形象管理的過程中，要經常地、大量地推展公共
關係實務活動。所謂公共關係活動條件的調查，就是指組織在推
展公共關係活動之前，對推展活動的主客觀條件進行調查研究。
此類調查具有很強的實用性、機動性，它有時在組織策劃公共關
係活動之前，有時則與策劃活動交替進行。再好的策劃思想，如

果沒有對實施的具體條件進行調查分析，都可能是閉門造車，一旦執行很難收到預期的效果，甚至還會給組織帶來很大的損失。

公共關係活動條件調查內容主要包括以下兩個方面：

1.公共關係活動主體人力、財力情況調查

組織在推展某一公共關係活動之前，必須要對參與此項活動的人力和組織所能承擔的財力進行調查分析。人力分析和財力分析都是圍繞著公共關係活動的目標進行的，人力和財力應確保公共關係目標的實現。

人力分析包括：組織要使公共關係活動達到預想的目的，應選派哪些人去參與這一活動；參加人員是從組織內部挑選，還是從專業公共關係公司挑選；所選擇的人員有何專長，工作能力、經驗和成績如何，能否勝任工作等。只有對參與活動的人員進行認真的調查分析，選派符合條件人員，並使選派出的人員有一個合理的結構，才能保證公共關係活動的成功。

財力分析從某種意義上來說也是一種投入產出分析。就某項公共關係活動來說，組織所能投入的資金有多少，可能取得的效益有多大，資金的使用是否合理等，應當做到心中有數。並不是說投入的資金越多，收效就越大，關鍵是達到溝通的目的。

2.公共關係活動客觀環境調查

客觀環境調查區分為宏觀調查和微觀調查兩部分。

宏觀調查是對社會大環境的調查。組織在推展公共關係活動之前，應對社會政治、經濟形勢進行冷靜分析，對市場和人們的社會心理進行認真的研究。在市場活躍和市場疲軟的不同環境下，公共關係活動的內容和效果是大不一樣的。宏觀調查要求組織有一套完善的資訊監測系統。

微觀調查是對推展公共關係活動的具體條件進行調查。也就

是對推展公共關係活動的場地、設備以及各類規章和規定要求等進行調查。

公共關係活動場地分室內、露天兩種。場地調查要查清場地的面積，人員交際、食宿的場所和流動的通道等。

公共關係活動的設備分家具和電子設備兩種。設備調查要查清各類家具（如桌椅、食具、茶具等）的數目、質量及檔次，也要搞清各種電子設備（如電話、擴音器、燈光等）的配置及使用效果。推展一項公共關係活動，與活動地點周圍的很多部門都要有聯繫，例如交通部門、衛生部門、治安部門等，應事先瞭解這些部門的要求和規定並爭取得到支持。

調查工作做得越全面、越細致、越徹底，公共關係活動的成功就越有保障。

四、公共關係調查的過程和方法

在長期的社會調查實務中，人們摸索、總結出了許多各具特色、行之有效的科學調查方法。公共關係調查並不在於獨創一個新的方法體系，而是借用方法寶庫中的若干方法，結合組織形象管理的需要，加以具體應用。

公共關係調查所運用的主要方法有訪談法、問卷法和引證分析法等。在進行公共關係活動條件的調查中，實地考察法也是一種常用的方法。在具體介紹各種調查方法之前，先介紹一下公共關係調查的完整過程，這有助於從調查方法的整體和具體方法的應用兩方面來熟悉和掌握公共關係調查方法。

(一)公共關係調查的過程

公共關係調查的全過程是由四個相關的基本步驟組成的。這

四個步驟是：確定調查任務、制訂調查方案、蒐集調查資料、處理調查結果，詳見圖9-6。

1.確定調查任務

　　確定調查任務是公共關係調查的第一步。公共關係調查的任務是由調查的內容確定的，根據不同的調查內容，確定不同的調查任務，調查中所使用的方法、技術手段和測量指標也有所不同。

2.制訂調查方案

　　明確調查任務以後，接下來的工作就是制訂調查方案。制訂調查方案所要做的第一件事是根據調查任務的需要，設計一個詳細的調查提綱，調查提綱是調查任務的具體化、指標化。例如，要做一個組織整體形象的調查。組織形象是一個抽象的概念，它要透過具體的指標顯現出來：經營方針正直、辦事效率高、服務態度誠懇等，這些指標就可以反映出形象。調查提綱就是將所要調查的問題全部詳盡地列出來。其次，在調查方案中還應確定具體的調查範圍、調查對象以及調查對象的選取辦法。例如：調查

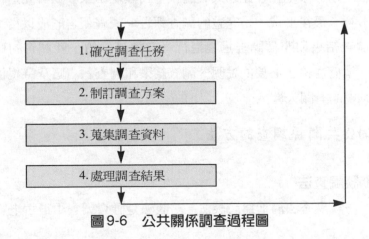

圖9-6　公共關係調查過程圖

是在全國範圍內進行，還是在全省範圍內進行；是在一種公衆中進行，還是在幾種公衆中進行；是採用普查的方法，還是採用抽樣的方法；如用抽樣方法，採用哪種抽樣技術等。最後，還應提出具體的調查方法，說明用哪種方法或哪幾種方法進行調查。

3.蒐集調查資料

蒐集調查資料的過程，實際上就是調查方案的實施過程。在蒐集調查資料的過程中，必須注意技術手段的恰當合理運用。技術手段運用得合理與否，不僅影響所要蒐集資料的數量，更重要的是影響資料的質量。沒有足夠質量保證的調查資料作依據是不可能得出準確結論的。

4.處理調查結果

處理調查結果是公共關係調查的最後一步。它包括兩項內容：其一是整理調查資料；其二是形成調查結果。整理調查資料就是對調查中所取得的全部資料進行檢驗、歸類、統計等，對調查資料進行檢驗是必須要做的工作。透過檢驗工作，排除虛假的資料，補充缺漏的資料。形成調查結果是將經過統計的資料列成圖表，用形象地位差距圖或輿論模型圖顯現出來，並對此進行文字分析，最後形成一份完整的調查報告。調查報告形成以後，應對調查結果和整個調查過程進行一次總體評價，就調查的科學性、準確性給予必要的說明。調查結果和調查報告應及時提供給組織中的有關人員。

(二)公共關係調查的方法

1.訪談調查法

訪談調查法簡稱爲訪談法。訪談法是社會調查中最古老、最

常用的方法之一。它是調查員透過與調查對象進行交談，蒐集口頭資料的一種調查方法。訪談通常是在面對面的場合下進行的，由調查人員（也稱爲訪談員）接觸調查對象，就所要調查的問題，向調查對象提問，要求調查對象對提出的問題來作出回答，並由訪談員將回答內容及交談時觀察到的動作行爲及印象詳細記錄下來。

◎訪談法的特點

(1)訪談法蒐集資訊是透過訪談員與被調查對象進行面對面交談的方式實現的，因此，它具有直接性的特點。

(2)訪談性具有較好的靈活性和適應性。訪談的對象可以不受文化程度、價值觀念、個人性格及年齡的影響，爲訪談員提供所需要的口頭資料。訪談員也可以根據訪談時各種情況的變化調整訪談的方式、內容及時空，爲達到預期的調查目的而靈活運用這種方法。

(3)由於訪談法獲取資料的過程是由訪談員來直接進行的，因此，訪談員個人的訪談技巧、人品氣質、性格特徵等都會直接影響調查的結果。這就要求在實施訪談法時要根據科學調查研究的需要對訪談員進行培訓，儘量減少因訪談員的個人因素對所蒐集資料的質量產生不好的影響。

(4)訪談法回答率高、效度高，但標準化程度低，常常給統計分析帶來一定的困難。而且，訪談法費用大，所以一般應用於對那些準確性要求較高的問題的研究上，或者應用於探索性研究。訪談法調查的規模不能太大，一般根據調查的目的和內容的要求來確定規模的大小。通常來說，規模越大，則耗時耗費越多。但是，當訪談法和問卷法結合使用進行調查時，雖說費時費力一些，卻可以避免訪談法標

準化程度低和問卷法回收率有限的弊端，並可以對一些問卷法所不能深入的問題進行調查。

◎訪談法的類型

訪談法可按訪談提綱的方式分為結構性訪談與非結構性訪談；按訪談的場所分機關訪談、街頭訪談、家庭訪談和公共場所訪談；受訪談的人數分集體性訪談和個別訪談；按訪談的時間分一次性訪談和追蹤訪談。

(1)結構性訪談與非結構性訪談：結構性訪談是由訪談員攜帶事先設計好的訪問調查表進行的訪談。調查表中的所有問題都是事先精心設計的。至於非結構性訪談，訪談員只需根據調查任務的要求擬成訪談要點或訪談提綱，並據此向調查對象提問，而無需使用標準化的調查表。在調查中，訪談員可較為自由地進行提問。受訪人也有較大自由來回答所提問題。這種訪談最適用於調查態度、價值判斷等方面的問題。但這對訪談員的能力要求較高。此種訪談所得結果不宜數量化，同時又費時費錢，故只能在小範圍內使用，或作為瞭解一般情況和配合其他調查方法使用。

(2)不同地點的訪談：訪談的地點分多種，可以在街頭，也可以在家庭中進行。訪談的地點應根據調查對象的特點來確立。訪談企業本身的問題，在工廠裏較適宜，訪談企業產品的消費問題則在住宅或街道較為適宜。在進行訪談時，訪談地點的第三者的存在，將會對訪談資料產生影響。

(3)集體式訪談和個別訪談：集體式訪談，類似於開調查會的形式，由一名或幾名訪談員親自召集一些人來與訪談員進行座談。訪談員應向人們說明座談的目的和要求，消除人們的疑慮。並且，訪談員應以謙虛、誠懇的態度，運用掌

握會場的一些技巧，創造出一種自由、活潑、熱烈的氣氛，使人們能無拘無束地、盡情地暢談。個別訪談是由訪談員與被調查對象逐一進行面對面的談話，並將回答記錄下來。個別訪談應注意這樣幾個環節：該問的問題一定不要遺漏，所問的問題一定要問清楚、問明白；對回答的問題，要眞實地記錄；訪談員應懂得人際交往技巧；受訪人對情況瞭解的程度，及是否具有合作態度及語言表達能力等。

(4)一次性訪談和追蹤訪談：一次性訪談又稱橫斷式訪談，它就某一生活時刻或某一時期內人們的態度、行爲等方而情況進行調查。這種類型的訪談，通常是就某個特殊問題進行調查，也可以在某些事件發生後進行調查，以期瞭解人們對某個特殊問題的態度和某一事件對人們態度、行爲產生的影響。追蹤訪談又稱縱向型訪談，它是調查人們在不同的生活時期，隨著時間的推移，人們態度及行爲的變化。這種追蹤式訪談屬於深度訪談的一種，具有較強的科學研究的性質。一次性訪談瞭解到的是某一時期的靜態資訊，而追蹤式訪談則是透過多次訪談，調查瞭解人們的動態資訊，因而具有更高的價值。

2.問卷調查法

問卷法是目前國內外社會調查中較爲廣泛使用的一種方法。問卷是指爲統計和調查所用的方法、以設問的方式表述問題的表格。問卷法就是研究者用這種控制式的測量對所研究的問題進行測量，從而蒐集到可靠的資料的一種方法。問卷法大多用郵寄、個別分送或集體分發等多種方式發送問卷。由調查對象按照表格所問來填寫答案。一般來講，問卷較之訪談表要更詳細、完整和

易於控制。問卷法的主要優點在於標準化和成本低。因為問卷法是以設計好的問卷工具進行調查，問卷的設計要求規範化並可計量。

問卷法的使用條件：調查的範圍較廣，不易當面訪談；如果調查對象的文化水準不高，對問卷看不懂，則不適合用問卷法；如果所要取得的材料是常識性的事實、行為或態度，可以採用問卷調查法，因為在這種情況下，回答者不會因顧慮而拒絕回答；問卷的回收由於受諸多條件的限制，回收率在65％以上為較好。因此，如果要求有較高的回收率，比如在80％以上，最好採用和訪談法相結合的方法進行調查。

問卷的類型主要有兩種，即開放型問卷和封閉型問卷。

所謂開放型問卷，是指問題雖然是一樣的，但不事先做出任何選擇答案，被訪者可根據自己的情況自由作答。例如：您對××企業有何評價？

開放型問卷多用於探索性研究，它給回答者以較多創造性或自我表達的機會。但是，它可能導致蒐集無價值和不相干的材料。因為回答者發表的意見和看法不一定都與所問的主題有關，無法保證互不相關的資訊不會摻雜進去，而且回答的內容非標準化，難於進行統計分析。開放型問卷需要回答者花較多的時間和精力，容易引起較高的拒答率。

所謂封閉型問卷，是指不僅問題是相同的，而且每一個問題都事先列了若干個可能的答案，由被訪者根據自己的情況，在其中選擇認為恰當的一個答案。例如：

您對您的公司滿意嗎？

很滿意＿＿＿＿＿

滿　意＿＿＿＿＿

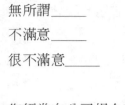

無所謂＿＿＿＿

不滿意＿＿＿＿

很不滿意＿＿＿＿

您經常向公司提合理化建議嗎？

經常提＿＿＿＿

偶爾提＿＿＿＿

不　提＿＿＿＿

封閉型問卷回答標準，材料利於統計分析，對不同的公眾可做對比。封閉性問題對回答者來說通常較爲容易回答，調查所得材料的信度較高。但它對問題的答案進行了限定，沒給回答者留下發揮其創造性或自我表達的機會，這樣不利於研究者發現新的問題。

總之，封閉型問卷和開放型問卷各有所長，各有所短，調查者可以根據具體情況選用。必要時可用封閉型與開放型相結合的混合型問卷方式進行調查。

問卷由題目、說明信或指導語、問卷的具體內容和編號組成。

題目是調查的主題。說明信或指導語是對調查目的、調查單位以及問卷填寫方式的說明。問卷具體內容是把研究所要蒐集的資料以問題形式列出。編號包括對所問問題次序的編號和便於電腦進行資料處理所設計的編號。

題目的設計雖不複雜，但十分重要。題目的設計一般有兩方面的要求：一是題目本身要與調查目的相符；二是題目不要給被調查者以不良的心理刺激。在題目的設計中，單純考慮其反映目的和內容的確切性是不夠的，還必須考慮對調查者感情方面的影

響。鑑於這一層原因，有的設計者故意把題目設計得不十分明確，以便使調查者能更好地合作。

說明信也就是指導語，是問卷中的第二部分，也是對被調查者回答問題態度影響較大的一部分。

問卷是代表調查者與被調查者進行溝通的。被調查者透過說明信瞭解調查者調查的目的、意義等情況。因此，說明信質量直接關係到問卷調查的可信度與有效度。

說明信一般由這樣幾部分組成：稱謂，調查的出發點和目的，調查與被調查者自身利益的關係，強調被調查者對這次調查的重要性、回答問題的原則、具體要求以及兩方的責任，對有關問題的解釋等等。最後註明聯繫人、聯繫地址、電話號碼等。

說明信語氣要誠摯、熱情、懇切，用語簡練，表達明確。

一般來說，較為完整的問卷包括兩類問題，一是事實問題，二是態度問題。

所謂事實問題，是指那些曾經發生過的、現存的事件以及一些實際的行為。它又可分為靜態資料和一些有關實際行為的問題兩部分。靜態資料包括性別、年齡、文化程度和職業等。之所以在問卷中要設計這樣一些問題，是因為調查往往涉及公眾在性別、年齡、文化程度等方面差異程度。這些一般項目是對獲得資料進行整理和分析的最基本的條件。例如：

請問您的教育程度是：
_____不識字
_____小學畢業
_____初中畢業
_____高中畢業
_____大學畢業

實際行為類問題，旨在瞭解實際行為發生的情況。例如：

您對下列飲料的飲用情況。

類別　　經常飲用　　偶爾飲用　　不飲用

啤酒

汽水

可樂

茶

咖啡

所謂態度問題，包括意見、情感、動機、觀念、價格等。它又可分為意見問題和態度問題。

意見問題，通常屬於表面和暫時性的看法。設計這類問題只是想瞭解受測者對某些事物或行為的評判，它可以是一次性的，時過境遷也許就變了。對於這類問題，可對每個問題單獨分析以瞭解趨勢。例如：

您對實行合理化建議制度的看法是：

非常贊成 ＿＿　贊成 ＿＿　無所謂 ＿＿　不贊成 ＿＿　非常不贊成 ＿＿

態度問題屬於比較持久和穩定的認識。這類問題儘管也是一題一題地問，卻不能單獨分析，而是把整個總分或分組分數與其他變項求相關度或做因素分析。一種態度不能透過一兩個問題就加以確定，往往要透過一組題目來測試，這樣才能使穩定的態度體現出來。如對組織形象的態度用一兩個問題是很難測定的。

設計問卷時，還要認真考慮問卷回答種類。開放型問卷的回答種類一般只包括一個供回答者填寫的空白空間。一般來講，回答者將依據調查人員所留的空間進行填寫，這就要求研究人員要

根據不同問題留有不同的空間,並且在可能的情況下,要給一個完整的回答留出足夠的空間,以免回答者寫在邊上或背面。

封閉型問卷在每一問題下列出可供選擇的備選答案,請調查對象選擇。其常用的形式有以下幾種:

(1)兩項選擇:即是非題,在問題下面列出兩項相對的答案,要求調查對象二擇其一。例如:

除了喝開水外,您是否飲用飲料?(兩項選擇)

是( )　　　否( )

(2)多項選擇:對提出的問題事先擬訂若干答案,要求調查對象選擇一個或數個答案。例如:

您通常飲用哪些種類的飲料?(多項選擇)

啤酒( )　　　香檳( )　　　茶( )

汽水( )　　　可樂( )　　　咖啡( )

果汁( )　　　奶類( )

豆漿( )　　　礦泉水( )

(3)對比選擇:在問題下面列出多項備選答案或兩組比較性答案,請調查對象根據自己的意願選擇其中的最佳答案。例如:

在下列左邊或右邊不同類型的飲料中,您更喜歡哪一種?(對比選擇)

果汁型( )　　　可樂型( )

含酒精( )　　　不含酒精( )

即飲型( )　　　濃縮型( )

液體型( )　　　固體型( )

瓶　型( )　　　易開罐裝( )

(4)排序選擇:為問題準備多項答案,讓調查對象依照自己的

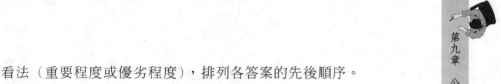

看法（重要程度或優劣程度），排列各答案的先後順序。
例如：

您喜歡哪種牌子的啤酒？請按您的喜歡程度填上順序號。
（排序選擇）

青島＿＿　　北京＿＿　　中華＿＿　　強力＿＿

廣州＿＿　　白雲＿＿　　珠江＿＿　　五羊＿＿

肇慶＿＿　　龍啤＿＿　　百樂＿＿

(5)意見程度選擇：對所提出的問題設定幾種程度不同的態
度，要求調查對象選擇一種，以探測其意見程度。例如：

您對飲料的牌子、商標的重視程度如何？（意見程度選
擇）

非常重視（　　）

比較重視（　　）

一般留意（　　）

不太注意（　　）

毫不在意（　　）

(6)自由式提問：這種問題沒有備選答案，在問題後面留出空
白供調查對象自由作答，充分發表意見。這種問題較難整
理分析，問卷中不宜多用。主要用於深度調查和直接訪
問。

例如：請您談談對××牌啤酒及其系列飲料的質量和包裝
的印象與看法。（自由式提問）

設計問卷時應注意：一張問卷上的問題不宜過多（一般三十
至四十分鐘答完）；問題的措辭應該簡潔、準確、易懂，不帶傾
向性、引導性和強迫性；問題的順序應按問題的類型、邏輯關
係、對象心理合理安排。

問卷法的實施過程包括如下幾個步驟：

(1)確定問題的內容和類型。確定問題的內容和類型，就是要確定採用事實性問題還是採用態度性問題。如果兩者都採用，那麼以哪方面的內容為主。同時，對每一方面的內容，還要確定從什麼角度著手。另外，還要根據問題的不同內容，確定採用開放型還是採用封閉型問卷形式等。

(2)確定問題的回答方式。確定回答者的回答方式，即是確定採用兩項選擇式、多項選擇式、對比選擇式還是採用排序選擇式、意見程度選擇式等。

(3)具體問題的設計。具體問題的設計是問卷法實施過程中的核心部分，因此要細心、認真。在設計問題時，要考慮到同一內容怎麼問效果會最佳，怎麼回答所得的資料可信度更高；同時注意不要犯問題與主題無關、問題模稜兩可、問題含糊不清以及誘導性問題出現等錯誤。另外，要力求文字簡練、易懂。

(4)編成問卷表。具體問題設計好之後，要將問題進行合理排列，同時進行編碼並寫好說明信。在排列問題次序時，要力求在時間上由近及遠，在內容上由淺入深、由易到難。

(5)修改。編成問卷之後，要對問卷進行總體修改。此時最好送給有關專家或同事審閱，請他們提出修改意見，在綜合他們意見的基礎上進行修改。修改不僅包括問題的內容和類型，而且包括問卷的結構、詞句甚至標點符號。

(6)試查。在問卷進行初步修改之後，不要草率地投入正式調查，而要進行試查。試查是將整理好的問卷發放給少部分人（二十至三十人即可），透過他們的填寫，檢查是否可問出所要的資料，是否有錯誤或不明確的地方。試查時最

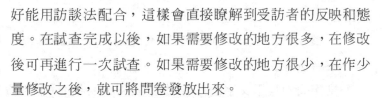

好能用訪談法配合，這樣會直接瞭解到受訪者的反映和態度。在試查完成以後，如果需要修改的地方很多，在修改後可再進行一次試查。如果需要修改的地方很少，在作少量修改之後，就可將問卷發放出來。

(7)問卷發放。在問卷修改好並列印之後，要進行問卷的發放。問卷的發放形式有兩種，採用哪一種形式應根據具體情況而定，較遠者可寄發，較近又較集中者可當面分發。發放的對象應是運用調查樣本的選取方式選出的對象。

(8)問卷的回收。問卷的回收較之訪談法，其缺陷是回收率要受到限制，共回收率達65％就為理想數字。因此，在發放問卷時，甚至設計問卷時，都要考慮到問卷的回收率，因為回收率過低，就失去了樣本的代表性，直接影響到調查的效果。

(9)問卷的整理和分析。問卷的整理包括對不合標準的問卷的處理和對調查所得數字的整理。不合標準的問卷要挑出來，不能補救的就不要進行統計處理。對合乎標準的問卷，要用社會統計技術進行統計分析。透過對問卷的整理與分析，可以看出被調查的公眾態度之間的內在聯繫即規律性的東西，在此基礎上可以進行調查報告的撰寫，從而完成問卷法的整個實施過程。

3.引證分析法

所謂引證分析法，是指調查人員對各種媒介所傳播的有關組織形象的資訊進行調查分析的一種方法。引證分析也屬於定量研究，它是對媒介所傳播資訊的數量、質量、時間、頻率等等進行資料統計。一般說來，一個組織的資訊被媒介引用的次數越多，這個組織的影響就越大，知名度越高。引證分析關鍵是設法獲取

資訊材料。

這裏所說的資訊載體包括所有傳播有關組織形象資訊的文字、聲音影像資料等。

文字資料是用文字的形式記錄並傳播有關組織形象資訊的一種永久性資料。它包括報紙，雜誌，書籍，各種文字和統計資料，各界名流的贈言、題字，以及群眾來信等。

聲像資料是脫離文字形式、記錄並傳播有關組織形象資訊的聲音和圖像的及時性資料。它主要包括廣播、電視、錄音、圖片、電影等。

資訊的引證分析分為內容分析和形式分析兩種。

內容分析是對資訊本身作系統化、數量化的統計分析，如所傳播的資訊是關於組織哪一方面的，是局部的還是整體的，用的是什麼詞語等。

形式分析是對資訊的傳播形式做統計分析，如資訊傳播的時間、版面頻率、媒介級別等。

引證分析法的使用是建立在組織的公共關係部門具有完善、有效的資訊蒐集系統上的。調查人員在進行引證分析時，首先要判明資訊的性質，也就是要判明資訊所包含的內容，對組織形象的評價是好還是壞，是高還是低。其次，要確定資訊傳播的影響，是大還是小。再次，根據以上判斷迅速作出結論。最後，檢驗所得結論的準確性，並將檢驗後的結論迅速提供給組織的有關人員。

4.抽樣法

抽樣法是一種科學地從調查總體中選取調查樣本的方法。總體是指所要調查對象的全部；樣本是指從總體中抽取出來調查的那一部分。採用抽樣法進行的調查具有調查期短、調查資料準確

和可靠、節省調查經費等優點。

　　抽樣必須要遵守隨機性原則，也就是在抽選調查對象時，必須要保證總體中的每一個被抽選的對象抽中機會均等。這也是進行統計推論的前提條件。

　　抽樣的方法有很多種，這裏僅就公共關係調查中常用的幾種抽樣方法進行介紹：

(1)簡單隨機抽樣：這是一種最基本的隨機抽樣方法，也叫純隨機抽樣。即從總體單位中不加任何分組、排隊，完全隨機地抽取調查單位。在這種抽樣調查的組織形式中，總體的每一單位被抽中的機會是均等的。一般是抽籤的辦法，將總體中的每個單位按調查的標誌分別填寫一張卡片，然後從中隨意抽選出必須的單位數目。

(2)等距抽樣：等距抽樣也叫機械抽樣。即指把總體的所有單位按照一定的順序排列起來，然後按相等間隔或距離抽取必要的單位數目的抽樣方式。抽樣距離 K 是以總體 N 除以樣本單位數 n。具體地講，有含有 N 單位的總體中，從 1 到 N 排列，要求從中抽取幾個單位的樣本。方法：在最初 K 個單位中隨機抽取一個單位，以後順次在每 K 個單位中抽取同樣次序的單位。

(3)分層抽樣：分層抽樣，就是將總體單位按其屬性特徵分為若干層，然後在各層中隨機抽取樣本單位，而不是從總體中直接抽取樣本單位。層次的劃分，一是必須有清楚的劃類界限，在劃分時不發生混淆，二是必須知道各層中的單位數目和比例，三是分層的數目不宜太多，否則將失去層次的特徵，不便於在每層中抽樣。分層抽樣是一種能夠提高樣本代表性，而又不致給調查結果帶來偏誤的限制隨機

的抽樣方法。利用分層抽樣時，希望分類變數越相同越好，以便減少描述各類所需的樣本數。由於分層抽樣對樣本的分配比較合理，推算辦法簡便，從而是一種行之有效的方法。尤其適宜用於總體情況複雜、各單位之間差異較大、單位數較多的情況。

(4)整群抽樣：整群抽樣也稱成組抽樣。其做法是在總體中抽取調查單位時，不是一個一個地抽選，而是成群成組地抽選，然後對被抽選的各群或組中的全部單位進行調查。例如，對組織內部公眾進行調查，先隨機抽取若干個單位或班組，然後對所抽到單位或班組中的每一個人進行調查。整群抽樣因為調查單位只能集中在若干群或組中，而不能均勻分布在總體中，因此，它的準確性要差一些。但此種方法最為簡便。在某些情況下，往往由於不適宜單個地抽取調查單位，不能不採用整群抽樣。

　　抽取樣本的技術由界定總體、蒐集總體個案名單、確定樣本數、抽取樣本和評估樣本代表性五個基本部分組成。它們在抽樣的過程中所占據的位置如圖9-7所示。

　　界定總體，就是考慮調查要求，明確調查對象的範圍，從而確定抽取樣本對象的依據樣本作出推斷的範圍。

　　蒐集總公眾名單，即蒐集界定的總體範圍內全部個案調查對象，然後將所有個案編號排列。

　　確定樣本數，根據總體中個案的差異程度、預定分析的精確

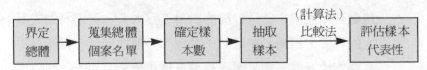

圖9-7　抽樣技術五個部分關係

度、調查者的主客觀條件和統計分析的要求等方面的條件和因素，確定一個適合的樣本數。

抽取樣本，選用適當的抽樣方法從總體中抽取樣本。

評估樣本的代表性，抽取樣本後，對樣本的代表性用比較法或計算法進行評估，儘早發現問題及時糾正，以保證調查達到預定的效果。這裏特別談談如何確定樣本數。確定樣本的大小是件複雜的工作。既要做到節省時間、人力和物力，又要保證有足夠的精確度。一般來說，確定樣本大小時應考慮下面幾個因素：

(1)研究總體中樣本單位之間的差異程度。差異大，樣本數應適當增大；差異小，樣本數可適當減少。

(2)調查任務要求的精確程度和把握程度。對精確程度要求愈高，即可允許的誤差範圍越小，樣本的數目要愈多。當其他條件不變時，要求推斷的把握程度愈高，抽樣數目就要愈多。

(3)調查的時間、人力、財力及調查本身的要求。因種種客觀條件的限制，調查者常常無法抽取最理想的樣本，只能在有限的範圍內抽出最佳樣本。

(4)調查目的和任務以及統計分析方面的要求。調查的項目少，內容較為簡單，樣本數較小；反之，樣本數則大。統計分析中，相關分析所涉及的變數多，要求的樣本數越大。不然，在進行交互分類計算時，有些項目的資料就會顯得過少。

在確定樣本數的時候，一個錯誤的想法是：認為只要樣本在總體占一定比例就行了。實際上，總體的大小與樣本的大小並沒有很大的關係。例如：只要是隨機抽樣，從全國隨機抽取一千個人來推斷全國的平均收入，與從某省隨機抽取一千個人來推斷該

省的平均收入，其結果的準確程度和把握程度是相差不大的。同理，從某市隨機抽取一千個人來推斷該市的平均收入的準確度和把握程度也會與前兩者相近。樣本的絕對數倒是具有很大意義的，但這並不是說只要樣本數很大，調查的準確程度和把握程度就高。如果取樣方法不對，樣本數再大也是無濟於事的；相反，取樣方法得當，有時，幾百或幾十人的樣本就可達到很高的準確度和把握程度。**表9-2**將在1％到7％的允許誤差範圍和兩種把握程度的要求下，對無限大樣本（樣本數÷總體數＜5％）進行簡單隨機調查時需要的樣本單位數一一列出，可供進行大樣本簡單隨機抽樣調查中確定樣本數時參考。

從**表9-2**可見精確度和可信度（把握程度）的要求越高，所需要抽取的樣本個案數越多。為了更好地理解和使用，現舉一例加以說明：假設打算瞭解某市或某地區顧客對最近投入市場的一種新產品的反應，要求誤差不超過4％，可信度（把握程度）為95％。查上表，只要隨機抽樣調查六百名顧客就行了。調查結果表明：喜歡這種新產品的顧客為60％，以此估計，該市或該地區的顧客持喜歡態度的人在56-64％之間（60％±4％）。這種推論

表9-2　簡單隨機抽樣調查時需要的樣本數目

容許誤差	可信度（把握程度）	
	95％	99％
1％	9600	16589
2％	2400	4147
3％	1067	1849
4％	600	1037
5％	384	663
6％	267	461
7％	196	339

的可信度（把握程度）爲95％，即犯錯誤的可能性不大於5％。

一般是將允許誤差控制在4-5％之間，可信度掌握在95％的水準上。因此，調查一個中小城市，樣本數在六百左右就可以了。當然，爲了保險，防止因有些樣本單位不能調查而造成樣本數過少，可適當增加一點樣本數。

在實際工作中，小範圍的抽樣調查（如調查某一方面公眾的某種態度）常會受到條件限制，可不按上述的辦法來確定抽樣數目，通常是根據調查研究的目的和任務、統計分析的要求、對研究總體的瞭解程度以及時間、人力、財力和調查對象的特點等具體條件來決定一個較爲理想的樣本數。具體的數目很難一概而論，但至少要大於四十，最好不少於一百。統計分析，主要是相關分析所涉及的變數數目，這也是確定樣本數的一個重要考慮因素，應能保證進行交互分類時每一小類有足夠的資料供統計分析用。

接下來要討論的是評估樣本的代表性。即使是最科學的抽樣調查也不可能是完全精確的，因爲調查的對象總是調查總體的部分（通常是少數）代表。抽樣調查的結論總是與總體的實際情況有一定差異的。抽樣誤差大，則樣本的代表性小；抽樣誤差小，則樣本的代表性大，樣本的代表性直接關係到調查研究能否取得預期的結果。對樣本代表性的評估是抽樣過程中一個不可少的技術。常用的評估樣本代表性的方法有比較法與計算法兩種。

比較法是蒐集有關總體某些特徵的資料與抽樣調查的結果比較，視其差異程度，評估樣本的代表性。例如，可用有關總體的性別、年齡、文化程度等資料與調查結果比較。樣本的特徵與總體的特徵相同或相近，說明代表性大；反之，說明代表性小。以**表9-3**爲例，從性別、年齡與文化程度的分布情況來看，該表樣本與總體接近，說明代表性較高。

表9-3 某次抽樣調查的代表性評估表

	性別		年齡				文化程度			
	男	女	15-20	21-25	26-30	31-35	小學	初中	高中	大學
樣本 n＝100	61％	39％	20％	30％	36％	14％	15％	25％	50％	10％
總體 N＝1200	60％	40％	20％	32％	34％	14％	17％	24％	48％	11％
誤差	1％	1％	0	2％	2％	0	2％	1％	2％	1％

　　計算法是透過計算抽樣誤差來評估樣本的代表性。抽樣誤差大，說明樣本的代表性小；反之，說明樣本的代表性大，有關具體的計算方法，這裏省略而不贅述，大家可查閱社會統計學類書籍的有關章節。

第二節　公共關係策劃

　　公共關係策劃是公共關係四步工作法的第二步。科學的策劃構思和巧妙的策劃藝術是擬訂有效公關活動方案的保證，體現了公共關係學科理論與實踐的精華。

一、公共關係策劃的意義和原則

　　所謂策劃是人們爲取得未來成功而在現在進行的謀劃過程。這是一種智力行爲，是連接此岸到彼岸的橋樑。

　　公共關係策劃，就是公共關係人員根據組織形象的現狀和目標要求，分析現有條件，謀劃、設計最佳行動方案的過程。

在這個過程中，公共關係人員首先要依據公共關係調查中所確定的組織形象的現狀，提出新的組織形象目標與要求，並據此設計公共關係活動主題。然後，透過分析組織內外的人、財、物等具體條件，提出若干可行性方案進行比較、優質化，最後確定最佳、最有效的行動方案。

(一)公共關係策劃的意義

公共關係策劃對組織形象管理具有十分重要的作用和意義：

首先，公共關係策劃可增強組織形象管理的有效性。

隨著社會主義市場經濟的建立與社會進步，社會組織之間加強協作的同時，競爭也日趨激烈，組織環境與公眾態度也處在不斷的變化之中，組織在公眾中的形象也會因此而不斷變化。因此，組織要求得生存與發展，就要推展各種公共關係活動。科學的公共關係策劃思想與方法可以幫助組織恰當地設計、選擇公共關係活動方案，提高組織推展公共關係活動的成功率，從而增強組織形象管理的有效性。

其次，公共關係策劃可增強組織形象管理的目的性。

組織形象管理的目的就是要不斷地完善組織的形象和提高組織的形象地位。公共關係策劃可以幫助組織分析現有形勢，發揮組織特長，設計一些有效的公共關係活動，使組織擺脫困境，鞏固和發揚現有成績，開拓新的發展途徑，達到實現組織的發展目標，進一步完善組織形象的目的。

再次，公共關係策劃可增強組織形象管理的計畫性。

組織塑造或完善自身的形象，貫穿在組織經營、運作的全部過程中，涉及不同部門。組織在不同的發展階段可選擇不同類型的公共關係活動，每種類型的公共關係活動又可運用不同的方法、技巧，對時間、空間、人、財、物作不同的安排。這些安排

既要考慮到近期形象目標要求，又要考慮到遠期形象目標要求，這一切如果沒有公共關係策劃作通盤的安排、計畫，是難以有效地進行組織形象管理的。

(二)公共關係策劃的原則

公共關係策劃是組織公共關係工作的中心環節，組織形象管理工作是否有效，在很大程度上取決於策劃的成敗。因此，公共關係人員在進行公共關係策劃時，不可隨心所欲，應遵守下述各項原則：

1.公眾利益優先的原則

公眾利益優先的原則，是公共關係策劃的首要原則。公眾利益優先，不僅是公共關係工作的指導思想，同時，也是公共關係人員所應遵守的職業道德標準。

所謂公眾利益優先，並不是要組織完全犧牲自身的利益，而是要求組織在考慮自身利益與公眾利益的關係時，始終堅持把公眾利益放在首位。要求組織不僅要圓滿完成自身的任務，為社會做出貢獻，同時還要重視其引起的公眾反應，關心整個社會的進步與發展。組織只有時時、處處為公眾利益著想，堅持公眾利益至上，才能贏得公眾的好評與社會的支持，才能使自身獲得更大的、長遠的利益。

2.尊重客觀事實的原則

公共關係人員在策劃過程中，要始終堅持以客觀事實為依據，尊重客觀事實。首先應做到按照客觀規律進行策劃，例如在中國大陸搞公共關係，就不能不考慮到中國的國情，考慮到改革特色，考慮到從計畫經濟向市場經濟轉變帶來的變化及影響，使策劃能腳踏實地。其次，公共關係策劃，方案設計要據實公開，

塑造組織形象必須做到客觀、眞實、全面和公正。客觀，就是要還事物的本來面貌，不以猜測和想像代替事實；眞實，則要求面對事實，一是一，二是二，不誇大也不縮小；全面，要求充分掌握事實，公開事實的全部材料，而不是只取某一部分；公正，即對事實採取公衆可接受的立場，不袒護和推諉。

尊重客觀事實的原則，對處於不利情況下的組織來說尤爲重要。敢於承認不利的事實，才可能理智地進行策劃，企圖掩蓋事實眞相的策劃，只能使組織走向自己願望的反面。

3.獨創性與連續性相統一的原則

獨創性是組織形象競爭的需要。嚴格地說，不會有兩個相同的公共關係策劃，這是因爲不同組織的主客觀條件不一樣，就是同一組織其自身條件和環境也是在不斷變化著的，公共關係策劃不能隨著形勢發展不斷創新就會喪失生命力。近年來興起的"CIS"（Corporate Identity System，譯爲企業識別系統）策劃，就是對組織形象設計的具體化與深化，就是要使組織戰勝競爭對手，在茫茫商海和衆多的社會組織中標新立異，脫穎而出。

值得注意的是組織形象的塑造不可能一蹴而就，它需要一定的時間積累，公衆要透過多次參與對組織形象的評判，才能建立起對組織較爲確定、客觀的評價。因此，在進行公共關係策劃時，不僅要考慮一次活動的獨創性，還要考慮本次活動與前後活動的連續性，只有堅持公共關係策劃獨創性與連續性的統一，才能更科學有效地進行公共關係策劃。

4.計畫性與靈活性統一的原則

經公共關係策劃形成的方案，將列入組織的整體計畫之中，構成整體運行的一部分。因而必然涉及到組織各方面工作的協調與人、財、物的配備，所以必須有較強的計畫性，方案一旦形

成，不宜輕易改變，這樣才能保證整體行動方案得以運行。

　　但是由於組織的主觀條件與外部環境隨時都在發生變化，也會制約方案的運行，因此在策劃行動方案時應留有充分的迴旋餘地，針對可能發生的變化，考慮靈活的補救措施，使所策劃出的方案具有一定的靈活性。這樣，既堅持公共關係策劃的計畫性，又堅持公共關係策劃的靈活性，使兩者統一起來，才能保證策劃目標的實現。

5.與組織整體計畫和社會發展互相一致的原則

　　公共關係策劃是在組織整體計畫與社會發展的大背景的制約下進行的，它脫離不了這個基礎。因此，公共關係策劃方案應與組織整體計畫和社會發展規劃互相一致。否則，再好的創意也可能是一種空想，再好的策劃也是徒勞無功。所以，公共關係人員在進行策劃時，應遵循行動方案與組織整體計畫和社會發展互相一致的原則。

二、公共關係策劃的程序

　　公共關係策劃分兩個階段、七個步驟（見圖9-8）。策劃的前一個階段為準備階段，分為形象現狀及原因的分析和確定目標要求的兩個步驟；策劃的後一個階段為實際策劃，分設計主題、分析公眾、選擇媒介、預算經費和審定方案五個步驟。

(一)公共關係策劃的準備性工作

　　著手進行公共關係策劃之前，應首先做好以下兩項準備工作：

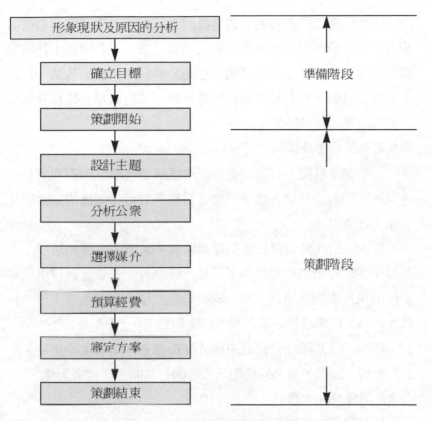

圖9-8 公共關係策劃流程圖

1.組織形象現狀及原因的分析

組織形象現狀及原因分析工作。實際上，就是要求公共關係人員在進行公共關係策劃之前，對策劃所依據的調查材料進行一次分析、審定，確認調查材料的眞實與可靠性，否則，再好的策劃也不會獲得成功。

2.確定目標要求

確定公共關係工作的具體目標是公共關係策劃的前提。沒有目標，公共關係策劃就無從談起。

公共關係工作的具體目標是與調查分析中所確認的問題密切相關的。一般來說，所要解決的問題也就成了公共關係工作的具體目標。公共關係工作的具體目標是公共關係策劃的依據，它既不同於公共關係總目標和組織的總目標，又要與這些總目標保持一致，並受到總目標的制約。

◎確定目標的重要性

公共關係目標，實際上就是組織透過公共關係策劃和實施所希望達到的形象狀態和標準。確定目標，對做好組織的公共關係工作十分重要。

首先，公共關係目標是指導和協調公共關係工作的依據。公共關係活動的推展要有很多部門和人員配合，在實施過程中又會不斷出現各種意外情況。有一個明確的目標，可以指導人們的行為，並為人們處理意外情況提供依據和要求。

其次，公共關係目標還是評價行動方案實施效果的標準。策劃的好壞、成敗，最終只能用所確定的公共關係目標來衡量。

◎公共關係目標分類

公共關係的目標體系可以從不同角度分為不同的類型。通常可按時間長短和目標的共性、個性來分。

按照時間來分可分為長期目標和短期目標。長期目標涉及組織長遠發展和經營管理戰略等重大問題，它與組織的整體目標相一致，反映組織的理想形象和經營信條。時間跨度在五年以上。

短期目標是圍繞長期目標制訂的具體目標，它內容具體，有明確的指導性，如年度目標、專題活動目標等。時間跨度一般在五年以下。

從共通性與獨特性角度可分為一般目標和特殊目標。一般目標是針對各類公眾的共通性要求制訂的目標，解決共通性的問題。特殊目標是針對那些不同類型公眾的個性需求而定的目標，

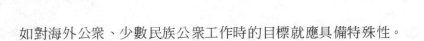

如對海外公眾、少數民族公眾工作時的目標就應具備特殊性。

公眾關係目標還有一些其他分類方法，如按照公共關係活動目的可分為：傳播資訊、聯絡感情、改變態度、引起行為；按照活動作用形式可分為：進攻型目標、防守型目標等。這些分類方法都有利於確定具體工作目標。

公共關係策劃的目標越具體、越明確，越能形成一個科學的目標管理系統，明確各級的責、權、利與完成時間，就越能保障公共關係活動的成功。

◎確定目標需注意的問題

公共關係策劃所依據的目標要明確、具體並應具有可行性與可控性。

首先，目標應明確、具體。明確是指目標的含義必須十分清楚、單一，不能使人產生多種理解；具體是指目標是可直接操作的，具有明確的內容和任務要求，而不是泛泛的、抽象的口號。比如，「把本廠在全國的知名度從現在的20％提高到50％」的目標，要比「提高本廠知名度」的目標明確、具體得多。

其次，目標的提出要具有可行性和可控性。可行性是指確定的目標要現實，既不能太高，也不能太低，經過一定的努力可以達到。可控性是指確定的目標要有一定的彈性、要留有充分的餘地，以備條件變化時能靈活應變。

(二)公共關係策劃的實質性工作

在完成公共關係策劃的準備工作之後，便可著手進行實質性策劃。

1.設計主題

公共關係活動的主題是對活動內容的高度概括，它提綱挈

領，對整個公共關係活動產生指導作用。主題設計得是否精彩、恰當，對公共關係活動的成效影響很大。

公共關係活動主題的表現方式是多種多樣的。它可以是一個口號，也可以是一句陳述或表白。例如，北京長城飯店的公共關係活動主題就是「在長城飯店，小事不小，賓至如歸」；北京元隆刺繡綢緞商行的公共關係活動主題口號是「古有絲綢通西域，今有元隆連五洲」。

公共關係活動的主題看上去很簡單，但設計起來並不容易。設計一個好的活動主題一般應考慮四個因素，即公共關係目標、資訊個性、公眾心理和審美情趣。

首先，公共關係活動的主題必須與公共關係目標相一致，能充分表現目標，一句話點出活動目的。

其次，表述公共關係活動主題的資訊要獨特新穎，有鮮明的個性，既區別於其他組織的活動，又要突出本次活動的特色，與以往的不同。

再次，公共關係活動主題的設計要適應公眾心理的需求。既要富有激情，又貼切樸素，既反應組織的追求，又不脫離公眾，使人覺得可親可信。

最後，公共關係活動的主題設計要注意審美情趣，詞句要形象、生動、優美、感人。同時要注意簡明扼要、便於記憶、朗朗上口，不能使人產生無從理解與厭煩情緒。

2.分析公眾

任何一個組織都有其特定的公眾，公共關係工作是以不同的方式針對不同的公眾展開的，而不是像新聞那樣透過傳播媒介把各種資訊傳播給大眾。確定與組織有關的公眾是公共關係策劃的基本任務，捨此則不能有效地推展公共關係工作。因為，首先，

只有確定了公眾，才能選定需要哪些公共關係人員來實施方案，以什麼樣的規格來對待公眾。例如對待國內公眾與對國外公眾、一般公眾與特殊公眾所選派的公關人員和活動規格應有所區別，才能更有針對性，提高效果。其次，只有確定了公眾，才可確定如何使用有限的經費與資源，確定工作的重點與程序，科學地分配力量。再次，只有確定了公眾，才能更好地選擇傳播媒介和工作技巧。因為不同的公眾對象，其文化素質等也就不同。

對媒介有不同的選擇和適用範圍，如大城市電視普及率較高，而山區和農村電視普及率低，最好選擇有線廣播和人際傳播等方式。最後，只有確定了公眾，才有利於蒐集那些既能被公眾接受，又有實效的資訊，而不是漫無邊際地傳播，造成不必要的浪費。

確定公眾一般分為兩個步驟：

首先，是鑑別公眾的權利要求。公共關係在本質上是一種互利的關係。一個成功的策劃必須考慮到互利的要求。因而策劃時必須明確公眾的權利要求，將其作為策劃的依據之一，通常可排列一個儘可能反映各類公眾權利要求的表格，使之一目瞭然，便於比較分析。以一般工商企業為例，其公眾權利要求結構表如**表9-4**。

其次，對公眾對象的各種權利要求進行概括和分析，找出哪些是公眾的共通性要求，哪些是公眾的特殊要求，哪些與組織的信念和發展目標相符，哪些相悖，以便分出輕重緩急，區別對待，謀求組織與公眾利益的共同發展。

3.選擇媒介

各種媒介各有所長，各有所短。只有選擇恰當，才能事半功倍，取得良好的傳播效果。選擇傳播媒介的基本原則是：

表9-4　公眾權利要求結構表

公司的公眾對象	公眾對象對公司的期望和要求
員　工	就業安全和適當的工作條件，合理的工資和福利，培訓和上進的機會，瞭解公司的內情，社會地位、人格尊重和心理滿足，不受上級專橫對待，有效的領導，和諧的人事關係，參與和表達的機會等等。
股　東	參加利潤分配，參與股份表決和董事會的選舉，瞭解公司的經營動態，優先試用新產品，有權轉讓股票，有權檢查公司帳目、增股報價、資產清理，有合同所確定的各種附加權利等等。
顧　客	產品質量保證及適當的保用期、公平合理的價格、優良的服務態度、準確解釋各種疑難或投訴、提供完善的售後服務、獲取必要的產品技術資料及增進消費者信任的各項服務、必要的消費教育和指導等等。
競爭者	由社會或本行業確立競爭活動準則、平等的競爭機會和條件、競爭中的相互協作、競爭中的現代企業家風度等等。
協作者	遵守合同、平等互利、提供技術資訊和援助、爲協作提供各種優惠和方便、共同承擔風險等。
社　區	向當地社會提供生產性的、健康的就業機會，保護社區環境和秩序，關心和支持當地政府，支持文化和慈善事業，贊助地方公益活動，正規招聘、公平競爭，以財力、人力、技術扶助地方小企業的發展等等。
政　府	保證各項稅收，遵守各項法律、政策，承擔法律義務，公平競爭，保證安全等。
媒　介	公平提供消息來源，尊重新聞的職業尊嚴，有機會參加公司重要慶典等社交活動，保證記者採訪的獨家新聞不被洩漏，提供採訪的方便條件等。

(1)根據公共關係工作的目標、要求來選擇傳播媒介，使其特定的功能能適合於爲公共關係的某一目標服務。如果組織的目標是提高知名度，則可選擇大眾傳播媒介；如果組織的目標是緩和內部緊張關係，則可以透過人際傳播與群體傳播，透過會談、對話等方式加以解決。

(2)根據不同對象來選擇傳播媒介。不同的對象適用於不同的傳播媒介，要想使資訊有效地傳達到目標公眾，就必須考慮到他們的經濟狀況、受教育程度、職業習慣、生活方式以及通常接受資訊的習慣等。例如對經常流動的計程車司機最好採用廣播；要引起兒童的注意最好是製作電視節目與動畫片；對喜歡閱讀思考的知識分子應多採用報紙、雜誌等媒介。

(3)根據傳播內容來選擇傳播媒介。每種傳播媒體都有鮮明的特點和一定的適用範圍。選擇媒介時應將資訊內容的特點和各種傳播媒介的優缺點結合起來綜合考慮。例如：內容簡單的快訊可選擇廣播，它涵蓋面廣，傳播速度快；對較複雜、需反覆思索的內容，最好選擇報紙、圖書、雜誌等，可以從容研讀，慢慢品味；對大型專題公關活動的盛況，採用電視則效果最佳，生動、逼真，能引人入勝。還需要注意的是：只對本地區有意義的資訊就不要選用全國性的媒介；只對一小部分特定公眾有意義的資訊就沒有必要採用大眾傳播媒介；而對個別消費者的投訴，則只需面約商談或書信往來。

(4)根據經濟條件來選擇傳播媒介。俗話說「看菜吃飯，量身裁衣」，組織的公共關係活動經費一般都很有限，而越是現代化的傳播媒介，費用越高。所以，成功的公共關係策劃，應選擇恰當的媒介與方式，爭取以較少的開支得到最好效果。

4.預算經費

公共關係活動經費一般包括以下幾個專案：

(1)行政開支：

(a)勞動力成本。這是行政開支的主要費用之一。應包括公
　共關係工作人員的基本工資、職務工資，還包括獎金、
　津貼及其他福利補貼，外聘專家和勞務人員的開支也計
　在內。

(b)管理費用。指維持公共關係部門日常工作而支付的費
　用，通常包括房租、水電費、保險費、辦公費、差旅
　費、維修折舊費等。

(c)設施材料費。依據公共關係活動運用的技術手段而定。
　一般包括各種攝影設備和材料、視聽器材，展覽設施和
　所需的各種實物，訂閱的書報雜誌等。

以上費用屬於基本固定的日常開支。

(2)項目開支：指實施各種公共關係活動項目的所需費用，特
　別是那些大型專項活動，所需經費較多，是日常固定開支
　難以支付的。例如大型活動的舉辦、贊助、專項調研、突
　發事件的處理等。這類費用的預算要有較大的彈性。

公共關係預算總額確定的方法很多，最常見的有：

(1)固定比率法：此法是按照一定時期內經營業務量的大小來
　確定預算的一種方法，例如從企業每年的總產值中撥出固
　定百分比的資金作為「信譽投資」，這種方法最突出的優
　點便於計算，簡單易行。但它也存在著明顯的缺點：首先
　是最佳比率難以確定，容易影響預算撥款的科學性；其次
　是因果倒置，公共關係經費要由銷售結果來決定，而事實
　往往是銷售額的增長正是公共關係活動的結果；再次，這
　種方法缺乏彈性，一旦有特殊需要，只能望洋興嘆。

(2)投資報酬法：此法是把公共關係開支當作一般投資來看，
　根據同量資金投入獲得同量報酬的原則，哪個部門報酬

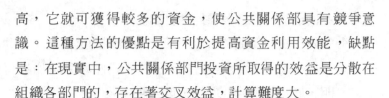

高，它就可獲得較多的資金，使公共關係部具有競爭意識。這種方法的優點是有利於提高資金利用效能，缺點是：在現實中，公共關係部門投資所取得的效益是分散在組織各部門的，存在著交叉效益，計算難度大。

(3)量入為出法：此法是按照組織的財務狀況，根據財政可能支付的金額來確定公共關係費用預算。以上三種方法都是先確定公共關係活動費用的總額，然後再擬訂行動計畫，這幾種方法雖然比較現實，但比較消極、被動。

(4)目標先導法：即先制訂出公共關係工作希望達到的目標，而算出完成計畫所需的資金總量作為預算額度。同時還應計提一定比率（比如10％）的風險基金，以備偶然事件的發生。這種方法的優點在於具有主動性、伸縮性，可以根據公共關係活動自身需求和環境變化來進行預算，便於充分發揮主觀能動性。缺點是如果預測不夠科學、準確，就可能出現超支或浪費，操作要求難度比較高。

5.策劃書

公共關係計畫經過論證後，必須形成書面報告——策劃書。職業化的公共關係策劃必須建立自己完整的文書檔案系統。每一項具體公共關係活動必須見諸文字，以備查找。

策劃書的寫作應包括以下十個方面：

(1)封面。封面應註明策劃的形式與名稱、策劃的主體（策劃者及所在公司或部門）、策劃日期、文件編號。此外，還可考慮在封面上簡潔地附加兼有說明的內文簡介。

(2)序文。序文是指把策劃書所講的要點加以提綱概括，內容簡明扼要，使人一目瞭然，，一般在四百字左右即可。

(3)目錄。目錄要對內容提綱挈領，務求讓人讀過後能瞭解策

劃的全貌，目標與標題應協調統一。

(4)宗旨。這是策劃的大綱。應該將策劃的重要性、公共關係目標、社會意義、操作實施的可能性等問題加以具體說明，展示策劃的合理性、重要性。

(5)內容。這是策劃書的主體和最重要的部分。內容因策劃種類不同而有所變化，但必須以讓第三者能一目瞭然為原則，應層次分明、邏輯性強，又切忌過分詳盡冗長。

(6)預算。即按照策劃確定的目標（包括總目標與分目標）每項列出細目，計算出所需經費。在預算經費時，最好繪出表格，列出總目和分目的支出內容，既方便核算，又便於以後查對。

(7)策劃進度表。把策劃活動的全部過程擬成時間表，何月何日要做什麼，加以指示清楚，作為策劃進程的指導。進度表最好在一張紙上擬出，並作為一覽表之用。

(8)有關人員目標責任分配表。根據目標管理原則，對各項目標、各項任務由何人負責，所有事關人員的責、權、利應明確清楚，避免責任不清、權力交叉造成的混亂。

(9)策劃所需的物品和活動場地安排。活動中所需要的各種物品、設施、場地的佈置規模、停車場地等，都要仔細安排，避免疏漏。

(10)與策劃相關的資料。一般指有關的背景材料、前期調查結果、類似項目及競爭對手的情況等。給策劃的參與者和審查者提供決策參考。但資料不能太多，喧賓奪主，應擇其要點而附之。

策劃書的寫作應注意扼要地說明背景，引人入勝地描繪策劃主題，詳細地描述整體形象，嚴謹科學地說明預算。如果可能，

應儘量用各種圖表給讀者以直觀形象印象。如果是對外招商的公
共關係策劃書，還應注意把握好保密度。

練習、思考題

1.公共關係調查在組織的形象管理中具有什麼意義？

2.日常公共關係調查包括哪些內容？

3.實施公共關係調查可以採取哪些不同方法？

4.怎樣設計一份調查問卷？

5.什麼叫公共關係策劃？

6.公共關係策劃的原則是什麼？

7.如何設計公共關係活動的主題？

8.列舉一個你所掌握的公共關係案例，並簡述其中主要的策劃過程。

第十章

公共關係計畫的實施與評估

經過調查和策劃，公共關係工作便進入實施、評估階段。本章主要分析公共關係計畫實施的意義、特點和原則、方法，介紹公共關係評估的目的、程序及其評估標準和具體評估方法、途徑。

第一節　公共關係計畫實施的意義和特點

一、公共關係計畫實施的意義

公共關係計畫的實施就是公共關係被採納以後，把計畫所確定內容變爲現實的過程。這個過程是公共關係四步工作法中的第三個環節，也是最爲複雜、最爲多變的一個關鍵環節。這時，整個公共關係計畫要借助於調查與策劃的雙翼，透過實施而開始起飛了。因此，一項公共關係計畫的實施，其重要性足以和計畫制定本身相比，從某種意義上講，甚至比計畫的制定更爲重要。

第一，公共關係計畫的實施是解決問題的中心環節，公共關係工作的終極目的不是研究問題而是解決問題。公共關係計畫的制定是研究問題的過程。計畫的實施才是直接地、實際地、具體地解決問題的過程。如果認爲一項公共關係計畫在確定之後就會自動地、必然地成爲現實，這是一種不切實際的幻想。即使是完美無瑕的公共關係計畫，如果不經過實施，而是束之高閣，那麼，它無論是對社會組織，還是社會組織的公眾，都是毫無意義的「紙上談兵」。

第二，公共關係計畫的實施決定了計畫能否實現，以及實現的程度和範圍。成功的實施，可以圓滿地完成計畫所確定的任

務，實現計畫目標，甚至還可以藉由實施人員創造性的努力來彌補計畫中的不足，這種實施活動的成功之處就在於實施人員能夠選擇最有效的途徑和手段，採用多種方法和技巧，在公眾中樹立本組織的良好形象。失敗的實施，不僅不能實現計畫目標，有時還可能使計畫中想要解決的問題更加惡化，甚至完全與計畫目標背道而馳。從這個意義上來說，實施這個環節不僅決定了計畫能否實現，而且也決定了計畫實現的效果。

第三，公共關係計畫實施的結果是後續方案制定的重要依據。一項公共關係計畫的實施過程不論成功與否，它都會在社會上造成一定的影響和後果。因此，可以說，我們面臨的社會現狀，就是過去社會組織推展公共關係工作所形成的結果。制定公共關係計畫必須要以社會組織所面臨的現狀為依據，特別要注意將前一項公共關係計畫實施後，經由各種管道反饋回來的資訊為依據。以前一項公共關係計畫實施的結果為基礎，針對新出現的問題制定新的計畫，可以說是公共關係計畫制定過程中的一個基本原則。因此，前一項公共關係計畫實施的情況，對後續方案的制定具有重要的意義。

二、公共關係計畫實施過程中的特點

(一)實施過程中的動態性

公共關係計畫的實施是由一系列連續活動構成的過程，是一個思想和行為需要不斷變化、不斷調整的過程。這種實施過程的動態性主要是由於：一方面，一項公共關係計畫無論制定得多麼周密，也無論它又是如何具體和細緻，它總免不了與實際情況存在著一定的差異；另一方面，隨著時間的推移、實施的進展、環

境的變化，實施過程中仍會遇到一些新情況和新問題。因此，不斷地改變、修正或調整原定的實施方案、程序、方法、策略等則是實施活動中不可避免的現象。同時這種現象也是計畫實施過程中順利發展的表現，而並非是隨意性的計畫實施。可以說，這種不斷調整計畫的變動要始終貫穿於實施的整個過程之中。相反，如果不考慮社會環境的發展而引起的條件的變遷，卻按一個固定的模式去機械地「執行計畫」，那就不僅不能實現自己的計畫目標，反而會給社會組織自身招來新的麻煩。因此談論實施過程中的動態性，並不意味著實施人員可以隨意以一些無關大局的變化為藉口，而不按原計畫去進行實施。公共關係計畫實施中的動態性與實施人員的主觀隨意性不可混為一談。

(二)實施過程中的創造性

由於計畫的實施是一個不斷變化和需要調整的動態過程，實施者則要依據整個實施方案中的原則和自己所處的環境、面臨的條件確定自己的實施策略，並準確地選擇傳播管道、媒介與方法，合理地選擇時機，正確地分配任務，靈活地調整步調等。可見，公共關係計畫實施的過程絕不是一個簡單的照章辦事的過程，而是一個由一系列不同層次的實施者發揮主觀能動性的過程。實施人員應該依據這一特點，充分地發揮自己的積極性、主動性和創造性。從這個意義上說，公共關係計畫實施的過程又是一個對原計畫進行藝術地再創造的過程，也是不斷豐富公共關係實務經驗的過程。在計畫實施的過程中，常常會遇到意想不到的突發事件，而在原定的公共關係計畫中又很難找到如何處理這些突發事件的具體措施；這時，實施人員能否充分發揮自己的主動性、積極性和創造性，則成為公共關係計畫能否實現的關鍵。所以，研究計畫的實施過程，必須注意到它是一個實施人員發揮創

造性的過程。忽略了這一特點，公共關係計畫的實施將成為一種缺乏藝術性的程序化、制度化的活動。但是講創造性，絕不能允許實施人員隨意篡改實施方案的原則，或以各種藉口對計畫的實施進行抵觸，而把計畫的實施過程引向歧途。

(三)影響的廣泛性

一項公共關係計畫涉及眾多的因素和變數，它對各類公眾產生廣泛的影響。然而，公共關係計畫所產生的影響在方案策劃階段還只是「紙上談兵」，只有在計畫實施的過程中，才能真正展現出來，公共關係計畫實施過程中所產生出來的廣泛性影響主要表現在以下三個方面：

首先，在計畫實施過程中，會對眾多的目標公眾產生深刻的影響。一項公共關係計畫得以成功實施後，常常會使該社會組織的敵對力量變為自己的合作者和支持者，即使有時不能介目標公眾從立場上進行徹底的轉變，但至少在觀點、態度等方面也會產生不同程度的變化。亦即起碼可以使目標公眾對社會組織的負面態度（敵視、偏見、漠然、無知）轉向正面態度（瞭解、理解、好感、支持）的方向進行轉化。例如，一項成功的公共關係廣告常常可以在目標公眾的心目中樹立本組織的良好形象，使其對該組織產生好感或進而引導目標公眾的消費行為。六○年代，日本食品商決定把速食麵打入香港市場，從調查中得知，香港居民習慣吃大米，對麵條不感興趣。經過策劃，日本廠商決定把兒童作為本次計畫實施的目標公眾。因為成人的飲食習慣一旦形成以後，一般是難以一下子改變的，而兒童在飲食方面並未形成固定的習慣。因此，要想開拓香港市場，必須從兒童這一目標公眾入手。經過一段成功的實施以後，日本廠商終於「征服」了他們的目標公眾，把速食麵打入香港市場。美國四年一度的總統競選活

動，也是伴隨著公共關係計畫的實施，以便影響選民這一目標公眾的選票投向的。可見，一項公共關係計畫實施所產生的影響，最先展現在它們的目標公眾身上。

其次，公共關係計畫的實施有時還會對整個社會的文化、習俗產生深刻的影響。一九七一年，美國的漢堡在一項公共關係的實施中遠涉重洋，「登陸」日本，這一成功的公共關係計畫實施，不僅使日本民族兩千多年以來吃米、吃魚的習慣發生了變化，而且使日本民族的進餐方式有了突破。以往日本人習慣於端坐桌旁用筷子吃飯，但是吃漢堡卻可以用手抓著吃，可以邊談邊吃，也可以邊走邊吃，忙碌時甚至可以邊工作邊吃。這一進餐方式由於適應了日本民族快節奏的現代生活而為日本人民所接受。日本的藤田田先生說：「漢堡帶給日本人的衝擊比佛教傳入日本更大。」（《我是最會賺錢的人物》，〔日〕藤田田著，浮萍譯，1988）由此可見，一項公共關係計畫在實施過程中所產生的影響和作用，往往不局限於計畫本身所制訂的目標，而對整個社會產生推動作用。這是因為，一項公共關係計畫的實施常常會使社會文化的整體結構，因為出現樂意接受的因素而產生一系列相應的變動。

最後，一項公共關係計畫在實施過程中產生的影響還表現在：計畫在研究過程中一些沒有認識到、隱蔽性的問題，常常會在實施過程中逐步顯示出來，並帶來一些未曾預料的影響和變化。這一特點，為公共關係計畫在實施過程中產生的廣泛性影響提供了新的內容。總之正是由於公共關係計畫的實施，才使公共關係計畫產生了廣泛性的實際影響。

影響的廣泛性、過程的動態性和實施的創造性不是孤立存在的，而是在實施過程中互相影響交互作用的結果。一項公共關係計畫的實施影響範圍越廣泛，實施過程中的創造性也會表現得越

突出，計畫的變化和調整幅度也越大；同樣，計畫的調整和變動幅度越大，計畫實施所產生的影響範圍也就越廣泛。

三、影響公共關係計畫實施的因素分析

影響公共關係計畫實施的因素是眾多而複雜的，一般來說，主要來自三個方面，即方案本身目標障礙、實施過程的溝通障礙及突發事件的干擾。在實施過程中，僅憑公共關係工作人員的工作熱情和苦幹實幹是不行的。我們必須懂得：要獲得一定的實施效果，就必須瞭解和研究在實施過程中怎樣消除或減少溝通的障礙。

(一)公共關係計畫中的目標障礙

所謂公共關係計畫中的目標障礙，就是指在公共關係計畫中由於所擬定的公共關係目標不正確或不明確，而為實施帶來的障礙。在公共關係計畫實施的過程中，無論實施的動態性多麼突出，但是實施的原則基本上是根據計畫方案所規定的內容進行，否則，它就不是公共關係計畫的實施了。因此，公共關係計畫的實施必然要受到計畫方案多方面的影響。如果計畫目標不正確或不具體，那麼，儘管實施人員盡心盡力，也會給實施造成種種障礙。例如，公共關係計畫目標不符合公眾利益，那麼，在實施過程中必然受到目標公眾的抵制。又如公共關係計畫目標過低則往往不能喚起目標公眾的合作熱情；目標過高則會使實施人員望而卻步等等。因此，要想有效地推展實施活動，就必須排除各種目標障礙。

排除目標障礙的根本途徑是要求計畫的制定者，儘量使計畫目標具有正確性、明確性和具體性。實施人員在展開工作之前必

須從以下五個方面檢查一項公共關係計畫的目標是否具有正確性、明確性和具體性：

(1)檢查計畫目標是否切合實際並是可以達到的。

(2)檢查計畫目標是否可以比較和衡量。

(3)檢查計畫目標是否指出了所期望的結果。

(4)檢查計畫目標的完成是否是計畫實施者職權範圍內所能完成的。

(5)檢查計畫目標是否規定了完成的期限。

如果在這五個方面有疏漏，實施人員應主動與計畫制訂者取得聯繫並促其重新修訂。計畫目標不明確或用宣傳口號式的語言來表達計畫目標，都會使實施工作無法有效地推展。實施人員可能因為不明確的計畫目標的要求，或所得到的指令籠統含糊，從而引起誤解、產生錯誤的行動，這就是實施人員排除目標障礙的意義所在。正確的、明確的、具體的計畫目標是實施人員行動的依據和樹立信心、贏得公眾支持的重要源泉，也是對計畫實施進行控制、監督和評估的基礎。

(二)計畫實施中的溝通障礙

公共關係計畫實施的過程實際上是傳播溝通的過程。實施過程中的傳播溝通並不是一帆風順的，常常會因為傳播溝通工具運用不當、方式方法不妥和傳播管道不暢通，而使實施工作不能如願以償，難怪一些傳播的實踐者不得不發出感嘆：我們面對著的，仍是一個難以溝通的世界。美國的一位生態學家奧爾多‧利奧波爾德（Aldo Leopold）在他的早期著作中提出，如果能夠把使用土地不當的惡果提前告訴人們，他們就會改變自己的方式。在其晚年，他認識到這一結論是建立在三個錯誤的假設基礎上。

這三個錯誤假設是：公眾能夠聽從勸告或能使他們聽從勸告；公眾能夠做出反應或出於對受到傷害的恐懼而能夠使他們做出反應；在公眾本身沒有發生任何重大改變的前提下，也可以改變土地使用方式。這位生態學家的良好願望不能實現的主要原因來自於社會溝通的障礙。研究社會溝通的障礙並排除之，是有效地推展實施活動不可缺少的重要環節。

在實施活動中，常見的溝通障礙大致有以下幾種：

1.語言障礙

語言是以語音為物質外殼，以辭彙為建築材料，以語法為結構條理而構成的符號體系。語言與思維不可分離，為人類所獨有，是一種特殊的社會現象。人們只有借助語言才能表達情感、交流思想、協調關係。因而，語言是人類最重要的溝通工具。但是語言又是一種極複雜的工具，掌握運用語言的能力絕不是一件輕而易舉的事。由於語言方面的原因而引起的溝通麻煩到處可見。有一次，一位非洲國家的朋友來到中國的一家賓館，他用法語說他要求住一個單人客房，並說：「我是部長。」然而，服務員只懂得幾句常用的法語，而不懂「我是部長」這一關鍵的詞語，因而鬧得很不愉快。這是語音差異造成的隔閡，影響了人際交往。不同國度、不同民族之間的溝通會遇到語言上的障礙是自不待言的，而在同一國度裏的同一民族因地區的不同造成語音的不同，也往往使人們飽嘗語音不通之苦；問路走錯路，搭車搭過站，購物聽不懂，甚至因語音誤會引起不必要的糾葛。

語意不明同樣也會使溝通出現障礙。一次，一位警察在調查辦案過程中發現一個青年有嫌疑，立即向科長彙報。科長指示：「可以調查一下。」於是該警察立即把那個青年銬來了。審查結果被銬青年與案情毫無關聯，這時放人難啊，這個警察又請示科長

347

該怎樣處理。科長發火了：「誰讓你把他銬起來的？」該警察回答：「你不是說『可以調查一下』嗎？又沒說過不能銬來。」科長頓時語塞。發出一個令人可以這樣理解也可以那樣理解的指令，是造成溝通失誤、導致錯誤局面的直接原因。

2.習俗障礙

習俗即風俗習慣，是在一定文化歷史背景下形成的具有固定特點的調整人際關係的社會因素，如道德習慣、禮節、審美傳統等。習俗世代相傳，是經過長期重複出現而約定俗成的習慣法。雖然習俗不具備法律的強制力，但透過家族、鄰里、親朋的輿論監督，往往迫使人們入鄉隨俗，即使聖賢也莫能例外。忽視習俗因素而導致溝通失敗的事例屢見不鮮。

不同的禮節習俗往往造成溝通中的誤解，以至溝通受挫。一位德國工程師到日本磋商合同問題，在日期間，他受到熱情的接待。當他提出自己的意見時，日本對手微笑頻頻點頭，他回去後滿懷希望地等待了三個星期之後，卻得到了完全出乎意料之外的回音——他所提的意見半數以上遭到否決。他實在不知道，日本人的微笑禮貌絕不是同意的表示。

不同的審美習俗也導致彼此誤解。一位英國青年為了取悅他的中國女友，特意買了一束潔白的菊花送到女友家中，不料女友的父親一見便大為不悅，結果他被轟了出去，而他卻不知道原因的所在。在他看來白色象徵純潔無瑕，他選擇菊花完全是一片好意，他根本不會想到在中國白花是吊唁死者用的。現在他將白花送給活人，在其未來的岳父看來是詛咒他短命，當然是不可容忍的了。因此在溝通中必須注意到溝通雙方是否有不同的審美習俗。

上面列舉的影響溝通的習俗障礙儘管是掛一漏萬，但是說明

了問題的重要性。公共關係計畫的實施者對這些影響溝通的習俗障礙瞭解得越多，溝通時則越會得心應手。

3.觀念障礙

觀念屬於思想範疇，由一定的經驗和知識累積而成，在一定條件下人們接受、信奉並用以指導自己行動的理論和觀點。觀念本身是溝通的內容之一，同時對溝通又有巨大的影響作用。有的觀念是促進溝通的強大動力，有的觀念則是阻礙溝通的絆腳石。因此，在消除語音和習俗障礙之後，有必要認真地對待觀念障礙。

封閉觀念排斥溝通。封閉觀念源於農業經濟。農民世世代代在一小塊土地上耕種，自給自足。簡單勞動只憑經驗和力氣，不需要分工合作，沒有眾多的社會聯繫，決定了他們自覺怡然於「桃花源」式的生活方式，產生「雞犬之聲相聞，老死不相往來」的自我封閉觀念。公共關係計畫的實施過程中常常在封閉觀念面前受阻。前面所提到的那位美國生態學家的良好願望之所以不能實現，就是由於受到封閉觀念的抵制。極端觀念破壞溝通。在日常生活中我們經常遇到這種情況：爭論雙方都只抓住對方在溝通過程中的某一環節、反面或特點各執一詞，彼此否定，誰也聽不進對方的意見，結果常常鬧得不歡而散。例如，某飯店來了一位風塵僕僕的美國客人，客人說他的旅遊代理商在一個月前已為他在這個飯店預訂了一個單人房，但服務員經過反覆查找，卻一直未找到訂房單，於是雙方各執一端，一方說訂好了，一方說沒有，雙方爭論不休。這時飯店經理走過來，用一句巧妙的話排除了雙方因極端觀念所造成的溝通障礙。他說，既然客人說預訂了，而飯店又確實沒收到，那麼肯定是通訊出了問題，於是雙方找到了臺階。從這個實例我們可以看到，極端觀念是溝通的大

敵。極端觀念在談判中的表現形式就是只考慮自身的利益而不顧對方，因此這樣的談判十有八九要失敗。這實際上也是溝通障礙而造成的失敗。

觀念障礙並非僅此兩種，在這裏我們只是就此形式說明觀念障礙是影響溝通的不可忽視的一個因素。

4.心理障礙

心理障礙是指人的認識、情感、態度等心理因素對溝通過程的阻礙。例如在談判中，常常由於一方或雙方誤解了另一方的意圖或事實眞相而浪費大量時間。曲解的原因就在於一方或雙方鑽進了隱蔽假設（所謂隱蔽假設是指一種下意識的假設。例如我們寄出報費和訂閱單，是假設自己會得到報紙；把錢付給售貨員是假設自己會得到商品。由於這種假設是習以爲常的，因而通常並不易察覺）並且毫無覺察；陷入困境的談判有時就是這樣造成的。日常生活中的意見衝突也往往是隱蔽的假設不同在作怪，而調解者的有效作用，往往就在於準確無誤地使雙方瞭解事實眞相，以消除偏見。在溝通過程中，時時注意檢查自己的各種假設的眞假並對對方做出正確預測是十分必要的。

除了認識方面的障礙以外，情感的失控也會導致溝通受阻。例如，感情衝動時往往聽不進不同意見；不能擺脫心情壓抑狀態的人大多表現出孤僻、不願與人交往的傾向，對一些資訊有厭惡感。與此同時，態度欠妥也不能獲得理解的溝通效果。例如迷信權威有時會使判斷產生錯誤。美國心理學系大學生做過這樣一個實驗：在開始講課前，教授給學生介紹一位客人。他說：「這位是漢斯‧史密特先生，世界著名化學家，我們特邀他來美國研究某些物質的物理和化學性能。」然後這位史密特先生用德語對學生們說他正在研究一種新發現的物質的性能，這種物質的擴散非

常快，以至人們剛剛嗅到它的氣味就立刻消失了。而後，他從皮包裏拿出一個裝有液體的小玻璃管，說：「我一打開試管，這種物質就會立刻蒸發出來。這是一種無害氣味，你們很容易嗅到，請大家一聞到氣味就立即舉起手來。」他打開試管後不一會兒，從第一排到最後一排，所有學生都舉起手來。事後，心理學教授向全班同學講，這位史密特先生只是德語教研室的一位教員，所謂具有強烈刺鼻氣味的物質，不過是普通的蒸餾水而已。實驗證明，迷信權威往往會使人接受錯誤資訊，這是溝通的大忌。研究溝通過程中的心理障礙其目的是爲了瞭解它、掌握它、排除它，進而實現公共關係的溝通目標。

5.組織障礙

「組織」這一概念在這裏指由若干「系統」所組成的、開放的社會技術系統。合理的組織結構能夠有效地進行內外溝通。反之，不合理的組織結構則會成爲束縛溝通的繩索。溝通過程中的組織障礙主要表現在以下四個方面：

第一，傳遞層次過多造成資訊失眞。有人做過這樣的實驗：拿一張圖給第一個被試者看，然後讓他憑記憶重新畫出。接著把重畫的圖給第二個被試者看，也讓他根據記憶再畫一張。以此類推，傳到第四個人時，畫出的圖與原圖相差甚大。這表明資訊在傳遞過程中，中間環節越多，正確率越低，甚至有時最後資訊與原資訊被搞得面目全非。因此，在組織機構上減少層次，減少資訊傳遞環節，儘量做到「一竿子到底」，是保證溝通內容準確無誤的有效措施。

第二，機構臃腫造成溝通緩慢。機構設置臃腫繁多，必然造成印章循環。這就好像一個過胖的人，由於心臟承受著重壓，血液循環與新陳代謝必然受阻一樣。肥胖導致病人高血壓、動脈硬

化、心臟病等。機構臃腫也必然導致組織缺少活力，資訊溝通緩慢或「血栓」。

第三，條塊分割造成溝通「斷路」。條塊分割的組織結構，使資訊很難暢通無阻。有時只要有一關通不過，就不能實現溝通。條塊分割，層層設卡，地方封鎖，嚴重地堵塞了自由溝通的管道。

第四，溝通管道單一造成資訊量不足。這種溝通中組織障礙主要是指資訊的傳遞基本是單方向的——「上情下達」。組織結構的安排不大考慮從下往上提建議、商討問題等途徑就會下情難於上達，因而送達到決策層的資訊量明顯不足。為了加強溝通，排除這種組織障礙，各組織應建立多種溝通管道，如透過黨、政、工、團、婦等管道反映情況；舉行民意測驗，廣泛徵詢意見；召開各種類型座談會、對話會；進行家訪和談心；定期商討共同關心的問題等等。

溝通的障礙可能來自溝通要素的任何部分，也可能發生在溝通過程的任何環節，是由各種各樣的因素分別或共同引起的。因此，溝通的障礙並非只源於以上五種。除此五種之外，還有諸如政治障礙、生理障礙、技術障礙、方法障礙等。

由於障礙的類別不同，特點各異，排除的方法自然也是不同的。在這裏我們只是從原則上介紹一下排除溝通障礙時應注意的問題：

第一，注意縮小傳播者與公眾之間的差異。解決這一點的方法是：利用與公眾所處的社會位置最近的媒介；利用公眾心目中信譽較高的傳播媒介，但這一點是相對於具體問題而言的；儘量減少與公眾在態度方面的衝突；用公眾可以接受的語言或事例來說明所需溝通的問題；確定大多數公眾的立場，表明自己的立場與他們的立場一致；發揮「公眾細分」的作用，公眾細分將會幫

助溝通者得到積極的反應；根據形式需要隨時調整反映組織要求的資訊。

第二，溝通者必須牢記下列基本事實：公眾是由許多受到各方面影響的個體所構成。這些個體生活、工作的特點各不相同，並在社會生活的結構的各個部分包括城市、郊區、農場和村鎮中發揮作用。他們受到各方面的影響，溝通者所傳播的資訊只是其中的一個。公眾樂於接受與他們切身利益密切相關的資訊和與他們原有認識、態度相一致的資訊，而迴避或不接受與其原有認識、態度相矛盾的資訊。

(三)公共關係計畫實施中的突發事件

對公共關係計畫的實施干擾性最大的莫過於重大的突發事件。這裏所說的重大突發事件包括兩人類：一類是人為的糾紛危機，如公眾投訴、新聞媒介的批評、不利輿論的衝擊等事件；另一類是不以人類意志為轉移的災變危機，如地震、火災、水災、颱風等等。這些重大的突發事件對公共關係計畫的實施干擾極大。因為突發事件一般具有以下幾個特徵：突然發生，常使人始料不及；來勢凶猛，常令人措手不及；後果嚴重，危害極大；影響範圍大，易給整個社會帶來恐慌和混亂。一個社會組織如果不善於「風險管理」，風險一旦發生，那麼不但會摧毀整個公共關係計畫的實施，甚至會影響到本身組織的生死存亡。

面臨突發事件應該保持頭腦冷靜，防止感情用事，認真剖析原因，正確選擇對策。據一位日本的公共關係專家介紹，面臨突發事件時，在傳播溝通時應注意以下六個問題：

(1)實事求是地發佈消息，不清楚的地方要坦率地告訴對方，不要把主觀臆測混在其中。

(2)發佈的時機很重要。不能因過於愼重而貽誤時機，以至使流言、謠言產生，引起混亂。例如一九八六年前蘇聯發生車諾比核電廠事故，一九八八年四月二十七日至三十日在澳洲墨爾本召開的第十一屆公共關係世界聯盟大會上，一位前蘇聯教授做了題爲「車諾比核電廠事故以來的兩年」的報告。報告中講到，「我們認爲事故發生後消息公布過晚是一個很大的失敗。事故發生在一九八六年四月二十五日夜間到星期六的黎明，而新聞界在二十八號才對外發表正式消息。在此之前，一家歐洲新聞社報導，說這一次事故造成了二千人死亡，引起全世界的震驚。我曾統計過，世界上類似前蘇聯核電廠的地方有四百一十家左右。我們應得出教訓，應隨時準備在事故發生後採取各種公關措施。」

(3)注意在發佈消息時應儘量統一形成文字，因爲口頭講話容易被誤傳。

(4)爲防止外界誤傳，宣傳中要統一口徑，不能隨便發表言論。例如一九八六年十一月日本伊豆三元火山爆發，造成兩萬三千八百多人下落不明。這些人到底逃到了何處，由於沒有統一的報導，造成了混亂。有線通訊說這些人沒有離島，而電視廣播說逃到了島外，讓人不知究竟誰對。

(5)有些社會影響大的問題我們認爲發佈消息越早越好。例如有一家企業，由於和政界在某些事上的牽連產生了社會問題，輿論界追究責任要求社長辭職。爲了平息事件，社長在深夜及時召開了記者招待會，便產生了積極的作用。

(6)一旦事故出現，應有專人處理新聞界的事務，儘快平息混亂。排除溝通障礙的努力帶有綜合治理的性質。因爲排除這些溝通障礙的方法理論涉及到諸如語言學、傳播學、邏

輯學、民俗學、社會學、心理學、管理學、法律學等學科。公共關係人員只有廣泛涉獵有關知識，透過全面的努力，儘量減少溝通障礙，才能有效地實現溝通並成功地實施所擬定的公共關係計畫。

第二節　公共關係計畫實施的原則與方法

公共關係計畫實施過程中的動態性、創造性及影響的廣泛性構成了實施活動的複雜性。為了在複雜的實施活動中不偏離既訂的公共關係戰略目標，公共關係實施人員必須遵循實施的原則及掌握正確的方法。

一、目標導向的原則與方法

所謂目標導向的原則是指公共關係計畫實施過程中，保證公共關係計畫實施活動不偏離目標的原則。執行目標導向的原則實際上是控制的一種手段。從廣義說，控制就是掌握住事物的發展及進程，不使其任意活動或超越出範圍。控制也被看作是管理的一個職能，而且多是與實施活動聯繫在一起的，如管理科學的五要素說（計劃、組織、指揮、協調、控制）和三種有機職能說（計畫、組織和控制）。實際上，在公共關係計畫實施過程中也離不開控制，其控制過程就是實施人員透過目標手段對整個實施活動進行引導、制約和促進，藉以把握實施活動的進程和方向。因此目標導向原則也叫目標控制原則。一項公共關係計畫實施的環境是複雜而多變的，若要成功地運用目標導向原則實現公共關係

計畫，必須不斷地把該項計畫與在這種複雜的環境中實施的結果和目標相互對照，如有偏差，及時調整才能避免失誤。

在公共關係實施過程中，爲了使目標導向的原則得到正確的運用，人們經常使用線性排列法和多線性排列法，將所有公共關係行動和措施按先後順序有機排列組合起來，然後再加以實施。線性排列法是按公共關係行動、措施的內在聯繫爲先後順序，逐一排列出來，然後再一步一步地向目標邁進（見**圖**10-1）。

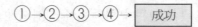

圖10-1　**線性排列法**

假如美國一家牛奶公司意欲將該公司的消毒牛奶打入日本市場，但是它卻遇到了一系列障礙：

(1)日本消費者對喝這種消毒牛奶是否有好處持懷疑的態度。

(2)日本消費者聯盟反對這種產品，擔心消毒牛奶安全問題。

(3)靠近大城市的牛奶場主反對消毒牛奶的分銷，害怕與之競爭。

(4)由於有關利益集團施加壓力，幾家大經銷商不願意經銷這種牛奶。那些依靠當地貨而興旺起來的牛奶專業商店，也反對消毒牛奶的引進。

(5)衛生福利部門和農林部門表示，他們將首先等待和觀察消費者能否接受消毒牛奶，然後再決定贊成還是反對消毒牛奶的廣泛銷售。

爲了排除這些障礙，公司的第一步是與日本衛生部聯繫，使之批准銷售該產品。因爲沒有該部門的批准，公司就不可能成

功，並無法實施下面的計畫。在此之後，第二步是說服大型經銷商經銷消毒牛奶。第三步與牛奶場取得聯繫。第四步對消費者進行消費指導。這四步均是在前一個行動取得成功的基礎上，逐步邁向目標的。多線性排列法是將幾個行動同時展開，共同向成功邁進的排列方法（圖10-2）。

這種排列方法可以縮短實施的時間，但花費的人力、物力、資金相對第一種排列的方法要多，而且前面一步的工作不能獲得成功，對下一步工作將造成浪費。

二、控制進度的原則與方法

控制進度的原則就是根據整個公共關係計畫的目標和需要，按照一定的程序，掌握工作的進展速度，以避免出現無法掌控輕重傾向的原則。在公共關係計畫實施的過程中，由於分工不同的實施人員各負其責地展開工作，往往會出現多方面工作不同步的現象。例如某項贊助活動在電視和報刊已經傳播開了，但贊助的紀念品尚未製作完成，這樣必然造成工作的脫節，因而延誤贊助活動的正常進行，影響主辦單位的聲譽。因此在公共關係活動的推展過程中，應經常檢查各方面工作的進度，及時發現超前或滯後的情況，做好協調，使各方工作同步進行和平衡發展。

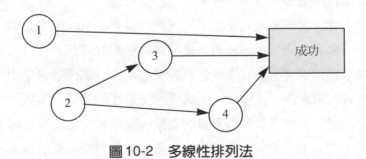

圖10-2　多線性排列法

貫徹控制進度的原則必須具備兩個條件：第一，要有明確的控制目的。第二，要重視反饋資訊。

重視運用控制進度的原則和方法，對成功地實現公共關係計畫具有重要意義，同時它也是失控者有效地推進工作進程的一項領導藝術。

三、整體協調的原則與方法

所謂整體協調的原則就是在計畫實施的過程中，使所涉及到的各方面達到和諧、合理、配合、互補和統一的狀態的原則，協調不同於控制，控制是對一個組織的計畫實施過程中與計畫是否有差異或背離，進行糾正或克服的行為；協調則強調在各個實施過程中的環節之間、部門之間及實施主體和公眾之間和諧化、合理化，使之不發生矛盾或少發生矛盾，即使當矛盾產生時，也能及時加以調節解決。

最普遍、最常見的協調有兩類：一是縱向協調，二是橫向協調。縱向協調是指上下級部門之間的協調。為了保證協調的效果，須注意以下幾點：第一，上級部門對下級部門要有充分的瞭解；第二，上級部門提出的新行動措施不可在下級部門毫無思想準備和組織準備的情況下突然付諸實施；第三，實施計畫中的主要目標和措施必須告知下級部門及全體實施人員；第四，下級部門必須實事求是，照實反映情況。橫向協調通常採用當面協商、文件往來等形式來溝通資訊，從而達到協調的目的。無論縱向協調還是橫向協調，都要依賴資訊的溝通。在資訊溝通過程中，資訊應具有明晰性、一致性、正確性、完整性的特點。所謂明晰性就是溝通的資訊要有清楚明確的表達，並能在實施人員心目中形成清晰的印象。如果不能明確地表達實施計畫所必要的指令和概

念，目標上不能統一，那麼實施人員就不能抓住整個公共關係計畫的重心，協調工作也會因目標不明確而無所適從。一致性的特點在於實施人員所接到的指令往往不只一個，這種先後發佈的指令必須前後一致，否則實施人員就會對指令感到困惑不解，協調只會成為空談。正確性是指要避免資訊失真，不要在溝通過程中有意無意地曲解資訊的內容，並加上自己的主觀解釋，否則，協調工作也不可避免地因資訊失真而偏離既定的目標。完整性的要求是建立雙向交流的資訊通道。只有透過雙向的資訊交流，才能有效地進行協調。

　　總之，協調的目的是要達到全體實施人員思想觀念上的共同認識和行動上的一致，保證實施活動的同步與和諧，做到整個實施部門統一意志、統一指揮、統一行動，提高工作效率、減少或杜絕人力、物力和財力方面的浪費。

四、反饋調整的原則與方法

　　反饋是控制論中的一個重要概念，也是公共關係計畫實施中的一個重要概念。所謂反饋就是指：把施控系統的資訊作用於受控系統（對象）後產生的結果再輸送回來，並對資訊的再輸出發生影響的過程。由於人們通常要用這種反饋後所獲得的認識來調整整個公共關係計畫的實施活動，所以又稱之為「反饋調整」。它的特點是：根據過去的實施情況去調整未來的行為（見圖10-3）。

　　反饋調整的過程是：

　　公共關係計畫制定者確定公共關係目標，根據公共關係計畫的目標制定具體的實施方案，在實施方案制定的基礎上，組織有關部門和人員對方案進行評估，然後把評估結果與原定的公共關

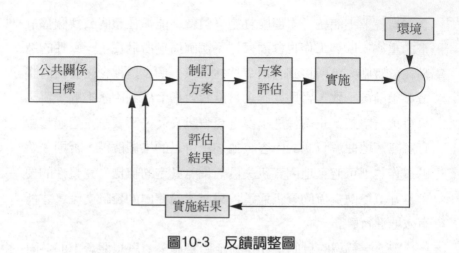

圖10-3　反饋調整圖

係目標進行比較，發現問題後再重新修訂整個公共關係計畫，這是第一步。第一步工作完成之後，則開始將修訂過的公共關係方案付諸實施，實施後再將實施結果與原定目標進行比較，以影響、調整下一步公共關係計畫的制定與實施。

　　由於公共關係計畫實施的環境和目標公眾的情況是複雜而多變化的，因而，在實施過程中必須不斷地把公共關係計畫在客觀環境中實施的結果與公共關係目標相對照，如有偏差應及時對計畫行動或目標做出相應的調整。實行反饋調整的必要條件，要依靠各種形式的資訊反饋管道，把方案實施的各種資訊及時、準確地蒐集匯總上來，經過研究分析，作爲調整行動的依據，這裏應該說明：一項公共關係計畫的制定與實施，並非只需作一次反饋調整便可解決一切問題。它需要經過多次循環往返的反饋、調整使實施不斷完善，直至完成公共關係計畫，實現戰略目標。從這個意義上說，任何一項公共關係計畫擬定後，公共關係人員不應產生一勞永逸的思想。爲了保證計畫的成功，實施公共關係人員還應掌握「測試工作法」去推展工作。測試工作法主張首先應將

計畫方案在小範圍內或者說樣本公眾身上實施，待取得經驗之後再進行反饋調整，最後在大範圍內實行。因為一項公共關係計畫的實施，特別是那些重大的公共關係活動，所涉及的政治、經濟、文化、心理等社會因素的制約、作用；難以進行精確的定量分析，再加之其後果影響深遠，難以預料，而類似的經驗又十分缺乏，在這種情況下工作測試就成了一個必不可少的環節。有些公共關係計畫，雖然經過專家運用科學的方法進行了反覆的研究、比較、推敲和計算但仍沒有把握，此時，工作測試便成為了一個最後的有效的驗證手段。

測試工作法的步驟大致包括選擇測試對象、設計測試方案、進行測試和總結測試結果幾個階段。

首先是選擇測試對象，也就是我們常說的選「點」。選擇測試對象，要根據公共關係計畫的要求進行，力爭全面、有代表性和便於測試的原則。例如要測試資訊的可讀性，可以在傳播該資訊的稿件發表之前，找來各種不同類型的公眾來試讀，應避免那種有傾向性的測試，比如，為了證明該資訊的可讀性，只選擇知識分子進行試讀，這種測試是沒有任何意義的，因為它不能客觀地反映事物的本來面目，而只能將測試工作引入歧途，必須堅決杜絕。

其次是設計周密的測試方案指導測試的進行。用於測試的方案可以是一個，也可以是兩個或多個。對於範圍較廣、影響較大的複雜活動，最好有幾個不同的方案同時測試，以便比較。測試的設計一般分為兩個組，一組為試驗組，一組為對照組。在試驗組中具體實施公共關係計畫，對照組不實施，只是用來與試驗組對照比較（見**表10-1**）。

其中X代表某一公共關係方案，0代表試驗組各因素變化的狀況。de和dc表示實施公共關係之前和之後的變化情況，前者進

表10-1　試驗分析表

	測定前		測定後	差異
試驗組	01	X	02	02－01＝de
對照組	03		04	04－03＝dc

行了實驗，後者未進行實驗。從實驗的結果看，如果de和dc之間有明顯的差異，並且這種差異是完成公共關係目標所希望的方向，就表明該項公共關係計畫有明顯的效果，一般來說，它就具有高度的可行性，能夠全面推廣；相反就說明該計畫或實施過程有問題。當然，這一切都要經過總結分析才能確定。

最後是分析和總結測試結果。這是測試工作中最關鍵的一個階段。因為總結階段要根據測試的整個過程的最後結果，檢驗、評估、修改、補充或否定該項公共關係計畫。如果計畫可行，就要根據測試的過程總結和提出具體的實施方案，以指導公共關係計畫的全面實施。總結經驗要求實事求是，要對實施的整個過程和結果，進行全面系統化的考察和分析。一般地說，成功的結果表明公共關係計畫和實施方案是正確的，但也並非全是這樣，有時成功也可能是由偶然因素造成的。在通常情況下，失敗的結果證明公共關係計畫和實施方案是不正確的。但必須注意，公共關係計畫的目標錯誤會導致失敗，測試方案的錯誤也會導致失敗，測試方案的具體實施同樣也會導致失敗。總結經驗還必須分析研究這些經驗適用的範圍和條件。總結經驗還需特別重視失敗的經驗。在科學實驗的領域內，對於人們的認識來說，失敗和成功同樣具有價值。一個全面成熟的經驗，往往需要經過成功與失敗的反覆試驗才能取得，因此，不能忽視失敗的價值。成功的經驗從正面告訴我們應該怎樣做，但不能直接告訴我們不應怎樣做。失敗的經驗雖不能從正面告訴我們應怎樣做，但它卻能告訴我們不

應怎樣做。只有兩者結合起來，才能眞正知道必須怎樣做。

　　整個測試的過程基本上與前面的「反饋調整圖」相同，只需把「實施」改爲「測試」，把實施結果改爲測試結果即可。測試工作法體現了反饋調整的原則並爲我們提供了反饋調整的方法，因而公共關係計畫的制訂者和實施者都對測試工作法給予高度的重視。

五、選擇時機的原則與方法

　　在公共關係計畫的實施過程中，必須考慮到一個關鍵因素，就是時機問題。正確選擇時機是提高公共關係計畫成功率的必要條件。忽視時機這一因素，常常會導致計畫實施的失敗，其主要原因有三點：(1)人們不習慣接受任何突然的、劇烈的變化，而需要一個他們認爲是正常的發展過程；(2)溝通的目的在於取得預期的反應，所以應該循序漸進地向溝通對象進行資訊的傳播與灌輸；(3)廣告宣傳和新聞報導本身，就應該是事件發生以後的邏輯後果。正確選擇時機的原則與方法是克服時機障礙的有效方法。一項公共關係計畫實施的時機如果恰恰與奧運會的舉辦發生衝突，那麼無論計畫的實施者採取怎樣大力的宣傳措施，恐怕其效果也會在奧運會這種重大的新聞、事件面前黯然失色。這就是不注意排除時機障礙所帶來的必然結果。相反地，如計畫實施過程中，對於時機進行了精心的選擇與安排，整個計畫將會借助於恰當的時機而收到良好的效果。例如美國的一所中學的公共關係部主任爲喚起公衆對中學生大量失學這一嚴重問題的認識，準備了一篇文章，題目是「失學——魔鬼的呼喚」，經過研究，該文的廣播時間被確定在黃昏時間來進行，爲什麼要選擇這個時間呢？因爲據心理學家測定，黃昏是人們情緒比較放鬆的時間，選擇這個

時間是爲了提高宣傳效果，並緩和失學者對文章的抵觸情緒。

下面再舉兩個不能正確選擇時機的例子。

一家鋼鐵公司因煤炭漲價引起成本提高，不得不召開新聞發佈會宣佈：每噸鋼材提價四美元。這本是合情合理，客戶可以接受的。但四十八小時後，這家公司發佈本年的年度報告，大肆鼓吹該公司當年獲得了創紀錄的利潤。這兩條消息幾乎同時發佈以後，公衆的心理難以接受，於是紛紛議論，這家公司盈利手段是靠抬高物價，公衆普遍對之表示不滿。這一做法嚴重地影響了該公司的形象和信譽，造成這一後果的直接原因是公司不懂發佈資訊和實施公共關係計畫時應正確地選擇時機的道理。發佈年度報告的時間是每年不變的，爲何不將鋼價上漲的消息拖後選擇一個較好的時機發佈呢？又如幾年前杜邦公司宣布要拿出一百萬美元捐助一百多個大學和學院。這種對教育資助的行爲理應得到新聞媒介和公衆輿論的讚揚，但事實卻不同。原因何在？這是因爲杜邦公司在宣布這一消息的當天，福特公司也宣布向教育和醫療衛生界捐助五百萬美元。當福特公司的消息公佈之後，新聞媒介和公衆輿論都立即倒向了福特公司一邊。杜邦公司沒有想到自己拿出了一百萬美元卻未獲得所期望的社會迴響和公衆好感。良好的行動卻沒有收到良好的效果，其原因是沒有正確地選擇時機。

那麼，在實施公共關係計畫時，應怎樣選擇正確的時機呢？

首先，要注意避開或利用重大節日。凡是與重大節日沒有聯繫的活動都應避開節日，以免被節日活動沖淡公共關係活動的色彩。凡與重大節日有直接或間接的聯繫的公共關係計畫則可以考慮利用節日爲自己烘托氣氛，擴大活動影響的輻射範圍。

其次，要注意避開或利用國內外重大事件。凡是需要廣爲告知的公共關係活動都應避開國內外的重大事件，以避免與重大事件衝突。凡是需要廣爲告知而又希望減少震動的活動可選擇在重

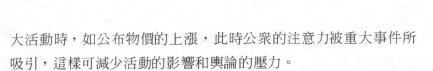

大活動時，如公布物價的上漲，此時公眾的注意力被重大事件所吸引，這樣可減少活動的影響和輿論的壓力。

　　最後，還應注意不應在同一時間內同時進行兩項不同的公共關係活動，以免其效果相互抵消。總之，正確地選擇時機，是實施公共關係計畫的一種技巧和方法。它並不能按一種固定的模式去進行，應具體問題具體分析，從具體的公共關係計畫的目標出發，從而正確地選擇時機，把握時機和運用時機，以達到所預期的效果。

第三節　公共關係評估的意義和程序

一、公共關係評估的意義

　　公共關係評估就是根據特定的標準，對公共關係計畫、實施及效果進行檢查、評價，以判斷其優劣的過程。一個時期以來一提公共關係評估，某些人就僅僅把它看作是在公共關係計畫付諸實施之後，運用可行性分析等手段對實施的效果進行比較分析的一項工作。實際上，這種看法是不夠全面的。公共關係評估除了用於效果的比較分析之外，它在整個公共關係計畫實施過程中都具有重要作用。可以說，在整個公共關係程序中，評估控制著公共關係實踐每個活動的環節。公共關係評估的重要作用表現在以下三個方面：

(一)公共關係評估是改進公共關係工作的重要環節

　　公共關係評估工作的推展絕不僅僅因為它是四步工作法的一

個環節，而是由於它對一個社會組織的公共關係工作具有「效果導向」的作用。公共關係評估對改進公共關係工作有著重要作用。缺乏對公共關係實施加以認真、科學的評估，沒有經過對公共關係計畫、實施及其效果的充分研究和分析，就盲目地調整計畫及實施的方法步驟，是導致整個公共關係實際活動失敗的一個重要原因。公共關係實踐活動是個動態過程，任何一項公共關係計畫在實施後都面臨著兩種結局：成功與失敗。而無論是成功還是失敗，其經驗與教訓都將成為下一個公共關係活動或環節改進的基礎。評估就是我們通常所說的總結經驗，吸取教訓。

(二)評估是推展後續公共關係工作的必要前提

從公共關係工作的連續性來看，任何一項新的公共關係工作的制定與實施都不是獨立存在和產生的，它總是以原來的公共關係工作及其效果為背景的；或是前一項公共關係工作所要解決的問題沒有得到完全的解決，問題仍繼續存在甚至更加惡化了；或是伴隨著原來的公共關係工作所解決的問題又產生了新的問題。然而，要判別這兩種情況、制定新的公共關係工作計畫，不可能重新開始研究，只能是依靠對前一項公共關係工作，從計畫的制定到實施、從效果到環境變化進行系統地評估分析。即使是前後兩項公共關係工作所要解決的問題各不相同，例如前一項公共關係工作的目標是為新產品開拓市場，而後一項公共關係工作的目標是緩解不利輿論對組織的衝擊，挽回組織的聲譽，但這兩項公共關係工作仍然不會是截然分開的。因為你要緩解不利輿論對組織的衝擊，挽回組織的聲譽，則必須瞭解這種不利輿論產生的原因、輻射的範圍及產生的影響。這時則不可避免地要涉及到組織的產品市場、消費公眾、組織形象等問題。前一項為新產品開拓市場的公共關係工作的評估將為後一項公共關係工作提供決策的

依據。沒有這種對原有公共關係工作的評估，就不可制訂新的公共關係計畫。這是公共關係工作連續性的一種表現。

(三)評估是鼓舞士氣、激勵內部公眾的重要形式

公共關係工作實施的效果本身往往表現為一個複雜的局面，既涉及到公眾利益的滿足，也涉及到公眾利益的調整。一般來說內部員工很難對它有全面的、深刻的瞭解和認識。所以，當一項公共關係計畫實施之後則需要有關人員把該項公共關係計畫的目標、措施、實施過程和效果向內部員工進行分析、解釋和說明，使他們能認清本身組織的利益和實現途徑，以便將實現本身組織的戰略目標與自己的本職工作緊密地聯繫在一起，並變為一種自覺的行動。與此同時，公共關係評估的另一重要意義還在於使組織的領導人看到推展公共關係工作的明顯效果，從而使他們能更加自覺地重視公共關係工作。一些組織的公共關係工作不能受到領導人的重視，其原因就是忽略或取消了評估這一環節。正如公共關係學者切斯特‧K‧拉塞爾說的那樣：「許多公共關係工作唯一致命弱點就是沒有使最高決策者看到這一活動明顯效果。」（斯科特‧卡特李普等著，湯濱等譯，《有效公共關係》，1988）讓最高領導人看到公共關係活動的明顯效果必須建立在對整個公共關係計畫、實施的評估基礎上。離開了實事求是的分析和科學的評估，就難以作到言之有物、言之有據，真正產生鼓舞士氣、激勵內部公眾的作用。

從公共關係評估的上述作用可以看出，評估實際上是對整個公共關係過程的評估。它可以伴隨著公共關係工作的進展，根據要求隨時評估。它與我們平時所說的總結或反思有些類似，只不過公共關係評估不是一般性的總結，而是公共關係分析的重要方面，是一種有特定標準、方法和程序的專門研究活動。

評估的作用很大，然而，在實際的公共關係過程中，並不是所有的公共關係工作都能評估或需要評估。在下列情況下，進行評估的意義就不大：(1)公共關係計畫經常變動，無明確的目標，缺乏評估的標準；(2)人們對公共關係工作所需達到的目的認識不一致；(3)無合適的評估人員和評估條件。總之，我們應該根據具體的公共關係工作過程的特點和不同的需要，來決定是否進行和如何進行公共關係評估。

二、公共關係評估的目的

公共關係評估的主要作用是提供關於既定公共關係工作的各種資訊。對於這些資訊，計畫的制訂者和實施者均抱有不同的期望和要求。計畫制訂者一般都希望得到關於計畫整體效益的資訊，它們包括：計畫制訂得是否正確合理？計畫實現的程度、範圍、效果怎樣？計畫實施方法、程序是否需要調整或修正？計畫所需資金是否恰當？計畫的實施人員希望知道：為了成功地達到戰略目標，在既定的成本條件下，何種措施、方法最為有效？計畫實施的關鍵是什麼？哪些計畫與實施中的要素密切結合能得到最高效益？實施對哪些公眾產生了什麼樣的影響？哪些方法和技術可以有效地排除溝通中各種不同的障礙？等等。總之，根據不同的需要、不同的著重點，提供不同的資訊，就是公共關係評估的目的。或者說，公共關係評估的目的就是獲得關於公共關係工作過程、工作效益和工作效益的資訊，作為決定推展公共關係工作、改進公共關係工作和制訂公共關係計畫的依據。

正如同並不是所有的公共關係工作都可以進行評估一樣，由於環境的複雜性，有時公共關係的評估也可被用來達到某種消極的目的。例如，利用評估來掩蓋錯誤、失誤、問題，逃避責任。

一項公共關係活動從整體上來說是成功的，但在某一環節出現了失誤，有關人員可能會藉評估整體效益而拒絕進行單項評估，用整體掩蓋部分。相反，一項公共關係活動從整體上來說是失敗的，但在某一局部可能收到了一定的效果，有關人員又可能藉突出局部的效果而否認整體的失誤。另外，有時決策者想拖延某一工作的推展，也可能以「需要評估」作為藉口，來達到個人目的。總之，研究評估的消極目的是為了避免這種現象的產生，同時也提醒我們不要為虛假的公共關係評估所迷惑。從長期來看，虛假的公關只會摧毀組織本身或公共關係人員自己。

三、公共關係評估的程序

(1)設立統一的評估目標。統一的評估目標是進行檢驗公共關係工作的參考物，有了參考物才能透過比較來檢驗公共關係計畫與實施的結果。即使這一評估目標更多的是定性的而非定量的，仍需訂定出一個統一的評估目標。這就需要評估人員將有關問題如評估重點形成書面材料，以保證評估工作順利進行。另外，還要詳細規定調查結果的運用。如果目標不統一，則會在調查中蒐集許多無用的材料，影響評估的效率與效果。

(2)取得組織最高管理者的認可並將評估過程納入公共關係計畫之中。評估不是公共關係計畫的附屬品或計畫實施後的事後思考和補救措施，而是整個公共關係計畫的重要組成部分。因此對評估應該給予足夠的重視，對評估的方法、程序等方面予以充分的考慮和周密的籌劃。

(3)在公共關係部門內部取得對評估研究意見的一致。這一部門的負責人要認識到，即使是公共關係人員本身也不能一

下子就把公共關係活動沒有實物性結果的性質和它的可測量性效果聯繫起來。所以要給它們足夠的時間認識效果評估的作用和現實性,並允許它們透過自己的親身體驗加深這一認識。

(4)從可觀察與測量的角度將目標具體化。在專案評估過程中,首先應該將專案目標具體化。例如,誰是目標公眾,哪些預期效果將會發生,以及何時發生等等。沒有這樣的目標分解,專案評估就無法進行。同時,目標分解還可以使公共關係計畫的實施過程更加明確化與準確化。

(5)選擇適度的評估標準。目標說明了組織的期望效果。如果一個組織將「讓公眾瞭解自己支持當地福利機構,以改善自己的形象」作為公共關係的目標,那麼評估這樣的公共關係的標準,就不應是瞭解公共關係是否知道當地報紙上哪一個專欄報導了這一消息,佔用了多大篇幅,而應該瞭解公眾對組織認識的情況以及觀點、態度和行為的變化。

(6)確定蒐集證據的最佳途徑。調查並非總是瞭解公共關係活動影響的最佳途徑,有時組織活動記錄也能提供這一方面的大量材料。在有些情況下,小範圍的試驗也是十分有利的。在蒐集有關評估資料方面,沒有絕對的唯一最佳途徑。在這一方面,方法的選擇取決於評估的目的、提問的方式以及前面已經確定的評估標準。

(7)保持完整的計畫實施紀錄。這些資料能夠充分反映公共關係人員的工作方式和工作效果,尤其重要的是反映計畫的可行性程度,哪些策略是有效的,哪些策略是無力的或者無效的;哪些環節銜接比較緊密,哪些環節還有疏漏或欠缺。

(8)評估結果的使用。公共關係活動的每一個周期都要比前一

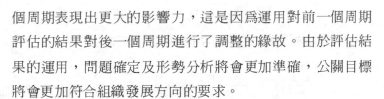

個周期表現出更大的影響力，這是因為運用對前一個周期評估的結果對後一個周期進行了調整的緣故。由於評估結果的運用，問題確定及形勢分析將會更加準確，公關目標將會更加符合組織發展方向的要求。

(9)將評估結果向組織管理者報告。這應該成為一項固定的制度。它的作用一方面可以保證組織管理者及時掌握情況，有利於進行全面的協調；另一方面也可以說明公共關係活動在持續地保持與組織目標的一致及其在實現組織目標過程中的重要作用。

(10)豐富專業知識內容。公共關係活動的科學組織與效果評估導致人們對這一活動及其效果更多的理解與認識，效果評估的成果又進一步豐富了公共關係專業知識的內容。透過具體專案效果評估所得到的資料，經過抽象化分析，可以得到對指導這一活動有普遍意義的思想、方法與原則。這些原則與知識，將會不斷地豐富公共關係這個行業的理論與實際內容。

第四節　公共關係評估的標準與方法

評估必須有標準。如何確定標準，確定什麼樣的標準，決定了評估的結果是否科學，是否符合實際。一些公共關係的專家學者在對公共關係評估工作進行研究的基礎上，根據公共關係過程的不同階段，提出了一些公共關係評估的標準。這些標準都是公共關係評估常用的標準。

一、準備過程的評估標準與方法

(1)背景材料是否充分，這個階段的公共關係活動尚未開始，尤其是公共關係活動對環境的影響尚未產生，因此公共關係效果很難測定。評估的主要任務實際上就是檢驗前幾個程序中是否充分佔用資料和分析判斷的準確性。重點是及時發現在環境分析中被遺漏的、對專案有影響的因素。例如：在確定公共關係活動的目標公眾時是否遺漏了關鍵公眾，哪些關於公眾方面的假設被證明是錯誤，新聞界所需要的材料哪些沒有充分準備，組織環境中的所有關鍵因素是否都已確定，所有這些分析研究可看作是公共關係活動的實施者，在實施前的行為投入。這種行為投入量是否充分是準備過程中評估的一個重要指標。

(2)資訊內容是否正確充實。如果說第一個問題說的是材料的充分性，那麼第二個問題強調的是資訊的合理性。整個評估過程，要緊緊圍繞「公共關係活動是否順應形勢要求」而展開。例如，在政治活動中，公共關係活動的計畫者要研究競選者在電視辯論中的發言，以及各種新聞媒介對他的講話及其本人的評論，並透過選舉過程中選民們對這個競選的反映看公共關係活動是否成功。在評估這一活動時則要分析：公共關係活動中準備的資訊資料是否符合問題本身、目標及媒介的要求，溝通活動是否在時間、地點、方式上符合目標公眾的要求，有沒有對溝通資訊和活動的對抗性行為，有沒有製造事件或其他行動配合這次公共關係活動，這方面做得夠不夠，相對任務本身而言，人員與預算資金是否充分。對於資訊內容的分析，可利用剪報、

宣傳品以及廣播講話錄音和原稿。這種評估分析的結果，可以作爲進一步審訂或調整計畫與戰略，改進方案實施過程的重要的參考資料。

(3)檢驗資訊的表現形式是否恰當。這一環節是準備過程評估的最後一個環節，其重點是資訊表垷形式的有效性如何。例如，檢驗有關資訊傳遞資料及宣傳品設計是否合理、新穎，是否能達到引人注目、給人以深刻印象的要求。具體包括文字語言的運用、圖表的設計、圖片及展示方式的選擇等等。這是對公共關係活動組織者專業技能的檢驗。但是，這種檢驗還沒有完全客觀的標準，它仍要受到主觀因素的影響。

準備過程的評估包括對資料的充分性、合理性、有效性的一系列客觀與土觀的分析，評估的下一階段將著眼於解決如何有效地進行計畫實施和溝通資訊傳播問題。

二、實施過程的評估標準與方法

評估不僅僅是對公共關係工作效果的評估，更主要的是他在公共關係活動的實施過程中發揮其監控、反饋的作用。例如發現哪些決策是正確的、哪些是錯誤的、哪些決策不利於公眾產生對組織的信任感，以及發現決策實施過程中出現的偏差等等。在這個階段中分爲四個不同層次的評估標準：

(1)檢查發送資訊的數量。這些數量作爲資料直接反映組織在實施公共關係活動中所進行的電視廣播講話次數、發佈信件、其他宣傳材料以及新聞發佈的數量，並能發現其宣傳性工作如展覽等進行與否及其努力之程度。換句話說，這

一評估過程需要瞭解所有資訊資料的製作情況和其他宣傳
活動的進行情況。一旦這項工作完成後，不理想的環節和
計畫實施過程中的一些弱點便會從這些資料中反映出來。

(2)資訊被傳播媒介所採用的數量。我們不能滿足於製作資訊
的數量，還要特別注重這些資訊被傳播媒介所採用的數
量。因為只有透過傳播媒介，才能最有效地保證公眾接受
到這些資訊，並受其影響。報刊索引和廣播記錄一直被用
來作為查對傳播媒介採用資訊資料數量的依據。同樣，其
他宣傳活動如展覽、公開講話的次數，也反映了組織為了
有效地利用各種可能管道將資訊傳遞給目標公眾的努力程
度。相反，如果製作的資訊不能被採用，不僅達不到宣傳
的效果，還會造成人力、物力、財力上的浪費。儘管這些
被製作出的資訊內容豐富、形式恰當，如果不能被傳播媒
介所採用，就意味著它不能為目標公眾所接受，而且不能
發揮其應有的影響作用。

(3)檢驗接收到資訊目標的公眾有多少。這裏需要注意的是，
應將收到資訊的各類公眾進行分類統計，從中找出目標公
眾的數量。也就是說對於評估而言，收到資訊公眾的絕對
數量並不重要，重要的是這些公眾的結構。例如，在一份
權威性的雜誌發表文章雖然能夠博得上司的歡心，但是由
於目標公眾很少閱讀這種雜誌，所以對擴大組織影響的作
用並不大。在評估時應注意到這種情況，不能僅僅瞭解宣
傳材料被多少目標公眾所接受。透過評估，如發現目標公
眾對組織資訊材料接受不足，還可採取一些補救性措施，
如公共關係人員可以將這些傳播媒介上所發表的材料複製
出來，親自將它們送交到目標公眾中的關鍵人物手中。報
刊雜誌的發行量可以作為評估組織資訊傳播效果潛在的參

考資料。事件、會議、展覽的出席人數也可作爲這種評估的參考資料。但是這種資料，不可誤認爲組織傳播資訊的真正效果。真正的效果應展現在有多少人真正注意到這一資訊上。

(4)注意到該資訊的公衆數量。調查傳播資訊的實際效果，有時所得到的結果是令人吃驚的。一位調查人員調查一家醫院，發現醫院的員工只有不過50％的人接收到院方的新聞公告材料，另外50％的員工根本沒有收到任何公告材料。這就是說，組織在傳播資訊時不能僅僅注意資訊的內容，而必須在資訊傳遞方式上加以改進。調查「注意到資訊的公衆數量」，可以明確哪些人在閱讀組織發出的資訊材料，其數量有多少，他們讀到了什麼，讀了多少內容。

實施過程的評估方式可分爲三種：

(1)評估人員的直接觀察。這種直接觀察可以有評估人員直接參與實施過程，進行實地考察，記錄各個環節實施的狀況和順序以及進展情況。

(2)對實施者和實施對象進行調查。調查訪問實施者是蒐集各種評估資料的重要途徑。與此同時，再把這些資料和調查訪問實施對象得到的資料進行比對分析，也是一種不可忽視的評估形式。調查實施對象可以從另一個角度考察公共關係計畫實施的情況，它可以提供實施對象對公共關係活動的重視點以及對這一活動感到滿意的程度，從而有助於確定調整實施的方向。

(3)分析各種彙報資料。從不同管道彙報上來的各種資料，如數據、圖表、報告是評估的重要依據。透過研究分析這些資料，比較實施人員、實施對象、實施方法步驟、社會環

375

境等方面的特點，瞭解實施過程中易出現的障礙，以便建立標準化的實施程序，確定實施人員和實施對象的結合部位。

以上這三種方式一般是綜合運用，透過幾種方式相互比較，相互引證，得到一個全面的、綜合性的評估結論。

三、實施效果的評估標準與方法

實施效果的評估是一種總結性的評估。這一階段的評估標準有以下幾點：

(1)檢查「瞭解資訊內容的公眾數量」。公共關係活動的目的之一是爲了增加目標公眾對組織的認識、瞭解和理解。公眾沒有瞭解或沒有完全瞭解所有關於組織的問題，都會影響他們對組織的觀點和行爲。評價公眾從公共關係活動中瞭解到了什麼，或者他們所掌握的關於組織的情況是否得到了補充資料，針對推展公共關係活動前後，公眾對組織的認識、瞭解和理解等變數進行比較，亦即針對兩組評比標準進行比較。例如，在公共關係活動推展前後，對同一組公眾進行重複測驗。或者在一組中推展公共關係活動，在另一組中不推展這項活動，然後將兩組測驗結果加以比較。這種方法可以用於所有實施效果評估的專案之中。從邏輯的角度來看，這是探求因果關係的「穆勒」五法中的「求異法」。例如，一家煤氣電氣公用事業公司準備展開一項宣傳活動，這項活動旨在增加用戶對正確絕緣、絕熱而節約能源的知識。這項活動實施效果的評估，就是首先測驗一組接到宣傳材料的用戶的有關知識。然後對沒有接到

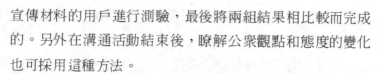

宣傳材料的用戶進行測驗，最後將兩組結果相比較而完成
的。另外在溝通活動結束後，瞭解公眾觀點和態度的變化
也可採用這種方法。

(2)改變觀點、態度的公眾數量。這是評估實施效果的一個更
高層次的標準。因為「態度」所涉及的範圍很廣，內容豐
富而複雜，而且不容易在短時間內發生變化。例如，煤氣
電氣公用事業公司的節能宣傳活動，可能使用戶增加了
「使用隔熱天花板可節省冷氣電費」的認識，但這並不意
味著他在態度上成為「自然資源保護者」。評價一個人的
態度，要根據一段時期內他在所有有關問題上的立場和觀
點，而不能僅憑一時一事，判定一個人的態度發生變化與
否。態度與觀點和知識的關係大致是這樣的：態度的變化
可能隨著知識與觀點的變化而變化；在一個人知識與觀點
未發生變化的情況下，也可能發生態度的變化。

(3)發生期望行為和重複期望行為的公眾數量。人們行為的改
變受多種因素的影響。如同態度與知識，觀點與關係一
樣，行為與知識和觀點之間也不存在必然的因果關係。但
是有一點是可以肯定的，行為發生變化的人們在行為改變
之前，肯定接受了某些資訊或在某些方面被說服了。在掌
握了發生期望行為的公眾數量之後，還應注意瞭解重複期
望行為的公眾數量。例如對戒煙運動，我們不能單純計算
在推展這一運動的第一天內戒煙者的總數，因為這並不能
充分地說明這一運動的影響效果。一天或一下午的戒煙行
為並不能表明這些人將永遠地根除這一惡習。對這些運動
的實施效果的評估，要根據運動展開後幾個月甚至幾年的
持續觀察資料。評估一項公共關係活動在改變人們長期行
為方面所取得的效果，需要較長時期的觀察，並取得足以

說明人們行爲調整後不斷重複與維持期望行爲的有力證據。

(4)達到的目標和解決的問題。這個評估標準是公共關係活動效果評估的最高標準。公共關係計畫目標的實現，可以表現爲取得理想的選舉結果、籌措資金的數額達到預期的指標，以及立法方面的勝利等等。應該注意的是，有時公共關係活動產生的結果並非與計畫目標相一致，但是這些結果同樣是積極的，可以認爲是達到計畫目標的其他表現方式。在這種情況下，這些結果也應該作爲評估公共關係活動效果的根據。例如，前面提到的節約能源的活動，其目標是爲了減少總體能源消耗。其結果卻表現爲人們增加了對節約能源的興趣，增長了這一方面的知識，甚至改變了使用煤氣與電氣設備的習慣。從表面看來，這次運動的結果與既定的目標不完全吻合，但是這些結果也足以說明這次宣傳活動是成功的。當然，其中也包括結果與目標部分吻合。

(5)對社會和文化的發展產生影響。這種影響與其他各種因素共同發生作用，並在較長時間裏以複雜的、綜合的形式表現出來。因此，對這種實施效果的評估並非是公共關係人員所能完成的。這是留給社會學家和心理學家的題目。我們這裏涉及到的這個問題，主要是爲了使公共關係活動效果評估的理論體系完整化，並引起人們在思想上認識這個問題。對於那些透過自己的職業行爲履行社會責任，並對社會及文化的發展產生積極作用的公共關係人員，後人將給他們以公正的評價。

下面我們把上述三個階段的評估標準用一張階梯圖表示出

來，詳見圖10-4。

關於影響效果的評估方法，按照評估的實施者不同，我們可以把評估的方法分為以下三種：

第一，自我評定法。這是由公共關係活動的對象透過親身感受而對公共關係活動給予評定的方法。例如，日用化學品廠推出一項旨在宣傳普及美容知識的公共關係活動，在這次公共關係活動中，該廠特意舉辦了一個美容技巧培訓班。為了評估這次公共關係活動的實施效果，公共關係人員可以請參加這個美容技巧培訓班的學員自己評定他對該次公共關係活動的滿足感，估量自己所學到的知識和技能，評價該次活動是否提高了他們的美容知識等等。這種方法的缺點是，有時可能產生不眞實的測量結果。尤其是向調查對象提出一些比較敏感的問題時更是如此。例如，有

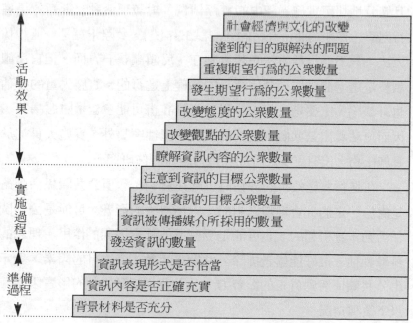

圖10-4　公共關係評估標準階梯圖

多少學生能夠承認他們根本沒有完成老師分配的閱讀任務？因此，採用自我評定法要特別注意問卷或提問的方式，對敏感的問題宜採用靈活、委婉的方式進行調查。

第二，專家評定法。這種方法是由公共關係及有關方面的專家來審定公共關係計畫，觀察計畫的實施，對計畫實施的對象進行調查，與實施人員交換意見，最後撰寫出評估報告，鑑定公共關係活動的成效。專家評定法的價值，完全取決於專家是否具備專門的知識，如果他們對公共關係活動所涉及的某些領域的知識不足，那麼他們也無法做出正確的評估。因此，採用專家評定法時，一定要聘請那些在該項公共關係活動中所及的知識領域裏是名副其實的專家，而不是那些徒有虛名者。

第三，實施人員的評估。公共關係計畫的實施人員經常自行對公共關係計畫和實施的進展情況進行評估。這種評估能夠及時且充分地利用實施過程中的實際情況，對該項活動的影響效果進行判斷。例如前面所介紹的「測試工作法」，實際上就是一種評估方法，只不過這種方法的著重點在「反饋調整」方面。但它反饋調整是透過測試取得評估意見的基礎上進行的。實施人員的評估也有缺陷，主要是實施人員對其實施計畫可能會儘量隱惡揚善，因而無法看出公共關係活動的真實影響性。另外，實施人員忙於實施任務，沒有更多的時間和精力進行評估研究。

在進行實施效果的評估時，應注意到：一項公共關係活動總是處於一定的社會環境之中的，它所產生的影響，可能是公共關係活動本身引起的，也可能是受到其他社會因素的作用。理想的科學評估，最好能儘量排除公共關係活動本身之外的因素，顯示出公共關係活動真正的影響力。公共關係活動之外的影響因素有以下幾種情況：

(1)沒有公共關係活動影響，公共關係的目標公眾也會產生自身的變化。這正像有些病人不用吃藥也能康復一樣，在測定藥物的效力時，就應扣除病人本身的恢復能力。

(2)大規模的社會變動的影響，其變化的作用之大，連公共關係活動本身也無法受其左右。如經濟下滑、市場疲軟的困擾，使得公共關係促銷活動無法達到正常時期所期望達到的效果，而一項旅遊公共關係計畫又可能因地震、火災等自然災害而失敗。

(3)公共關係計畫實施中的偏差。如果實施人員的步調不統一，目標公眾對公共關係活動的接受程度也就會有差別；大眾傳播媒介資訊的內容不一致，致使目標公眾得到不同的資訊，從而引起不同的效果。

另外，除了上述幾種情況之外，在進行公共關係評估過程中，還可能因爲蒐集資料運用分析工具等方面出現誤差，進而影響到公共關係活動實施效果的準確評估。

爲了準確地對公共關係進行評估，我們必須掌握評估公共關係活動「淨影響效果」的方法。所謂「淨影響效果」是指該影響效果的產生完全是由於公共關係活動本身的緣故，排除了其他因素所引起的任何作用。淨影響效果的評估在進行時需具備兩個先決條件：第一，必須確定衡量公共關係目標的標準；第二，公共關係計畫已經充分實施，目標公眾經受了活動的作用。在這裏我們介紹一下實施效果的評估公式。目前常用的公式有以下三種：

$$I = E_2 - E_1$$

這個公式的含義是：實施效果 I 等於目標公眾在接受公共關係活動之後可以衡量出的變化值 E_2 減去公共關係活動的目標公眾

來接受活動之前可以衡量的值E_1。

$$I = E_2 - C_2$$

這個公式的含義是：實施效果I等於目標公衆在接受公共關係活動之後可以衡量出的變化值E_2減去未接受公共關係活動的控制團體可以衡量出的變化值C_2。

如果甲是接受公共關係活動的目標公衆，乙是未接受公共關係活動的公衆，而且乙是在組織的控制之下，那麼乙就是未接受公共關係活動的控制團體。

$$I = (E_2 - E_1) - (C_2 - C_1)$$

這個公式的含義是：實施效果I等於目標公衆在接受公共關係活動之前和之後的可以衡量出來的變化值的差（$E_2 - E_1$），減去未接受公共關係活動的控制團體前後段時間在變化值上的差（$C_2 - C_1$）。

第一公式所得到的數值爲公共關係活動的粗影響效果，也就是公共關係活動的目標公衆在接受公共關係活動之後的全部變化，不論這種變化起源於公共關係活動還是其他外來因素。後兩個公式則考慮了外來因素的作用，並設法加以排除。其中最後一個公式最爲精確，是測量公共關係活動淨效果的主要公式。

四、發展公共關係評估的途逕

(一)公共關係評估面臨的困難

良好的公共關係評估必須同時具備兩個條件：適當的評估標準和適當的評估方法。但是，由於公共關係活動涉及的公衆廣泛

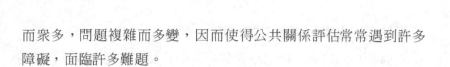

而衆多,問題複雜而多變,因而使得公共關係評估常常遇到許多
障礙,面臨許多難題。

1.公共關係目標的確定性

公共關係評估必須以明確的公共關係目標爲依據。但是,由
於各方面的原因,要使公共關係目標具有很高的確定性並不是一
件簡單的事。何況有些公共關係活動具有多重目標,而且有些目
標之間還存在著矛盾,在實施過程中,目標還可能發生變更而被
修正。有時,人們還習慣用模糊且不太確定的形式來表達和說明
公共關係目標,並以此增加某種應變能力。這些情況都會給衡量
和評價公共關係活動完成的目標和程度上造成很大的困難。

2.有關人員的抵制

任何類型的公共關係評估都包括了對計畫制訂過程和實施過
程的優劣功過的評判。因此,在對存在問題的公共關係活動進行
評估時,有時會受到有關人員的阻撓和抵制。這時,一些決策者
爲了避免引起有關人員的反對,就會取消公共關係評估。

3.資訊系統不完備

資訊是進行研究和分析的基礎,沒有足夠的、適用的資訊,
公共關係評估就很難進行。有些部門和人員不重視資訊管理,資
訊系統不完備,資訊的蒐集和分析非常混亂,使公共關係評估成
了少米或無米之炊。

4.支出混亂

不同的公共關係活動專案有不同的資金來源,但有時專案的
資金來源彼此糾纏在一起,統支統付,以致無法清楚地區分一筆
經費支出屬於何種專案,歸於哪個公共關係活動之下。這樣就使
得公共關係活動的成本不易確定,影響評估的進行。

5.評估難以發揮其影響力的作用

對評估的結果，特別是對有爭議的公共關係活動進行評估的結果，往往也會引起爭論。在一般情況下，對評估結果不滿意的人可能會提出：公共關係的影響有時是長期的、廣泛的，不能用一時一事的情況和一兩項簡單的標準加以否定，另外，評估本身也存在著失誤的可能性等等。總之，評估的結論如果被人們所忽視或受到抵制、批評，那麼，它就很難發揮自己應有的作用了。

(二)發展公共關係評估的途徑

由於公共關係評估面臨著很多困難和問題，評估在許多國家的公共關係過程中都是一個薄弱的環節。但隨著公共關係實踐的發展，人們越來越清楚地認識到在未來發展和完善的公共關係計畫之制訂與評估的過程中，公共關係評估佔有十分重要的地位。發展公共關係評估的途徑需要透過改進公共關係評估活動本身來解決。這些途徑主要包括四個方面：明確公共關係工作的目標；審核選擇公共關係評估的專案；健全公共關係資訊系統；重視對評估結果的解釋和利用。

1.明確公共關係工作的目標

無論採用什麼樣的手段和方法，改進評估首先還是要明確公共關係目標。明確公共關係要依靠在制訂計畫階段對公共關係活動的方案、環節、方法、步驟的分析和對目標的確定。這時則需要研究回答下列問題，才有助於明確公共關係目標，確定評估標準：

(1)公共關係活動的目標公眾是誰？這些目標公眾的特點是什麼？公共關係活動透過何種傳播媒介來影響這些目標公眾？

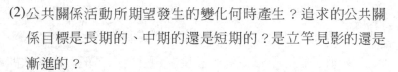

(2)公共關係活動所期望發生的變化何時產生？追求的公共關
　　係目標是長期的、中期的還是短期的？是立竿見影的還是
　　漸進的？

(3)公共關係活動的目標是單一的變化，還是一系列的變化？
　　這些變化對所有的目標公眾具有相同的作用，還是對不同
　　的人有不同的作用？

(4)公共關係活動追求的是單一的成效，還是多方面的成效？
　　有無衡量公共關係活動的特定標準？

(5)哪些手段和方法可促使公共關係活動成功？公共關係活動
　　的成功是源於目標公眾的合作，還是對他們的制裁？

　　上述方法只是提供了一般性的意見，在評估實踐中，還需要
針對具體的公共關係活動，根據不同的目標特點，靈活地選擇運
用於該目的之特定方法。

2.審核選擇公共關係評估的專案

　　一般來說，當公共關係活動本身包括實施過程中沒有出現失
誤，或者活動沒有明確的方向，人們對該項活動的目標還有不一
致的意見，以及沒有充足的評估資源和合格的分析人員時，就不
宜進行評估。所以，在從事公共關係評估之前要對評估的專案進
行審核選擇。下述情況都是進行審核選擇的標準：

(1)公共關係活動與社會環境的變化之間具有明顯的因果關
　　係。這種因果關係如果不明顯，那麼評估的設計與對專案
　　評估結果的解釋就會比較困難。

(2)具有價值又能在短期內產生效益的專案。一個專案如果能
　　在相當短的時期內實現，其評估就比較容易，成本也較
　　少。反之，則較難評估。

(3)決定專案效益的因素可以得到控制。有些公共關係活動的變化，其決定因素超出了人們控制的範圍，對這類專案進行評估，可以使人們發現問題之所在，但實際解決問題時就會束手無策。

(4)進行專案評估的結果具有推廣價值。如果一項公共關係活動的評估條件不成熟或不具體，活動本身也不具備推廣的價值，評估需要很大成本，那麼該專案就不宜貿然進行評估。

3.健全公共關係資訊系統

所謂公共關係資訊系統，就是蒐集、整理、加工和使用資訊，為公共關係的計畫、實施和評估服務的系統。建立公共關係資訊系統首先要在一定的理論指導下，對資訊的蒐集、加工、交流和使用進行通盤性研究和總體化設計，把資訊工作合理地組織起來，使之形成一個相互銜接的有機整體，再在此基礎上逐步實現資訊技術的現代化。為此，公共關係資訊系統的建立應遵循一些基本的原則。

(1)目的性原則。資訊系統是為計畫、實施和評估活動服務的，因而資訊系統必須與整個公共關係過程相銜接，並依據活動過程的不同範圍和層次，確定它們對資訊種類、性質、數量、質量和時間的不同需要。

(2)統一性原則。統一性原則主要是指公共關係資訊工作的制度化、規範化和標準化。制度化是指資訊的蒐集在時間上、數量上、次數上需要有明確的規定，不能隨心所欲。標準化就是要求各種資訊從內容到形式都力求統一，這樣才便於歸納、整理、加工、篩選。所謂規範化，對於公共

關係機構來說就是資訊溝通活動的程序化。公共關係資訊數以萬計，變化迅速，如果沒有明確的傳播方式和必要的程序作為保證，必然會造成資訊交流不及時、不暢通，從而使資訊不能發揮其應有的作用。

(3)相對獨立性原則。公共關係資訊系統應該從屬於公共關係機構，作為機構的一個組成部分。這樣有利於保證資訊暢通的連續性和穩定性，保證資訊能被充分利用。但各種資訊機構在行使其職能時應有相對的獨立性，並給這種相對獨立性以制度的或法律的保證，以避免相關人員對公共關係反饋的干擾，保證公共關係資訊的真實性和準確性。

有效的資訊系統，應當確保公共關係活動中的各個環節都及時得到所需要的全部資訊。但是，一方面要避免資訊不足，使活動缺乏依據；另一方面又要防止資訊過多，加重相關人員負擔，降低效率。另外，保證資訊系統的有效性，還要合理地控制資訊流動，提高資訊交流與傳遞的效率。必須明確確定合理的資訊流程，根據不同的層次和範圍需要，分級傳遞，避免資訊傳遞到不相干的部門，儘量減少資訊傳輸的環節和層次。對於公共關係評估來說，資訊系統應該充分發揮資訊反饋的作用，為評估活動及時提供實施過程及其效果的資訊，以便經過評估弄清問題，權衡利弊，及時加以調整和控制。

4.重視對評估結果的解釋和利用

評估是為了獲得反饋的資訊，利用其結果作為改進工作的依據。但是對一項評估結果常常產生誤解，如在評估過程中發現活動的期望結果沒有發生，這時人們常常不能正確地確定其原因。因此，對於評估結果的解釋必須持謹慎的態度。那麼，究竟應該如何對評估的結果進行解釋呢？如果在評估中發現活動的期望結

果沒有發生，則需要作如下三種解釋：

第一是公共關係活動出現了戰略理論的失誤，即可能只從自己的一方情況出發，沒有充分考慮到外界環境的各種複雜因素，以及沒有充分估計到它們對組織公共關係活動的綜合影響力量。

第二是準備工作不充分和公共關係活動實施過程中的偏差，造成期望結果沒有發生。

第三是評估本身的失誤。可能所期望的結果已經出現，但是由於評估測定樣本選擇的不恰當或使用方法不當，而沒有測定出來。因此，在評估中必須採用一系列科學先進的調研方法，僅僅運用傳統的調整方法進行效果評估，往往不能得到預期結果。

練習、思考題

1. 公共關係的工作過程一般包括哪幾個步驟？試舉例說明它們之間的關係。

2. 公共關係計畫實施的複雜性表現在哪幾個方面？

3. 爲什麼要瞭解和研究公共關係計畫實施過程中的溝通障礙？排除或減少溝通障礙的原則、對策是什麼？

4. 運用公共關係計畫實施的某種原則和方法爲一項公共關係工作擬定一個實施方案。

5. 公共關係評估的意義何在？

6. 怎樣在公共關係計畫實施的不同階段進行評估？

第十一章
營利組織公共關係

　　社會組織的種類很多，一般來說，可以把它們大致分成兩類：營利組織和非營利組織。營利組織是直接從事各種創造利潤的經濟活動的社會組織，如我們經常看到的工業企業、農業生產單位、飯店業、旅遊業、商業、服務業、郵電業、運輸業、金融業等等。作為公共關係的主體，社會組織的特性不同，與之對應的公眾就會有所不同，相互之間的期望、要求必然不盡一致。因此，看到不同社會組織公共關係的共同點，同時準確掌握其不同點，才能夠採取相應的行動和措施，從而充分、有效地發揮公共關係的作用。

第一節　工業企業公共關係

　　工業企業透過生產活動，向社會提供各種以實物形態為主體的產品。工業企業中有對工業品原料、農產品原料進行不同層次的加工的各種企業，也包括採掘自然資源的各類企業。工業企業是現代公共關係應用最為廣泛的一個領域。

一、工業企業公共關係的特點

(一)營利性

　　營利性是工業企業的基本特點，也是其他所有營利組織的共同特徵。營利組織存在的任務，是雙重的，必須追求經濟效益——盈利，又要講究社會效益——貢獻。只有盈利，它們才有生存的資格和發展的機會；只有貢獻，它們才有創造盈利的條件和可能。工業企業的特點，又決定其貢獻的主要內容，是透過自身

有效的運行，向市場提供各種實物產品和相關服務構成的商品，以滿足社會需要。商品能夠順利透過交換並實現其價值，表明這個工業企業的貢獻爲市場所接受、社會所承認，盈利就有了必要的前提。因此，工業企業的一切活動必須以此爲核心，其公共關係工作也必然要求以營利作爲主要的約束條件。

1.以經濟效益為方向

公共關係作爲企業重要的管理職能之一，必須與其他職能一起，共同爲提高經濟效益服務。工業企業的公共關係工作，其努力方向必然是促使企業內部各種公眾，發揮積極性、主動性和創造性，保質保量地生產、銷售適合銷售通路的商品，以換取滿意的經濟效益。

2.與市場營銷密切配合，相輔相成

市場營銷是任何營利組織必不可少的重要工作。經濟效益的好壞，往往與市場營銷工作的優劣直接相關。只有自己的商品、服務被社會所承認和接受，企業才可能有良好的經濟效益。這就必須根據社會和市場的需要，組織生產、經營活動，展開採購、製造和銷售業務。因此，包括工業企業在內的所有營利組織，其公共關係活動必然要與市場營銷緊密配合，共同爲開發和佔有市場提供服務。換句話說，在營利組織裏，與市場營銷脫節的公共關係，絕不會有強大而持久的生命力。

3.用於增強企業競爭能力

各個企業爲了自身的經濟效益，必然要在爭取顧客、增加盈利方面展開全方位、多角度的競爭。工業企業的產品、價格和各種競銷方法，都是競爭的重要手段。然而，這些手段的「硬」色彩較濃，看得見，摸得著，競爭者容易仿效，使用過多必然效用

遞減。透過公共關係與市場、顧客溝通,吸引和爭取顧客;「軟」色彩較濃,常常能夠悄然深入人心,是一種很有效的競爭手段。

(二)生產性

公共關係的主要職能之一是樹立良好的組織形象。對於企業來說,它的形象主要由其產品及其質量、員工行為和精神面貌、廠容環境和技術設備等有形因素,以及企業信譽、企業精神、企業風格等無形因素構成。有形因素是公眾借助於感官所能直接感受到的與企業有關的實體,構成企業的有形形象;無形因素是公眾在有形因素的基礎上,透過記憶、思維等心理活動,在頭腦中昇華所得的感受,構成企業的無形形象。它們各從一個側面,構成完整的企業形象。人們總是首先感受到有形的東西,才能在頭腦中進一步將抽象綜合成一個無形的形象。工業企業是生產性企業,在構成其有形形象的諸因素中,產品是決定性因素。因而,其公共關係必然具有以下特點:

(1)靠產品與公眾溝通。工業企業產品銷售的涵蓋面較大,許多公眾難以與工業企業直接接觸,往往透過其產品優劣評價一個企業。消費者透過產品的購買、使用或消費,對該企業產生一定的看法;政府以及媒介公眾透過一個企業產品的質量、數量,評價其對社會的貢獻;金融公眾也是透過一個企業的產品及其經濟效益,決定與該企業是否繼續往來、發展借貸關係;甚至社區公眾也常常以與名牌產品企業相鄰為榮,與劣質產品廠家相鄰為恥。產品是生產性企業形象的基礎。

(2)以創造名牌產品為主。生產質量優異的名牌產品的企業,其在公眾心目中的形象必然優於生產非名牌產品的廠家;

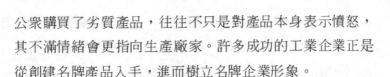

公眾購買了劣質產品，往往不只是對產品本身表示憤怒，其不滿情緒會更指向生產廠家。許多成功的工業企業正是從創建名牌產品入手，進而樹立名牌企業形象。

(3)重視售後服務工作。提供多種售後服務，是生產性企業與其用戶或消費者互動、直接交往與聯絡的重要方式，又是有效的競爭手段。顧客購買產品，一方面是為了得到其使用價值。售後服務可以幫助用戶更好達到這一目的，並向其傳達企業對其利益的關切之心，有助於配合產品一同樹立企業的良好形象。另一方面，售後服務好比企業在市場上的眼睛，憑藉這雙「眼睛」，企業可以去捕捉各種資訊，從而優質化、趨近完善和進而改進產品的缺失，為產品參加新一輪市場競爭創造良好條件。

二、工業企業公共關係的主要目標

現代企業的運行，實際上是管理者對企業的人力流、物資流及資訊流進行綜合調節控制的過程。從企業管理的角度看，公共關係實質上是對資訊流進行管理和調控的一項重要工作。樹立形象的任務，首先就是要在資訊的流動中，將所要傳達的形象資訊透過各種手段傳播出去，並對所有涉及到形象問題的資訊流通環節進行嚴格的把關。

(一)人事管理方面

(1)增強企業對員工的吸引力，員工對企業的向心力，樹立「廠榮我榮」、「以廠為家」的思想認識，與企業同呼吸、共命運。

(2)增進員工對企業的瞭解。

(3)提高企業在社會上的知名度、信譽度，爲招聘新員工、增
　　加求職者奠定基礎。

(4)融洽企業內部員工之間、部門之間、上下之間的關係，化
　　解矛盾。

(二)生產管理方面

(1)介紹和推廣新的工作方式。美國聯合化學公司的公共關係
　　部，曾與公司能源部配合，向員工介紹、推廣節能工作方
　　法。事後評估，公司當年節約能源兩億六千萬美元。

(2)幫助員工提高認識，樹立質量意識。

(3)組織員工進行生產方面的競賽。

(4)協助其他部門，對生產過程中的意外事故進行妥善處理。

(三)市場管理方面

運用公共關係推動市場營銷，開發和佔領市場，是工業企業
及其他營利組織最爲重視的一個層面。

(1)企業推出新產品以前，讓經銷商和用戶對新產品的性能、
　　特色、優點有足夠的瞭解。

(2)產品進入新市場時，謀求當地公眾對企業的聲譽、產品有
　　充分的瞭解。

(3)企業轉入新的生產領域，設法改變公眾原有的認識和印
　　象，使企業形象與新產品相適應。

(4)吸引新聞媒介對企業的銷售活動及其他市場營銷事務的注
　　意力。

(5)安排市場營銷人員發表公開演說，支持其客戶訪問、推銷
　　產品。

(6)與廣告、人員推銷、銷售推廣等促銷手段協調配合，使已進入市場的產品家喻戶曉。

(7)產品在社會上出了問題，造成了不良印象，在找出原因和承擔責任以後，使公衆瞭解企業爲解決問題所作的努力，重新爭取公衆的信任。

(8)產品供不應求，承擔與未滿足需求的用戶之間的溝通任務，防止不滿情緒的產生及競爭者介入。

(9)鞏固企業及產品的市場地位，增強用戶的信心。

(10)企業發行股票之前，爲股票上市做好輿論工作。

三、工業企業的危機公共關係管理

危機事件是指企業日常生產和經營管理過程中出現的具有重大不利影響的突發性事件，如重大工傷事故、交通事故、火災、質量事故、人事糾紛、社區衝突、自然災害、市場危機、不利的新聞報導等。危機公關的主要目標是：防止危機事件發生；控制危機事件，把危機消滅在萌芽狀態；使公衆正確認識危機事件，配合企業解決好各種問題；減少各種損失，特別是形象損失；同時利用危機事件所帶來可能的發展機會。

(一)生產性企業危機公關的特點

在危機公關的公衆方面，目標公衆由個人演變爲群體，由小群體演變爲大群體。目標公衆的意見領袖往往是與當事人緊密相關的第三者。而且目標公衆的態度堅決、情感偏激。環境公衆容易關心危機事件，喜歡傳聞，甚至會出現「聲援者」，迅速形成輿論環境。在關係方面，危機事件往往涉及法律關係、行政關係、經濟關係、民族關係、宗教關係等，使得危機公關特別複雜和敏

感,處理不好容易形成連鎖性危機事件。在危機公關活動的內容和方式方面,具有政策性、全局性、戰略性、不確定性和風險性,因而危機公關常常難度很人。在傳播方面,危機事件具有新聞價值,往往是新聞媒介的報導材料,是一般公眾的「聊天新聞」,尤其今日網路盛行,因此事件傳播速度快,傳播範圍廣,而且極易出現傳播失真。在時間方面,危機事件具有突發性,使危機公關時間緊迫,又要花較長時間去處理,有的遺留問題的處理要跨越若干年才會平息。

生產性企業危機公關除了要注意以上一般特點外,還要特別重視以下幾點:

(1)生產性企業一般比其他類型企業出現危機事件的可能性大,且危害性也大。因此,平時的危機管理任務重,必須加強對危機事件的預測和預防工作,消除產生危機事件的各種因素。

(2)當本企業產品銷路打開成為較暢銷產品時,假冒本企業商品的不法事件就會發生,這種「假冒危機」會使顧客不再敢購買本企業產品,即使有信譽的零售商、批發商也會被顧客懷疑,結果導致企業銷售額急劇下降,為競爭對手佔領和擴大市場造成有利時機,有些企業的產品因此永遠退出市場。作為生產性企業,在產品投入市場時就必須有配套的預防假冒商品出現的防禦性公關方案,保證在產品暢銷時有效阻止不法分子的假冒行為,使顧客放心購買。技術防偽、直銷、多層次傳銷、設立本企業產品專銷點、對顧客進行防假識偽教育等,都是行之有效的防假冒方案。

(3)質量低劣或不穩定,從而給顧客造成損失,這也是很容易出現的危機事件。這種「偽劣危機」對企業形象的損害極

其嚴重，且有較長時間的後遺症——顧客以後長期不信任
該企業的產品質量，不喜歡該企業產品。許多著名的產品
都曾經因「偽劣危機」而使企業失去市場，後來由於實施
十分有效的矯正性公關，才重塑了企業形象和產品形象。
生產性企業一定要對質量嚴格把關，絕不讓一個不合格產
品出廠。

(4)生產事故是生產性企業容易出現的一種內部危機事件。由
於工人責任、設備技術問題等原因導致職工傷亡和企業財
產的重大損失，甚至對社區範圍造成污染。因此，內部公
關要把防止生產事故的發生列為重點，配合生產管理、質
量管理、技術管理和安全管理，為實現安全生產而努力。

(二)生產性企業的危機管理

(1)危機事件預測。需要預測危機事件的種類、性質、規模、
原因、時間、地點和後果。預測的程序一般是：可能危機
問題假設；調查論證假設；界定可能危機問題的可能原
因；可能危機事件界定。危機事件的預測方法主要是經驗
判斷和綜合分析判斷的方法，要求預測者有豐富的經驗和
較高的分析判斷能力。

(2)危機事件預防。基本思路是：針對可能危機事件的可能原
因制訂和實施預防措施，消除這種原因。美國電報電話公
司曾經實施過一次非常成功的預防危機事件的方案。由於
該公司的業務具有獨佔性，最耽心引起社會輿論的干涉和
責難。為防止這一危機事件的發生，他們制訂的一套預防
措施如下：

(a)改造設備，進一步提高服務質量。

(b)降低服務價格，引起社會注目，取悅於公眾。

(c)加強公司與政府和有關業務機構的來往，培養公司與他們之間的關係，使公司有一個特殊地位。

(d)全部接線人員改由女生擔任，要求不准與顧客爭執。

(e)裝線人員要特別小心地對待用戶的地板和牆壁，盡一切可能不使用戶的房間受到損害。

以上措施實施後產生奇效。在美國第一次全國電話電報工潮中，該公司超脫於糾紛之外，繼續保持營業專利權而沒有受到公衆輿論的指責。

(3)危機事件應急計畫的制訂、儲備和訓練。當預防方案沒能有效消除危機原因（或出現了未意料的危機原因），就將導致危機事件的發生。因此，在制訂預防方案的同時，還要制訂可能發生的危機事件發生時的應急計畫。應急計畫的主要內容包括：控制事態、調查事件、接待來訪、傳播解釋、解決問題。針對每一個危機原因都應當有一套應急計畫。要組織參與實施危機應急計畫的工作人員經常複習計畫、熟悉計畫的要求，並且對一些應急能力要經常訓練，要與危機應急求助單位（如醫院、消防、警政、技術監督、消費者協會、新聞媒介等）保持良好關係。

(4)危機事件的及時發現。危機事件在發生之前往往有一些先兆，可根據可能危機事件的性質、特點、原因設計一些較靈敏的前兆指標，並建立「報警系統」，嚴密監視，及時發現危機事件，並向有關主管、部門報告，及時啓用應急計畫。一定要樹立時間就是形象、就是生命財產的危機公關意識，絕不延誤時間。

(三)生產性企業的危機處理

當危機事件發生以後，要按照事先制訂的應急計畫（可根據

實際事件進行適當修改）展開各項工作。

1.立即控制事態發展

要以最快的速度成立「戰時辦公室」（危機控制中心），啟用應急計畫，修改應急計畫，請求支援，調配接受過訓練的人員，保護現場，搶救受害公眾，慰問受害人及家屬，消除危機因素（尤其是連鎖性危機的因素）。

2.調查危機事件的全貌及影響

在緊急控制事態的同時，就要展開對事件的調查，這是危機處理工作的基礎。主要調查的內容有：危機事件的性質、特點、原因、時間、地點、現狀、趨勢、後果、影響；各方面公眾對事件的反應、情緒、意見；尚存的潛在危機因素；連鎖危機事件發生的可能性。

3.接待來訪

危機事件發生後，有關的各方面公眾會以最快的速度來人、來函、來電話。有的是要求解決問題，有的是關心和查詢，有的是瞭解真相，有的是批評指責。不管來訪出於什麼目的，都應熱情接待。必須設立專門接待辦公室和接待熱線電話，安排訓練有素的人負責接待工作。

4.傳播

利用各種傳播手段，向各有關公眾說明、解釋、通報危機事件及其處理情況，是企業求得公眾諒解、理解、關心、支持和重塑良好形象的重要工作。對危機傳播的基本要求是：設立「傳播中心」，安排專門的新聞發言人，全天值班；公開事實真相，保證傳播準確，並統一傳播口徑，及時糾正失真的傳播；及時向新聞媒介和各有關公眾通報情況；必要時借助權威人士、機構來傳播

資訊；傳播要利於重塑企業良好形象，利於增強公眾的信心、信任和希望，促進公眾對企業的理解、諒解、支援。

5.處理問題

要以「協調現狀，利於未來，謙虛自責，堅持原則」爲危機處理的總方針。注意邀請公正性、權威性機構來協助解決問題，敢於提出創新的解決辦法，重視把危機事件當做一個發展機會。要加強處理問題的針對性，對不同的公眾採取不同的策略。

(1)對內部公眾的策略：及時通報，號召大家團結一心，共度難關；獎勵有功人員，嚴懲肇事者和臨陣逃避者；防止內部違反公眾的逆反行爲。

(2)對受害公眾的策略：熱情接待，耐心傾聽，不自我辯護；致歉、同情、關懷、安慰，高層主管親自看望；及時回答問題，做出解決辦法；事後保持聯繫，繼續給予關心。

(3)對上級主管部門或領導機構的策略：及時、隨時彙報，請求指示、指導和支持；承擔責任，接受批評和處分；吸取教訓，防止以後類似事件的重複發生。

(4)對社區內公眾的策略：及時通報，說明情況；防止道聽途說和失眞擴散；必要時邀請大家參觀，請求理解和支持。

(5)對競爭對手的策略：透過媒介把眞實情況告訴對手；防止對手藉題發揮，傳播失眞資訊，趁機損害本企業形象；防止對手製造連鎖危機；防止對手趁虛而入，占領市場。

(6)對政府有關部門的策略：立即彙報，隨時溝通；爭取關照、指導，作爲危機傳播的權威主體；求得政策上的各種支持，幫助企業克服困難。

(7)對新聞媒介的策略：由專人熱情接待；公開眞相，防止失眞報導；利用報導宣傳自己，進一步提高自己的知名度和

信譽度。

(8)對支持單位的策略：平時保持友好關係；對各種支持要給
予合理回報和公開感謝。

(9)對聯合單位的策略：及時通報情況，特別說明事件對其利
益的影響及其解決措施，增強其進一步合作的信心，爭取
理解和支持，共同克服此一暫時性的困難。

第二節　商業企業公共關係

商業企業是一類專門從事商品流通的營利組織。廣義地說，
商業企業既包括國內市場上專業組織商品流通的各種企業，也包
括從事進出口貿易的企業。作為社會再生產的中間環節，商業企
業在履行其職能的活動中，必然與其內部員工、外部供應者、消
費者、社區、政府有關部門、新聞界等形成複雜的各種社會關
係。協調處理好這些關係，成為商業企業公共關係的重要任務。

一、商業企業公共關係的基本職能與特點

所謂商業企業公共關係，是指商業企業運用傳播手段和一系
列具體策略，與公眾溝通，贏得公眾的信賴、支持與合作，為自
身的生存和發展創造良好的社會關係環境，從而使事業獲得成功
的一種行為方式及活動狀態。

(一)商業企業公共關係的基本職能

1.樹立商業企業的良好形象

　　塑造組織形象是公共關係的基本職能之一，也是公共關係服務於組織經營最卓越的功能。從公共關係的角度看，商業企業要塑造良好的形象，首先要靠正確的經營宗旨、策略；靠提供數量充足、物美價廉的商品和優質的服務，同時還要靠有效的公共關係。商業企業運用公共關係，可以評測、判斷企業形象，塑造、強化企業形象，調整、矯正企業形象，因而被稱爲現代企業「形象策略的有效手段」。

2.優質化商業企業的管理

　　公共關係具有特殊的管理功能。從本質上說，管理就是決策。科學的決策離不開公共關係。具體地說，商業企業發現問題、確定目標、傳輸資訊，擬訂和選擇方案及決策方案的實施與控制，都離不開公共關係。所以說，商業公共關係是促進現代商業企業管理走向科學化的強而有力的工具。

3.促進商業企業的產品銷售

　　公共關係不直接參與商業企業的市場營銷，但這絕不是說公共關係在市場營銷活動中就無能爲力。恰恰相反，公共關係促進商業企業的經營的價值和作用往往體現在更高的層次上。它的以形象帶動效益的經營策略，能夠大幅度地提高商業企業的經濟效益和社會效益。具體地講，商業企業運用公共關係促進市場營銷主要表現在：自覺的公共關係意識可以保證「顧客第一」的經營宗旨；良好的公共關係狀態可以創造和諧的市場營銷環境；積極的公共關係活動可以開拓和擴大商品市場。由此可以得出這樣的

結論：商業公共關係是現代商業企業市場營銷活動中不可缺少的重要的「軟體因素」。

(二)商業公共關係的特點

商業企業在社會經濟領域所起到的橋樑和樞紐作用，決定了其公共關係的下列特點：

1.主體的多樣性

商業企業直接向消費者提供消費品，但這些消費品又來源於生產性企業。由此，商業企業的公共關係便有了雙重身分。一方面，它作為公共關係主體對消費者公眾推展公共關係活動，以吸引消費者公眾的購買力。另一方面，它作為生產性企業公共關係的客體公眾，又必須以對象公眾身分接受其公共關係宣傳和資訊交流。這種雙重身分使得商業企業必須以積極的姿態，主動加強與消費者公眾和貨源公眾的聯繫，使其在經營中占居主導地位。

2.客體的廣泛性

商業企業所面臨的公眾對象相當廣泛，上至國家領導人，下至普通群眾，幾乎所有的社會群體、組織與個人都與其發生直接或間接的利益關係。公眾對象的廣泛性，既為商業企業建立廣泛的社會關係網路提供了良好的社會條件，也為商業企業的公共關係工作加大了協調、溝通的難度，提出了更高的要求。因此，商業公共關係活動必須根據各種不同公眾及公共關係目標的要求，選擇公共關係手段，以便切實有效地推展不同方式的公共關係活動。

3.空間的普遍性

商業公共關係活動的空間比較普遍，它必須在商業活動的

購、銷、調、存等各個環節和所涉及到的所有公眾範圍中推展公
共關係工作。

4.資訊交流的仲介性

公共關係透過雙向資訊交流，達到組織與公眾之間的感情交
流。商業企業公共關係除了自身與公眾（消費者、顧客）之間的
雙向資訊交流外，還有一個顯著的特點，就是資訊交流中的「衛
星轉播」功能，或者叫做「通信員」功能。一方面，商業企業公
共關係要把自己所能供給的商品資訊及時地傳播給消費者公眾，
以供消費者選擇購買，同時還要把生產性企業的產品資訊，特別
是新產品或換代產品的資訊及時地向公眾宣傳，包括回答用戶的
問題、介紹產品的性能特點等，還有必要的調適、實驗等。這
裏，商業企業公共關係實際上發揮了生產性企業通訊員的作用。
在現實中，消費者對生產性企業的意見、建議和要求，大多是先
反映給經銷生產性企業產品的商業企業，然後，由商業企業傳遞
給生產性企業的。

二、商業企業的內部公共關係

商業企業內部的公共關係，是指商業企業組織與內部員工及
部門之間的協調溝通。搞好商業企業內部的公共關係，創造和諧
融洽的商業企業的「家園氣氛」，是實現商業企業外求發展的前提
條件。

商業企業內部的公共關係與其他組織內部的公共關係相比
較，既有共通性，又有其個性。例如，對任何社會組織來說，其
員工的言談舉止，所屬部門的每個行動，往往直接關係到組織在
社會和公眾心目中的形象。這屬於社會組織內部公共關係的共通

性特徵。但其他行業組織的內部員工並非人人都與外部的對象公眾直接接觸，社會公眾對組織員工的認識也並非直接地形成視覺印象。而商業企業則不同，他們在其經營過程中，要與顧客及貨源公眾直接接觸，這些公眾的要求又十分複雜。如顧客公眾按年齡、性別、職業、收入、愛好、習慣、風俗、民族、地區、教育程度等劃分，常有不同的購買和消費特點，同時其需求又具有多樣性、發展性、伸縮性、層次性和情感性等特徵。這些會給商業企業員工及各部門的服務工作帶來更多的困難，稍不留意便可能引起矛盾，不僅影響員工與顧客、貨源公眾之間的關係，還會直接影響企業的聲譽。這就要求商業企業透過各種方式方法，使每個員工、每個部門都樹立起很強的公關意識，自覺維護企業形象，提高自身的思想道德修養和業務技術水準；講究職業道德，熱情耐心和細緻周到地接待來客；尊重顧客的要求和意見，以贏得顧客的信任。同時，應用公共關係的方法、手段，協調內部各部門之間的關係，使組織各部門之間樹立「一盤棋」的思想。

三、商業企業的外部公共關係

　　商業企業的外部公共關係，是商業企業與其面臨的諸多類外部公眾之間的協調溝通。搞好外部公共關係的目的，是為了建立與外部公眾之間的廣泛聯繫，為商業企業的經營創造良好的外部公共關係環境。如前所述，商業企業所面臨的外部公眾十分廣泛，所以，商業企業的公共關係活動，除了採用與其他社會組織相同的原則和方法外，還要根據自身的經營特點，特別注意加強與顧客公眾、貨源公眾的公共關係工作。

(一)商業企業與顧客公眾的公共關係

顧客是商業企業最重要的公共關係對象之一。在市場經濟條件下，顧客就是市場，有了顧客就有了市場；有了市場，企業的經濟效益才有可能實現。所以，顧客關係是商業企業經營的生命線。所謂市場導向，實際上就是顧客導向。因此，從商業企業的政策和行為的基本導向來說，應該把顧客放在第一位。正如美國企業公共關係專家加瑞特（Panl Carrett）所說：「無論大小企業都必須永遠按照下述信念來計畫自己的方向，這個信念就是：企業要為消費者所有，為消費者所治，為消費者所享。」具體地說，要協調處理好商業企業與顧客公眾的公共關係，下列幾種方法是不容忽視的。

第一，向顧客提供優質的商品，是建立良好的顧客關係的物質基礎。顧客關係是由於顧客對商品的購買行為產生的。所以，沒有貨真價實的商品，絕不可能有穩固、良好的顧客關係。商業企業與顧客關係的建立不能單靠宣傳，而要靠優質的商品來維繫。在這方面，公共關係所倡導的「百分之九十做得好和百分之十說得好」的原則，應作為商業企業建立良好的顧客關係的基本依據。商業企業只有為顧客提供優質的商品，才能贏得顧客的信任和支持。

第二，以「賣商品猶如嫁女兒」的態度，向顧客提供始終如一的完善服務。商業企業賣商品不能以「嫁出去的女兒，潑出去的水」的態度來對待顧客，而應該抱著「為父欲嫁其女」的真誠態度和行動，向顧客提供始終如一的完善服務。良好的服務能使顧客帶著滿意的心情離去，並導致其連續的消費欲望和購買行為。完善的售後服務是企業信譽的重要保證。這是市場經濟條件下協調顧客關係的一個基本準則。相反，那種「貨已售出，概不

負責」的做法，是商業公共關係之大忌。

美國有一家生意興隆的百年老店西爾斯公司，在談起他們的經營訣竅時說：「我們的商店生意興隆，不過是把大家都公認的經營準則『貨物出門，概不負責』改成『貨物出門，負責到底，保證滿意，否則退款』罷了。」這家公司有一條規矩，店員絕不許與退貨的顧客爭執。有時明知顧客退換的是穿舊的鞋、不慎用壞的工具，他們也甘願上當受騙給予退換。有人對西爾斯的做法表示迷惑不解，他們卻說：「即使這個店偶爾被少數人佔了便宜，這也沒有什麼關係。我們正是指望那些來退貨的顧客再買一些以後不再退貨的商品呢！」由於實行了與眾不同的經營準則，西爾斯以良好的售後服務贏得了顧客的信賴。這家商店經歷一百年，換過好幾代人，但仍興盛不衰。西爾斯的經理們在開會時，總有一把椅子是空的，椅子的靠背上赫然寫著「顧客」兩個字。

第三，及時、妥善地處理好顧客的投訴、質詢、批評和糾紛。企業是人的組合而不是「神」的組合，因此，最優秀的商業企業也難免出現個別的形象事故，再好的顧客關係也難免出現差錯和顧客糾紛，問題在於如何做好善後工作。在這方面，公共關係的溝通理論要求主體組織應該認真、嚴肅、迅速、準確地答覆顧客的任何投訴或質詢，積極、慎重、耐心、誠懇地解釋和解決實際問題，以便平息顧客的不滿，穩定顧客的情緒，縮小糾紛所引起的不良影響。

第四，加強消費管理，科學化地引導消費。公共關係溝通不僅要順從民意，還要引導民意。加強消費管理，就可以使商業企業在處理顧客關係方面掌握主動權。加強消費管理可以採取多種多樣的形式，例如：利用各種宣傳媒介推展消費者教育活動，免費為顧客提供產品資料和資訊諮詢服務，建立消費者俱樂部，舉辦消費者培訓班等等。

第五，積極研究顧客的消費心理，善於滿足顧客多樣化的消費需求。不同類型的顧客具有不同層次的消費需求，作為商業經營來說，不但要考慮自身經營管理效益上的需要，更要善於滿足顧客多樣化的消費需求。當組織利益和顧客利益發生矛盾時，要堅定不移地把顧客利益放在首位，用實際行動來體現「顧客至上」的公共關係原則。在這方面，「一分錢經營」中的公共關係意識，就生動而又具體地展現了「顧客至上」的原則。

一九八六年四月六日，中國大陸河南鄭州市的報紙以「一分錢生意也要做好」為題，頭版頭條報導了鄭州百貨大樓的小商品經營情況。此後不久，《河南日報》又以「新長征道路上的針線包」為題，全面地報導了鄭百小百貨部的經營之道。數以萬計的公眾以「商業經營如何為顧客服務」為內容展開了熱烈的討論。這場討論在全市引起了強烈反響，鄭州百貨大樓也因此名聲大噪。

現代公共關係強調組織在所有的決策及行動上，均應以滿足公眾的需要為前提，而公眾的需要是多層次的，滿足需要的方法也是多種多樣的。在實際工作中，以公眾利益為出發點，是公共關係的職業道德應當遵守的。公共關係無疑要為實現組織的經營目標服務，但這種服務要有一定的道德觀作基礎，這就要求時時處處顧及公眾的需要和利益。一方面不應迴避和掩飾組織與公眾之間所實際存在著的矛盾與衝突；另一方面，在處理這種矛盾時要充分考慮公眾的實際利益，並盡可能地予以滿足，既要對組織負責又要對公眾負責。鄭州百貨大樓把方便顧客和滿足顧客的實際需要放在比自身更重要的位置上，寧肯自己少受益、晚受益，也不「見利忘義」，這充分體現了現代公共關係的基本原則和良好的公共關係職業道德。它與一些商業機構只顧自身利益，無視公眾實際需要的不良傾向，形成了鮮明的對比。

(二)商業企業與貨源公眾的公共關係

　　貨源公眾是商業企業的經營夥伴，是商業企業在現代化分工條件下生存的必要依靠。與貨源公眾的公共關係，主要應注意兩個方面：

1.加強聯繫

　　商業企業與工業企業不同，一般的工業企業產品種類有限，而商業企業經營的商品種類繁多，有的可達幾萬種。因此，商業企業必然要與眾多的貨源公眾打交道。商業企業要保持穩定、充足和適合銷售通路的貨源，需要與貨源公眾保持良好的關係。一方面，透過事實和傳播溝通，使貨源公眾瞭解並認識到，本企業是它最優秀和可靠的合作者，有經銷其產品必須的設備、知識、經驗和技術，有必要的服務能力，講究信譽，付款準時，積極熱心經營其產品；另一方面，主動向貨源公眾介紹企業發展方針和戰略計畫，使其瞭解自己的優勢所在，提供市場資訊，幫助貨源公眾找到適合銷售的產品，並在自己的職責範圍內協助貨源公眾妥善處理與消費者的矛盾。

2.化解矛盾

　　應當說，商業企業與貨源公眾保持良好的關係，是有一定基礎的。商業企業作為貨源公眾的銷售管道，雙方之間物質利益關係緊密，一榮俱榮、一損俱損。商業企業的正常經營和健康發展，會給貨源公眾帶來希望。但是，雙方之間也容易產生矛盾，處理不當很可能反目為仇。例如：貨源公眾希望商業企業大量進貨，商業企業一般只願意勤進快銷；商業企業要求物美價廉、適合銷售通路，貨源公眾則更關心供應價格、批量生產。這就要求商業企業在經濟手段、法律手段、行政手段和商業關係之外，透

過公共關係加以處理，共同認識雙方的共同利益所在，從長遠著想，結成命運共同體，一道開拓市場；經常交換意見，增進瞭解，互尊互諒，互幫互學，共同提高經營管理水準。

第三節　飯店、旅遊業公共關係

　　旅遊是現代社會生活的一個重要部分。由於社會經濟和科學技術的發展，交通與通訊方式日益完善，人類出現了較高的物質文明，促進了旅遊事業的發達。以旅遊者爲對象的各種服務性企業，較典型的如飯店業和旅遊業，也因此獲得了較大的發展。這就爲公共關係的應用提供了更爲廣闊的天地。

一、飯店、旅遊業公共關係的特點

　　飯店、旅遊業是營利性的服務行業，又是具有高度依存性的行業。因此，它們的公共關係不僅具有營利性，同時還具有以下顯著特點：

(一)服務性

　　飯店和旅遊企業都屬於服務性企業。它們向社會提供的，主要是與旅行和遊覽有關的各種非實物形態商品——服務。這是它們經濟效益的源泉。因此，它們的公共關係工作必然注意以下方面：

(1)千方百計使顧客滿足和滿意。服務的無形性，使公眾在評
　　價其商品質量時，往往依據由服務過程和服務結果產生的

滿足感、滿意度。滿足、滿意即爲上乘服務，未滿足、不滿意則爲質量低劣。所以，它們公共關係的立足點，是使顧客滿足，創造滿意的服務。

(2)主要依靠有形因素樹立形象。飯店、旅遊業作爲服務性行業，它們給顧客和其他公眾留下印象的，不僅有服務質量的好壞、服務項目的特色，還有建築物的外觀、設施和員工精神風貌、言談儀表等。如一家五星級飯店，會使人聯想到其完善的服務設施、一流的服務水準、訓練有素的員工，以及其他有形因素。同樣，某旅遊區的景觀會使公眾形成這一地區的特有形象。

(二)直接性

飯店、旅遊業的服務性特點，決定其商品——服務的提供，必須透過員工與顧客的直接接觸進行。服務的提供者和提供服務時間的不同，都可能使服務出現質量差異。在許多服務過程中，顧客的參與又發揮著十分重要作用；顧客要得到滿足，必須依靠員工的幫助；員工要滿意地完成任務，又要顧客的配合。在這種狀態下作業，員工的一舉一動都是所屬企業形象的公開亮相或「曝光」。因此，飯店、旅遊業更加注重對全體員工公共關係意識的培養和公共關係方法的訓練。

(三)複雜性

飯店、旅遊業的興旺，離不開工農業、運輸業、郵電業、商業和城市基礎建設的發展。作爲旅遊市場的供給一方，飯店業提供的是食宿服務，旅遊業提供的是遊覽服務；而作爲需求一方的旅遊者，他們需要的不只是孤立的一個飯店床位或一處景點，而是從離家開始到返回爲止的整個旅遊過程都有良好的感受。所

以，飯店和旅遊企業必須與其他有關部門互相配合，保持協調。其中一個環節出了問題，就會影響整個鏈條上其他環節的質量。飯店、旅遊業的這種高度依託性，使其公共關係更為複雜。

(1)公眾的複雜性。飯店、旅遊業的興旺發達，必須有充足的客源。影響客源多寡的直接因素，不僅有飯店、旅遊企業自身的形象，還要看旅遊地吸引力的大小，運輸業、郵電業和商業的發展水平等。因此，飯店、旅遊業面對的公眾不僅有內部員工、旅遊者、政府和新聞媒介等，還有許多其他必須高度依靠的經營夥伴。

(2)關係的複雜性。公眾的複雜性，必然導致彼此關係的相應複雜。以飯店、旅遊業與其經營夥伴之間關係而言，大家都是為旅遊提供服務，因此利益上有一致性：飯店、旅遊業的發展，可以刺激運輸、郵電和商業等的發展；這些行業如果普遍發展，又能促使飯店、旅遊業的興旺，彼此形成相互依存的合作關係。但是，它們利益上又存在著互斥性：旅遊者把相對有限的收入更多用於食宿、遊覽時，往往要減少其他方面的開支；反之，旅遊過程中其他開支增多，又必然會減少飯店、旅遊業的收入，彼此之間又有競爭關係。即使是飯店、旅遊企業之間，也是既有競爭又有合作。

二、飯店業公共關係的任務

飯店在各地有許多不同的稱呼。較大的飯店通常也叫賓館、酒店，其設施完善，服務專案齊全，除食宿外還提供洗衣、理髮、醫療、娛樂等服務項目，並包括代叫計程車、代辦郵電、代

購車船機票，經銷一些日用商品和旅遊紀念品。中等規模的飯店除了提供住宿，還有餐廳，並兼營其他生活服務。較小的飯店多叫旅店、旅社和客棧，通常只能提供住宿。

飯店業的公共關係，主要用於以下方面：

(一)樹立享有聲譽的飯店形象

(1)設計飯店形象。這是樹立形象的基礎。一個好的飯店形象，設計時至少要綜合考慮兩大方面：公眾對飯店的要求，飯店的條件和優勢。換言之，也就是要在公眾希望飯店怎樣、飯店又擅長為公眾做什麼之間，找到飯店形象的落腳點，並引申出個性特徵。

(2)推廣飯店形象。設計出來的飯店形象，要透過各種方式和媒介，例如圖片、模型、錄影、宣傳材料及各種社交活動，推廣出去，使廣大公眾瞭解和熟悉，提高飯店的知名度。

(3)檢測飯店形象。要透過廣泛的調查、瞭解、檢測飯店的實際形象與期望形象有否差異，分析差異產生的原因，並報告給飯店決策者，採取相應的措施。

(4)調整飯店形象。在必要的時候，飯店還要根據形勢的變化，對形象進行調整，重新定位。例如，上海的錦江飯店，長期由中國大陸政府直接經營，服務對象級別高。在一般公眾的心目中，錦江飯店的形象是莊嚴有餘、親切不足。在新的形勢下，這家飯店認識到，原有的形象對擴大業務、提高經濟效益不利。要根據公眾心理及消費結構的變化，在保持錦江原有高貴豪華形象的同時，再賦予親切平和的情調色彩。在公共關係部的建議下，這家飯店打破森嚴的壁壘，開門迎客。錦江園內許多昔日令普通市民望

而卻步的地方，今日成了人們喜歡去的場所；並透過廣告，使「錦江是屬於公眾的」這一資訊廣為傳播。

(二)聯絡感情，增進瞭解和友誼

公共關係要為飯店的生存和發展創造「人和」的環境，這就要與各種公眾進行聯絡。針對飯店外部公眾而言，尤其要保持與以下公眾的溝通：

(1)賓客。要注意區分不同的賓客，採用不同的方式進行交流。例如，高檔飯店的賓客大致有三類：一類是觀光者。著名的飯店常被當作當地一大景觀，經常有一些穿戴樸實、不願多花錢的客人慕名而來，參觀遊覽。他們希望飯店以禮相待，熱情介紹。第二類是貴賓。他們人數不多，但作為社會名流、新聞人物，其影響之大是其他客人無法比擬的。接待貴賓要周密準備。貴賓到達時，可以舉行歡迎儀式；在適當的時候，陪同參觀，介紹飯店現況。有的還要根據來賓個人生活特點，重新安排室內裝飾，準備專門服務。第三類是常客、散客。他們有的常來常往，有的長期生活在飯店，甚至以飯店為家。飯店應當根據他們的文化背景和習慣、愛好，設置合適的娛樂場所，組織有感情色彩和紀念意義的活動。

(2)新聞媒介。飯店常常是重要事件發生的場所。名人貴賓下榻，重要活動的舉辦，都會受到整個社會的矚目，引起新聞界的興趣。因此，飯店的公共關係部門要瞭解和熟悉新聞媒介，與其保持廣泛聯繫，建立個人友誼，及時通報情況，為新聞單位的工作提供各種便利。要善於借助重要新聞發佈，宣傳飯店，提高飯店的知名度和信譽度。

(3)社區。社區是企業生存的根基。飯店的建設和發展，要有一個良好的社區環境。因此，飯店要注重睦鄰之道，積極參加社區建設，支持社會公益事業，維護社區公眾的利益，力爭做一個合格的社區居民，使社區公眾接受、認同並引以爲榮。

(4)經營夥伴和競爭對手。對飯店業來說，不僅要積極發展與經營夥伴的關係，還要十分注意和競爭對手的關係。同業之間不僅有競爭，還可以合作。例如，異地的飯店之間，可以聯合成一條龍式的服務鏈條，共同獲益。本地的飯店之間，也可以交流經驗，互相取經，共同提高經營管理水準；還可以互相介紹客人；遇到特殊情況，也可以互相支援。協調好與同業之間的關係，是飯店業公共關係工作不可缺少的內容。

(三)蒐集資訊，參與決策

(1)分析評估飯店的知名度和信譽度，瞭解公眾對飯店的意見和反映，整理之後報告決策部門，使決策者及時知道這些資訊。

(2)調查公眾行爲，分析公眾態度，預測變化趨勢，並提出解決問題的方案。

(3)從公共關係的角度評議飯店方針、政策和計畫，研究是否符合公眾利益和社會利益，及其對飯店形象的潛在影響，並提出建議。

(4)協助營業部門增設服務專案，擴大飯店業務。

(四)教育和引導內部員工樹立公關意識

(1)引導員工樹立明確的公共關係意識，珍惜和愛護飯店的形

象、聲譽。要使飯店的公共關係工作得到全體員工的合作、支持，使他們在社會交往中，尤其是與顧客的接觸中，注意溝通飯店與公眾的聯繫；樹立「顧客至上，信譽第一」的思想，主動宣傳企業，爲樹立企業形象做好外部公眾的工作。

(2)教育員工從本職工作出發，在各自的崗位上支持和關心公共關係工作。

(3)培養員工的主人翁精神和責任感，這是激發員工做好公共關係工作的思想動力。要透過各種內部公共關係活動，增進員工之間的團結、友愛和理解，激發積極性。

(五)處理突發事件和賓客投訴

飯店是公共場所，容易發生一些突發事件，例如火災、爆炸、自殺、重大失竊、嚴重食物中毒、自然災害襲擊等。在這種時刻，飯店公共關係部門要立即行動起來，積極設法寬慰賓客和有關人員；與其他部門密切配合，投入善後工作。一旦飯店形象因此受到破壞，還要採取措施補救，改變公眾看法，挽回影響。

接受和處理賓客投訴，是飯店公共關係部門的日常事務，也是飯店用以消除賓客疑慮、溝通雙方意見的有效方式。這項工作要求耐心、細心，同時要注意以下幾個方面：

(1)接待賓客投訴，態度要認眞，語言要婉轉，行動要迅速，處理要公正。多詢問，少解釋，絕不能辯護和爭論。要堅持「賓客總是對的」，把正確留給對方。

(2)受理的投訴要及時轉告有關部門，督促儘快改進。對重要的投訴，或超過公共關係部門職責範圍的問題，要迅速報告飯店決策部門，請求主管指示、解決。

(3)不能放過所謂的「細微小事」。有時賓客反映的問題，無非是開水不開、熱水不熱一類的小事，但這些都會直接影響飯店的聲譽和形象，同樣要認真對待。

(4)定期將投訴內容、處理情況分類、整理和歸檔，供今後參考，也可在內部報刊上公布。

三、旅遊業公共關係的任務

旅遊可以使人陶冶性情，豐富生活，增長見識。旅遊業的主要任務是招徠顧客，組織遊客按一定的線路遊覽，並提供相應的服務。旅遊業的公共關係工作，要為旅遊地提高知名度和信譽度，吸引更多遊客，促進旅遊業的興旺發達。

旅遊企業公共關係的任務，與飯店業及其他企業有許多相似之處。不過，它們也有兩點特殊的地方：

(一)樹立良好的旅遊地形象

一般的企業或社會組織所要樹立的，主要是自身形象。旅遊業不僅要注重自身的企業形象，還要大力宣傳和推銷旅遊地的形象。從某種意義上說，旅遊地的形象比旅遊業的企業形象更為重要。旅遊企業的公共關係部門必須看到這個特點。

(二)提高旅遊的社會承受力

旅遊的社會承受力，是指旅遊地居民對當地旅遊業發展的規模和方向，在心理上所能接受的限度。聯合國教科文組織的一項研究報告曾經指出，世界上許多旅遊地的居民對遊客的態度，普遍經歷了由歡迎到冷淡，進而不滿和厭惡四個階段的變化。原因很多，如大量遊客的擁入，與當地居民爭奪有限的生活空間，致

使交通緊張，商店、公共娛樂場所擁擠不堪，給當地居民帶來不便；甚至加劇了環境污染和生態不平衡，造成旅遊地生活環境質量的下降。另外，遊客大多數經濟條件較好，或平時已有旅遊積蓄，比當地居民消費水準高，抬高了旅遊地物價等等。由於上述種種原因，導致了旅遊地居民和遊客之間衝突。這是必須引起旅遊業重視的一個問題。旅遊地居民是當地旅遊業的重要組成部分。缺乏他們的支持與合作，旅遊業就會失去賴以存在的社會基礎。許多旅遊者在選擇旅遊地的時候，往往也要考慮旅遊地是否有良好的社會氣氛、優良的服務、便利的交通和便宜的價格。旅遊服務質量高和當地居民的熱情友好，已被許多國家列為與自然旅遊資源、人文旅遊資源相提並論的又一大類旅遊資源。經驗證明，遊客由於種種原因，在旅遊地未能享受到滿意的服務，或沒有觀賞到某個奇景異觀的遺憾，常常能由旅遊地居民的熱情友好得到補償；反之，服務再滿意，風景再迷人，當地居民不甚友善，也會使遊客心情遭到破壞。

提高旅遊的社會承受力，關鍵在於擴大旅遊業發展的積極方面，儘可能限制消極方面。例如，進行合理的規劃和開發，充分尊重當地居民的地位，取消任何有損於當地居民自尊心的歧視性規定，加強旅遊地的保護和建設，以及對當地居民進行教育和引導。事實上，許多旅遊地居民之所以缺乏熱情，有時並非遊客已經多到明顯損害其利益的程度，而是主觀認識上的原因。那些不在旅遊業工作的當地人，他們不瞭解旅遊業的發展對自己究竟有什麼好處。推開公共關係活動，協調旅遊地居民與遊客、旅遊企業的關係，幫助他們克服個人認識上的片面性和局限性，就成為旅遊業公共關係的一個重要任務。

第四節　郵電、運輸、金融業公共關係

郵電、運輸、金融業作為一種聯繫各行各業，服務於社會公眾的營利性企業，其公共關係的客觀存在及其重要意義不言而喻。因此，研究和處理好各自所面臨的公共關係問題，是至關重要的。

一、郵電企業公共關係

郵電企業的主要職責是透過郵政和電信傳遞資訊，辦理郵通業務。由於郵政電信溝通國內外往來，聯繫千家萬戶，服務於全社會，並與政府機構、新聞媒介及各種用戶存在著密切的業務關係，因而這些關係的協調、溝通就成為郵電企業的一項重要任務。而郵電企業的公共關係，是指把公共關係學的基本原理運用於郵電通信部門的建設、經營和管理活動之中，在爭取公眾理解、優質化內部管理、改善外部環境、樹立良好形象、推動郵電通信事業發展的過程中所形成的公共關係思想與活動。它是現代公共關係在郵電部門的具體應用和創造性發展。

(一)郵電企業公共關係的特點

1.郵電企業公共關係主體的雙重性

郵電企業公共關係主體的雙重性，是指作為公共關係活動主體的郵電部門，同時具有政府與企業雙重職能的特點。例如，中國大陸的郵電管理體制是「政企合一」，因此，從中央到地方，各

級郵電部門都以雙重身分推展活動，即一方面代表國家對郵電業
行使國家行業的管理職能；另一方面，絕大多數的郵電組織（包
括行使政府職能的郵電組織），又是相對獨立的企業法人，須扮演
好企業組織的角色。郵電企業公共關係主體的這種雙重性，決定
了其公共關係活動的方式和手段必須是多樣的、協調的。

2.郵電企業內部公共關係的整體性

郵電公共關係的整體性是指作為郵電部門內部公共關係對象
的各級各類郵電組織和員工之間相互牽引、相互影響、相互依存
的整體關係。這種整體性要求郵電公共關係必須協調好組織內部
各個環節的關係，以保證整體的正常運行。

3.郵電企業外部公共關係活動的多樣性

郵電企業外部公共關係形態的多樣性指受各式各樣客觀因素
的影響和制約，使得郵電企業外部的公共關係呈現出多種形態和
多種色彩，諸如：郵電通信業廣泛的社會性和服務性，使得郵電
組織面臨的公共關係客體異常龐大，幾乎所有的社會公民都是其
直接或潛在的公眾；生產過程和消費過程的同步性，使郵電部門
的公共關係必須協調處理好每一個環節；國家對郵電行業的壟斷
性，使郵電部門置身於全社會公眾的監督之下，成為眾人矚目的
焦點等。

4.郵電企業公共關係的政策導向性

這主要是指郵電部門公共關係的推展，必須以國家關於郵電
通信業發展的方針政策為依據的特徵。郵電通信業在整個國民經
濟發展過程中居於重要的戰略地位，因此世界多數國家對郵電通
信業實行壟斷性經營。通常國家會為郵電通信業的建設、管理和
經營制訂了一系列方針政策，這是郵電部門行使政府職能、辦好

郵電企業和指導郵電公共關係活動的根本依據。從這個意義上講，郵電公共關係具有明顯的政策導向性特徵。

5.郵電企業公共關係效果的綜合性

這方面是指郵電部門推展公共關係活動必須重視整體效果和綜合效果的特徵。各級郵電組織無論為實現何種目標而進行的公共關係活動，都必須從郵電系統的全局利益出發，充分顧及全方位的綜合效果，才能實現本組織的整體公共關係目標。如果僅從本位主義和地方主義出發，就會使整個公共關係活動歸於失敗，甚至會使整個郵電通信業的工作和形象受到損害。因此，郵電部門進行公共關係效果的評估，必須把提高整體的長遠利益和綜合利益作為衡量公共關係活動效果的主要尺度。

(二)郵電企業公共關係的任務

郵電企業公共關係的任務，包括總任務和具體任務。其總任務是：為郵電組織任務的順利完成創造一個良好的內外環境。根據這一總任務的要求，郵電企業的公共關係工作主要有以下幾個方面：

1.蒐集資訊，為組織決策提供諮詢並直接參與決策

郵電是資訊產業，以為社會各界傳遞資訊為主業。這一特性為郵電公共關係機構蒐集資訊，為本身組織領導者決策提供諮詢，創造了得天獨厚的條件。郵電公共關係機構透過資訊蒐集，可以及時有效地將行情動態、市場變化、用戶意見、郵電形象等方面的資訊進行分類加工，及時提供給決策層，為領導者進行正確決策提供保障，同時也為公共關係機構策劃活動方案提供依據。

另外，郵電公共關係機構還應直接地參與組織決策，以便更

有效地發揮公共關係參與決策的職能。在這方面，國際上有許多成功的經驗。例如，美國電報電話公司就十分重視發揮公共關係機構參與組織決策功能。這家企業從總經理到話務員，都很重視公共關係。公司的一切重要決策，未經公共關係部研究，不能拍板決定。負責公共關係的副總經理，每周出席總經理召開的會議，以便在公司決策之前能夠發表意見。公共關係機構積極地參與組織決策，對該公司的順利發展，產生了顯著的促進作用。

2.傳播溝通，增進社會和公眾對郵電的認識

郵電部門作為一個行業，在社會上知名度很高，但具體到每一個企業或營業單位，卻未必如此。同時，由於郵電業務分類繁多，隨著科學技術的發展和社會需求的增加，新的經營項目也在不斷增加。透過公共關係的傳播溝通，可以增進社會和公眾對郵電行業的瞭解。具體的傳播溝通方式，可以採取各種形式的演講會、報告會，積極參與社區的公益事業，鼓勵員工以企業的名義參加各種社會活動，舉辦展覽會，設立熱線電話等。這些都是增進社會對郵電瞭解的傳播溝通方式。

3.提高服務質量，以優質的服務贏得社會和公眾的信賴

郵電企業的一個特點，是許多一線的員工，例如話務員、營業員和投遞員，在其工作過程中要與公眾直接交往。他們的服務水準、服務態度，往往是人們評價郵電企業服務質量的重要依據。所以，企業要透過公共關係，廣泛徵求意見，瞭解公眾最關心、需求數量最大的業務及其滿足程度：制訂公共關係計畫時，應把員工作為重要的因素，加強員工的公共關係意識教育。要向員工介紹各方面情況，使他們知道如何做好本職工作，怎樣代表企業做好對外工作，提高服務水準，改善服務態度，積極主動去爭取用戶滿意和信任。

4.積極溝通，努力求得政府與新聞媒介的支持和幫助

郵電企業要透過有效的公共關係工作，讓社會各界，尤其是政府瞭解郵電事業的性質、地位和作用，把郵電通信擺到國民經濟「先行官」的位置上，支持和發展郵電事業。郵電企業要在盡力滿足社會需要的同時，使政府有關部門理解和落實國家關於發展郵電事業的方針、政策，把郵電納入政府日常議事日程，隨時視察和支持；讓政府各部門瞭解郵電生產過程、郵電現狀和困難，與政府一道解決社會和公眾關心的郵電方面的問題。

郵電聯繫千家萬戶，服務於全社會，社會影響大，經常是新聞媒介矚目的中心。郵電企業更應重視和發展與新聞媒介的關係，積極主動地向記者、編輯介紹情況，廣交朋友，增加知音。美國通用電氣（佛羅里達）公司，就十分注重對新聞媒介推展公共關係工作。他們認為「要使新聞單位宣傳好我們，我們必須首先處理好對記者、編輯的宣傳，使他們瞭解我們、理解我們」。這家公司對所在地區的一百五十多家新聞單位，每年至少訪問一次，重點單位還要訪問多次。新聞媒介發展與公司有關的報導，若有不當之處，立即指出，爭取更正；如果發表用戶意見，如讀者來信，則主動派員向新聞媒介和用戶說明情況，確屬公司的問題，虛心接受，積極改進，並設法透過新聞媒介挽回影響。他們特別強調，要善於使用報紙、期刊、廣播、電視來宣傳企業。

5.強化市場意識，為促進市場營銷服務

隨著現代化建設事業的不斷發展，郵電行業的市場情況也發生了重大變化。郵電業已由過去的「獨此一家，別無分店」的賣方市場，開始轉變為「龍爭虎鬥」的買方市場。傳統的郵電業務需要轉型，新興的郵電業務競爭激烈。對此，郵電行業的公共關係活動必須強化市場意識，透過有效的傳播與溝通，推進郵政業

的市場競爭和電信業的新技術應用，推動郵電市場營銷的發展。

6.排憂解難，妥善處理危害公共關係事件

居安思危，擬訂各種各樣的危機處理方案，以應付和處理涉及人民生命財產的各種突發事件。這是郵電公共關係工作的一項比較特殊的而又必不可少的任務，也是一項長期的、必須靠超乎尋常的智慧去完成的任務。一般來說，影響郵電行業形象的事故有撕毀信件、盜竊包裹、貪污匯款、服務態度差等問題。解決這些問題，一方面要加強內部管理，加強員工教育；另一方面要透過公共關係手段，及時使公眾瞭解事件真相，瞭解郵電組織為解決問題所付出的努力，以重建公眾對郵電組織的信任。

另外，郵電公共關係還要善於為維護郵電組織形象服務，為已經樹立起來或正在樹立的郵電組織形象「保駕」，這也是郵電公共關係工作的重要任務之一。

二、運輸企業公共關係

運輸企業的基本任務是以運輸設備和交通工具為手段，在流通領域中實現旅客與貨物的位置轉移。交通運輸業作為第三產業，是聯結社會生產與消費的樞紐，是商品流通和公共交往的物質基礎。現代社會生活的特點是流動性大，科學技術的進步和交通工具的發展，促進了各種運輸企業的發展。公路、鐵路、水路與航空運輸企業，已成為現代經濟生活的重要支柱。因此，運用公共關係手段，努力創造有利於交通運輸發展的環境，是運輸企業公共關係的主要任務。

(一)運輸企業公共關係的主要內容

運輸企業的公共關係，是指運輸企業為爭取組織內部與外部的理解、支持與合作，運用現代公共關係的理論與方法，採用傳播溝通手段以達到組織與公眾相互協調之目的所進行的一系列活動。

運輸企業包括各種不同類型的組織，不同類型的運輸組織其公共關係工作的著重點也有所不同。一般來說，運輸企業公共關係的工作內容，主要有以下幾個方面：

(1)提高服務質量，改善服務態度，以實際行動樹立運輸企業的良好形象，贏得社會的信賴和支持。運輸企業的服務就質量而言，旅客和貨主所要求的主要是安全、準點；服務態度雖然因人因事有所不同，但人們基本要求也無非是親切、友善，使人滿意。由於許多運輸業多屬獨家經營，如航空、鐵路，許多企業沒有直接的競爭對手，所以或多或少都沾染了「皇帝女兒不愁嫁」的官商作風，知名度很高，信譽度卻不一定高。因此，如何透過有效的公共關係，重塑企業形象，迎接未來的競爭，就成為運輸企業公共關係的重要任務。許多城市的公共汽車公司，透過推展「溫暖在車廂」、「友愛服務車」等活動，大大提高服務質量和改善服務態度，並借助新聞媒介而廣為傳揚，取得了社會的稱讚和旅客的信任、諒解。

(2)結合運輸企業的工作特點，加強全員公共關係培訓，不斷提高員工的形象意識。運輸企業的員工經常單獨作業，各自為戰，加上運輸企業一般點多線長，涉及面廣，影響面較大。因此，教育和引導員工樹立公共關係意識，自覺維

護企業形象，把自己作為企業的「大使」，妥善處理好與各種旅客和貨主的關係，是一項不容忽視的公共關係工作，必須切實身體力行。

(3)建立通暢的資訊溝通網路，加強運輸企業與各類公眾的資訊交流，實現全方位的外部公共關係的溝通。完成這一任務的關鍵在於資訊傳遞和反饋的及時性及資訊處理的有效性。例如，透過多種傳播媒體和途徑，把與社會和公眾相關的資訊及時地傳遞出去，以不斷增進外部公眾對運輸業的瞭解；把社會和公眾對運輸業的意見及時蒐集反饋給組織，並迅速作出處理，以便使公眾滿意。

(4)運輸企業的員工與旅客密切接觸，時間又長，容易產生矛盾，加上發生各種惡性事故的機率較高，所以，不僅要認真做好顧客投訴處理工作，還要預先制訂處理各種突發事件的方案，積極做好應變準備。應特別注意：運輸企業是有高知名度的公用性行業，其一舉一動都惹人注目，極易成為社會輿論和新聞媒介的熱門話題，稍有不慎，企業聲譽便會毀於一旦。因此，樹立危機意識，加強預防型公共關係是至關重要的。

(二)運輸企業日常公共關係

運輸企業的外部公眾主要包括旅客與貨主、政府有關部門、大眾傳播媒介等，他們構成運輸企業生存與發展的主要社會環境。運輸企業的外部公共關係，實質上就是與這些社會環境要素之間的關係。旅客與貨主是交通運輸企業的消費者公眾，他們的消費需求和滿足程度是交通運輸企業存在與發展的基礎。經常不斷地推展消費需求和滿足程度的調查，及時提供客貨運輸服務資訊，堅持優質服務，是運輸企業公共關係活動的重要方式。各級

政府是社會的管理者，各行業、各部門的發展規劃，不僅必須以政府決策為依據，而且其經濟合作常常也要依靠政府協調。因此，運輸企業一方面要及時、準確地向政府及有關部門提供決策資訊，以便政府科學決策和適時調整決策；另一方面要加強與相關經濟部門的資訊交流，促進各經濟部門之間的合作與協調。人眾傳播媒介是特殊的外部公共關係對象，具有組織與外界聯繫的橋樑作用和強大的輿論功能。運輸企業利用大眾傳播媒介，既可得到輿論的支持，也可對自身活動實行有效監督。由於交通運輸的生產過程與消費過程的同一性，其經濟活動常常直接面對消費者公眾，因而輿論監督就顯得特別重要。

(三)客運企業的危機管理

危機事件處理是客運企業經常面臨的特殊公共關係活動。客運事故引起傷亡事件，是客運企業遇到最多的危機事件，這種危機事件因直接涉及公眾生命，因而要特別慎重處理。從公共關係的角度來講，要力求做到下列幾點：

(1)建立常設危機事件處理團隊，制訂應急措施，掌握有關政策法規。

(2)發生危機事件時，要確定一個發言人，代表企業對內與對外介紹事實真相，防止說法不一的情況產生和謠言的傳播。

(3)及時與新聞媒介取得聯繫，準備提供技術性較強的情況介紹及技術人員或專家的意見，讓新聞媒介適時、適當地向公眾介紹情況。

(4)妥善處理善後工作。對責任事故，要做詳細的解釋工作：耐心謹慎地對待受害者或家屬，禁止企業代表與其發生衝

突。待受害者的憤怒與不滿充分渲洩後,再與其進行理智的商談,切勿操之過急。參與談判的企業代表需富有同情心和經驗。在賠償問題上,既要實事求是、堅持原則,又要靈活變通,照顧受害者的實際利益。

(5)積極與需要其援助的單位聯繫。如醫院,警政部門,消防部門,相關的科研單位,臨近地區的部隊、廠礦、機關等,都可能是危機事件處理過程中的求援對象,平時應建立良好關係並經常聯繫,避免「平時不往來,有事找上門」的現象。

三、金融業公共關係

金融,是貨幣流通和信用活動的總稱。它是指以銀行為中心的各種形式的信用活動,以及在信用基礎上組織起來的貨幣資金的融通。我們這裏所說的金融業指的是由金融活動所形成的金融服務行業。社會上專事金融服務的專業機構通稱金融機構,這類組織的任務是透過提供各種不同的金融或信用工具,吸收和動員社會閒散資金,將其引導到生產投資上來。由於專業化分工的需要,金融機構又分為兩大類;其一是銀行性金融機構,其二是非銀行性金融機構。金融業公共關係指的就是金融機構所推展的公共關係,它有助於提高這類組織的知名度和信譽度,促進它們與其特定公眾的資訊溝通和交流,改進服務措施並推進業務發展,以增強其在市場上的競爭力,獲取良好的社會效益和經濟效益。

(一)金融業公共關係的特點

(1)金融業公共關係的主體是各類金融機構,它包括:銀行性金融機構,如中央銀行、商業銀行和各類專業銀行;非銀

行性金融機構，如信用合作社、保險公司、退休及信託投
資基金、投資公司、郵政儲金制等等。由於專業的分工，
各金融機構提供的金融服務不盡相同，其公共關係的工作
也各有著重點，如各國的中央銀行作為管理全國金融業的
行政機關，它的一項重要任務就是負責擬訂全國統一的金
融方針、政策、法規和金融管理制度，制訂銀行的存款、
貸款利率，按規定呈報最高行政機關批准後組織執行。圍
繞這一任務，它的公共關係工作重點之一就是將有關金融
決策、信貸計畫等資訊及時傳遞給其他金融機構，並利用
各種途徑向社會宣傳、解釋國家的金融方針、政策和法
規。

(2)金融業公共關係的對象廣泛、多樣、社區性強。所謂廣
泛，它涉及千家萬戶的社會公眾，如一般銀行面對的廣大
儲戶，保險公司面對的廣大保戶。多樣是指它既有儲戶，
又有貸戶；既有投保戶，又有被保戶；既有社會分工形成
的工作對象，又有社會性的普遍服務對象。社區性是由於
各大金融機構在全國各地城鄉大多有其嚴密的地方分支系
統，社區深入性較強，其提供的服務已成為社區配套的一
個重要組成部分，為社區公眾生活的一大支柱。

(3)金融業公共關係多採用直接溝通的傳播手段。由於一般金
融機構的公眾大多集中於社區，金融機構與公眾有較多的
直接接觸機會，其公共關係工作的方式自然偏向於人際間
的傳播與交流，如銀行、保險公司與儲貸戶、保戶的面對
面交往，銀行介入社區的公益活動，資助促進社區發展的
有意義活動，等等。當然金融業公共關係也常採用大眾傳
播手段，以向社會公眾宣傳新出爐的金融政策或新增設的
服務專案，但這種宣傳若輔之以社區中人際間的直接傳

播，效果會更好。

(二)金融業公共關係的任務

(1)金融機構的業務活動涉及貨幣的發行與回籠、存款、放款、金銀外匯買賣、匯總結算、保險、信託、有價證券的發行與交易等，貨幣是金融業的最基本要素。這要求金融業公共關係的首要任務必須是嚴守信用，在社會上建立良好的信譽度。金融機構要透過平時經常性的培訓教育工作，使每一個員工都懂得，信譽是自己組織的生命，並把此信念落實到具體的業務工作中。

(2)金融機構經營貨幣信用業務，組織形象很重要。一個實力雄厚、安全性好、保密性強、服務周到且手續簡便、與社區公眾有親和力的社會形象，是每一個金融機構都應積極去爭取的，而這就需要推展公共關係。當然，良好的公共關係是以優質的服務質量為基礎，金融機構工作人員平時的一舉一動，尤其是工作效率和服務質量，都直接影響著組織形象的塑造。

(3)無論在任何金融機構裏，有一項基礎性的公共關係工作是少不了的，那就是資訊的發布及其與公眾的交流。當國家調整或新出爐的金融政策，如調高或調低利率、發行新的國債時，我們的金融機構就有義務對其進行及時準確的資訊發布和宣傳推介；當金融機構本身推出新的業務服務措施，如發行某信用卡或增設新的業務網點，它也有必要運用公共關係和廣告等手段對其進行推廣或宣傳。金融資訊關係國計民生，準確、明瞭、及時的資訊披露和與社會公眾的經常性交流溝通，有助於社會穩定和經濟發展。

(4)金融業公共關係的工作重點在社區，由於金融機構不僅僅

面對現在的客戶，它還面對大量潛在客戶，而這些潛在客戶往往又與金融機構處在同一社區，所以處理好社區關係對於增強金融機構的競爭力和拓展其業務十分關鍵。

練習、思考題

1.與其他行業相比，工業企業公共關係的特點是什麼？

2.公共關係人員應當怎樣處理企業發生的危機事件？

3.商業企業如何有效推展對外公共關係活動？

4.試舉例說明飯店業、旅遊業公共關係工作的任務是什麼？重點在哪裡？

5.郵電企業為何要重視公共關係工作？

6.運輸企業公共關係活動應當抓住哪些主要方面？

7.金融業推展公共關係的重要性是什麼？

第十二章
非營利組織公共關係

　　形形色色的非營利組織，是龐大而複雜的社會組織體系的重要組成部分。觀察現代社會生活，公共關係的觸角已伸及各個行業領域，並隨著新的社會問題的出現與社會管理的不斷進步，它在非營利組織中的應用亦日趨普及、深化。

第一節　非營利組織與公共關係

一、非營利組織及其公共關係的特點

(一)非營利組織的性質和類型

　　一般來說，非營利組織泛指所有不從事營利性活動，即不以盈利為根本目的的社會機構或團體。非營利組織存在的價值，或是推動某種社會事業的發展，或是普及宣傳某種知識、觀念，或是喚起公眾對各種社會現象的普遍關心，或是共同商討解決某個共同的社會問題。

　　不同的非營利組織，具有不同的工作目標和任務。我們可以依據它們所承擔的社會職能及其不同特徵，區分為三類：

1.公益性非營利組織

　　它們通常以國家或社會整體利益為目標，服務於整個社會，外部公眾往往涵蓋社會各界。公益性非營利組織除了政府部門，常見的還有擔負保衛國家安全重任的軍隊系統，負責社會公共安全的警察、消防隊伍等。

2.互益性非營利組織

各種黨派和政治團體、職業團體、業餘團體、宗教組織，以及大多數的專業學會和各種行業協會、同業公會，都可以列入這個範圍。它們比較重視內部公眾的利益和共同目的，所以首先注重其內部成員對組織本身的向心力和歸屬感，著重組織對其成員的吸引力，重視內部系統的溝通。

3.服務性非營利組織

側重於以滿足特定外部公眾或內部公眾的特定需要為目標，或以此作為自己的基本使命，提供相應的非營利性服務。常見的有學校、醫院及衛生保健組織、新聞機構、圖書館、博物館及文藝團體、紅十字會、基金會、福利和慈善機構。

(二)非營利組織公共關係的特點

社會組織是公共關係的主體。主體的性質不同，與之相對應的公眾會有所不同，相互之間在期望、要求上也會不盡一致。與營利組織相比較，非營利組織的公共關係表現出以下不同特點：

(1)社會組織推展公共關係工作，根本目的是追求在某個特定領域內，實現社會效益和經濟效益的統合。但是，由於營利組織的存在與營利有關，其公共關係工作在最終成果上，必然或多或少、直接或間接地與經濟效益掛鉤。一個營利組織的公共關係工作不能推動市場營銷，產生一定的經濟效益，就難以有持久的生命力。非營利組織由於其性質，決定其公共關係工作的最終成果，必然主要體現在社會效益上。例如，不僅要努力塑造組織自身的形象，還要致力於為組織所從事的事業提高知名度和信譽度，說服公眾接受、認同和支持。對許多非營利組織來說，後者常常

比前者更爲重要。假如教育機構不能讓公衆知道教育事業在經濟發展、社會進步中的重要作用，軍隊不能使社會理解其參加某場戰爭的必要性、迫切性，它們自身的形象就難以樹立。這些活動都是非營利的，縱然其過程及其管理可用經濟效益的尺度，從所費與所得方面進行衡量；其追求的最終成果，通常卻只能從社會效益的角度評價。我們必須注意到的是，在國外已有不少的非營利組織，如某些藝術團體、環境保護組織，努力推展市場營銷活動。非營利組織應用市場營銷指導實踐，與營利組織方法相似，目的卻不同。一般來說，它們是爲了更加科學、有效和合理地組織自己的非營利活動，使其運行的結果更加符合特定的社會需要。例如提供更受公衆歡迎的藝術作品，更受社會重視的某種觀念。簡而言之，非營利組織是借鑑市場營銷的方法，對自己的活動進行「企業化」管理，而不是爲了謀求利潤。在國內外，還有不少的非營利組織，從事一些帶有營利性色彩的活動，如高等院校招收自費生，專業學術團體等興辦經濟實體。一般來說，非營利組織從事這些創造收入的活動，主要是透過這些舉措，改善其行使基本的非營利職能的經濟條件，同樣不是爲了創造利潤，因而有別於營利組織的營利活動。

(2) 大多數的營利組織由於創造物質財富，其運行的結果產生經濟效益，因此，推展公共關係工作能夠擁有相對穩定和較爲充裕的經費來源。所以，營利組織多有雄厚實力推展耗資較多、規模較大的公共關係活動。大多數的非營利組織由於經費依靠政府撥款、社會及個人贊助，數額有限，通常用於公共關係方面的經費非常有限。依據少花錢、多辦事、辦好事的原則，積少成多，積小成大，逐步累積形

成某種聲勢。例如，美國癌症學會將其籌集到的資金，78.2％用於研究治療癌症的工作，9.7％用於行政開支，只有12.1％用於籌集資金及其他公共關係工作。因此，營利組織的公共關係活動有條件使用能夠迅速產生撼動效應的某些方法、媒介，例如透過衛星進行全球實況轉播的電視媒介、大規模地向某項活動提供贊助等。非營利組織在大多數情況下，只能選擇比較經濟、節省的做法和手段，例如張貼標語、散發傳單等。而且，營利組織的公共關係人員，配備較爲齊整，多爲專職，專業水準較高；非營利組織人員配備較少，經常是臨時組班，多爲兼職，專業水平也因人而異。從這個意義上說，無論國內國外，非營利組織推展公共關係工作，難度都相對要大。

(3) 一般來說，營利組織與其公眾之間的關係更爲密切。因爲它們之間，維持聯繫的利益較爲明顯、較爲密切又容易認識。例如，工商企業與其顧客、供應商與社區等關係。反映到特定的公共關係工作中，則是營利組織的公眾針對性較強。非營利組織與其公眾之間聯繫較爲鬆散，缺乏相對固定的利益關係，或利益色彩較淡，相關性不太迫切。大多數的人都承認環境保護的重要性，但一個義務的環境保護主義團體卻未必能一下子招募到足夠的志願人員，很快爭取到社會的廣泛支持和熱烈回應。因爲非營利組織的公眾針對性較弱，經常是同一類的公眾卻對同一事物難以形成一致的看法。因此，非營利組織的公共關係，面對的情境更爲複雜。

二、非營利組織公共關係的主要作用

任何社會組織，都需要透過資訊交流，樹立良好的社會形象，與公眾協調關係、化解矛盾，從而為自己的生存和發展創造「人和」的內外環境。營利組織如此，非營利組織也是如此。但是，非營利組織由於其基本性質，其公共關係作用更多地體現於以下幾個方面：

(一)擴大影響

擴大影響，即提高知名度和信譽度。在現代社會，越來越多的公眾更加關心有關非營利組織的聲譽、責任和工作成效；許多非營利組織彼此之間競爭加劇。例如，學生及其家長在入學方面，越來越注意精心選擇滿意的學校；消費者開始走向消費者協會的大門，尋求幫助。不少非營利組織，常常由於公眾缺乏瞭解，被認為工作不力、不盡職責，受到社會的責難。這種大趨勢，使越來越多的非營利組織，開始利用公共關係，擴大自身的社會影響。

非營利性組織的公共關係，難度較大的是招募義務人員或志願者。公益性非營利組織面對這種情境，主要應從提高潛在公眾的獻身精神和社會責任感入手；互益性非營利組織則應把重點放在尋找潛在公眾的期望與組織的所作所為的差距上，透過扎扎實實的努力滿足公眾的要求；假如服務性非營利組織陷入這種局面，原因則很有可能與營利組織相似。

(二)爭取支持

每一個社會組織推展公共關係工作，都是為了爭取公眾的支

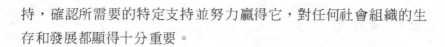

持，確認所需要的特定支持並努力贏得它，對任何社會組織的生存和發展都顯得十分重要。

(1)爭取社區公眾的支持。非營利組織一般不創造物質財富，所以在社區中的影響力多數不如營利組織，有時甚至會被社區公眾視為不必要的「額外負擔」，更有不少非營利組織是「牆內開花牆外紅」。如何端正社區公眾的認識，建立睦鄰友好關係，歷來是非營利組織公共關係的重要任務。

(2)爭取政府公眾的支持。許多非營利組織的建立，要報政府有關部門審查、批准，如專業學會等學術團體；還有不少的非營利組織，其活動經費大部分或全部靠政府撥款，如學校、醫院等事業單位。它們需要透過公共關係，使政府瞭解自己的事業，重視自己從事的工作，提供各種幫助。

(3)爭取內部公眾的支持。一所學校要推出新的教學專案或改革措施，少不了師生員工的支持，互益性非營利組織更是如此。沒有內部公眾的支持，就會失去生命力。

(4)爭取媒介公眾的支持。新聞媒介對社會輿論有重要影響。非營利組織多數沒有充裕的資金，無力大規模推展公共關係活動。因而它們更注重與新聞媒介密切聯繫，以提高自己在社會上「亮相」的頻率。由於非營利組織從事的是非營利事業，其活動多與社會或公益有關，因此更容易引起新聞媒介的矚目，成為「新聞源」。例如，警察的活動常常是新聞媒介所歡迎的題材。打擊犯罪的有關報導，往往更有可讀性，更扣人心弦。

(三)推廣觀念

　　營利組織經常運用公共關係，向市場推廣其產品或服務；非營利組織則需要公共關係，向社會或特定公衆，推廣某種觀念或主張。例如，城市交通警察經常張貼標語，拉起橫幅，出動宣傳車輛，豎立路牌廣告，提醒過往行人、車輛注意交通規則，注意交通安全；國外的一些環境保護主義者組織，經常透過各種宣傳活動，向社會推廣他們保護環境、維持生態平衡的「綠色觀念」。

　　推廣觀念與擴大影響，兩者的目的有所不同。對非營利組織來說，擴大影響是它在「推銷」自我，推廣觀念則重在「推銷」其事業。在「推銷」方面，營利組織有著豐富的實踐經驗和更爲成熟、科學的方法。因此，許多非營利組織也引入了市場營銷的管理模式，創造性地用於「推銷」其事業的公共關係工作。

三、公共關係在籌款工作中的應用

(一)籌款工作與公共關係

　　籌款工作，即籌措資金的工作。在國外，許多非營利組織——社會福利機構、教堂、交響樂團、學校、醫院和博物館，經常處於財務困境之中。籌款是他們維持生存和發展的首要問題。有學者稱，任何社會保健、文化和宗教組織的想法、計畫和宣傳，無不與硬幣盒、募捐箱聯繫在一起。籌款已經成爲一門高度發展，涉及市場營銷、銷售心理等多門學科，包括財務、遊說等多種策略和技巧的藝術。籌款工作本身，被列入非營利組織公共關係的應用範圍。

　　籌款工作的種類很多。例如，依據籌款工作的對象，可分爲

爭取企業贊助，向基金會申請資助，向組織內部成員或外部公眾個人募捐，以及向其他組織籌款；依據所籌款項用途或目的，可分為資產性籌款，或非資產性的活動籌款；依據籌款活動的具體方式，分為直接寄函，電話聯繫，登門遊說，發行彩票、獎券，義賣，義演，組織公眾競賽活動等。但是，如果沒有良好的公共關係作基礎，任何籌款工作都難以成功，更不能持久。有的時候公眾會自發地捐獻錢財，但是大多數情況下，讓一個人捐獻一元錢，比勸說他花掉一元錢更加困難。因此，國外的許多籌款工作，都是在專門的公共關係人員的組織、鼓勵和指導下進行的。

非營利組織的籌款活動，從廣義說，主要有兩種類型，一種是透過各種贊助活動籌措資金，另一種是透過商業活動籌款。前者也叫募捐，即狹義的籌款工作，如美國一個名為「一角錢在前進」的組織。有一個時期，步行馬拉松、慢跑馬拉松及自行車馬拉松等運動，對重視用腿來鍛煉身體的美國人很有吸引力。這個組織每年選定一個日子，在全美一千一百個城市同時舉辦三十二公里的「步行環美」競賽活動。參賽者向贊助人報名，他如果步行、慢跑或騎車一公里，贊助人就要保證向這一基金會捐多少錢。後者如建立於一九三八年的西班牙全國盲人聯合會，是由當時西班牙各地三十多個盲人自助組織聯合而成的互益性非營利組織，現有三萬六千名成員。它曾經是政府管理下的一個為盲人提供幫助的機構，後來成為龐大的實業集團，兼併或創辦了九十家企業，包括一家旅行社、幾家海濱旅館、一個速凍蛋卷廠和一個面積四千公頃的農場，並在西班牙兩家報社中占有大部分股份，掌管著一個由一百六十座無線電發射台組成的覆蓋全國的廣播網，並與另兩家股東一道控制著西班牙三大私人電視臺中的一個。它的代表在西班牙七十家企業的董事會佔有席位，其中包括兩家大銀行。到一九九二年，這個組織的現金收入，不算股息和

經營利潤，扣除稅收之後，仍可折合近三十億美元，成爲世界上工作成效最爲顯著、財力最爲雄厚的慈善機構之一。但是，無論哪一種類型的籌款，都需要良好的公共關係。通常商業活動籌款可以依據企業管理的原則、方式進行，但是其公共關係仍有與一般營利組織不同的方面。由於政府一般對非營利組織從事某些商業活動有所優惠，如果非營利組織興辦的企業或其他經濟實體與其宗旨不符，掛羊頭賣狗肉，就會爲公眾及社會所不齒。它們更需要嚴格的自律，並透過公共關係向公眾說明其初衷和事實眞相，避免誤解和敵意。

(二)籌款活動的準備工作

商業活動籌款，在中國大陸有「創收」這樣的叫法，它與企業管理有許多共同之處；透過贊助活動籌款，則是一個專門的特殊領域。我們將主要討論規模較大的募捐，或者說狹義的籌款工作中的一些問題。

(1)要保證一次籌款活動的成功，必須具備五個條件：有力的事實，有效的領導，誠實和認眞負責的工作人員，自願且有能力的捐贈者，以及充足的活動經費。在制訂籌款活動計畫之前，必須對這五個方面進行一絲不苟的研究。

(2)籌款活動要有專門的發起組織，如成立委員會或工作小組這樣的機構。籌款機構的工作及宣傳活動要有規劃、部署和安排。依據國外籌款工作的實踐經驗，制訂工作計畫和宣傳計畫的指導思想，是如何將訓練有素並滿懷熱情的籌款人員，帶到具有同情心和瞭解情況的捐贈人面前。這對於任何籌款活動的成敗都至關重要。關於籌款機構的工作，國外學者有以下原則性忠告：

(a)籌款活動的發起組織，不論是委員會還是工作小組，都應當是一個代理性組織。

(b)堅強有力的領導群體，可以相應地增強活動的籌款能力。

(c)籌款機構的工作效益，受到每個成員盡責程度的制約。

(d)要理順籌款機構內部各部分的關係。應由發起組織決定各個所屬單位、部門的活動；各個所屬單位和部門理所當然地要遵循它所規定的標準推展工作。

(e)籌款機構對活動中各項工作所作的反應，應該是滿足需要性的，而不是創造性的。

(3)要對籌款活動所需的經費進行預測，並把它限定在合理的範圍之內。籌款工作不僅得到利益，還要承擔風險。一個組織要想在公眾中保持信譽，在籌款時必須堅持高度的道德標準，嚴格控制籌款的活動經費，使其在所籌到的款項中占合理比例。國外有許多組織，就是因為被發現所籌款項只有小部分用於他們宣稱的事業，被公眾視為欺騙，因而名聲掃地。

(4)要對籌款活動的目標進行研究，分析其可行性。籌款活動的各項具體工作，要有時間限制和進度安排。例如對活動開始的組織工作，發放和填寫認捐志願表格的工作，宣傳和遊說工作規定出具體的日期，以保證它們之間有效地銜接起來。

(5)選好推展籌款活動的時機。要在有明顯的跡象表明公眾意向對籌款活動有利時進行。假如公眾遇到的捐贈要求太頻繁，他們會產生反感，不予合作。同時還要分析競爭因素。在一個領域裏，如果其他組織先行一步，搞得轟轟烈烈，那麼跟在後面的籌款活動即使事業更有價值，也會失

敗。

(三)籌款活動的操作

(1)典型的籌款活動過程，分爲以下步驟：列出捐贈人名單並
將他們分類，指定專人負責並對負責人員進行訓練，進行
遊說鼓動，與捐贈人保持聯繫。接著是列出有關公司和富
人的名單，以便登門徵集大筆捐贈。籌款機構經常使用的
做法，是先確定要求主要捐贈人各出多少錢。資產籌款的
另一個做法，是由捐贈人向其同伴提出要求，例如一個大
公司的總裁向另一個大公司的總裁徵求贊助。如果要求別
人贊助的人自己已經捐贈，這就更有說服力。捐贈人一般
根據其捐款多少，分別稱爲贊助人、捐助人或創辦人。籌
款機構可以組織一些活動，以示對捐贈人的感謝。例如用
捐贈人的名字命名建築物的一些房間或公共場所；準備一
些紀念冊，介紹建築物內的規劃和某些設施的贊助款項。

(2)有效的遊說要回答五個問題：即原因、位置、人員、內容
和方式。所有的遊說活動，都要在同樣的氣氛中進行。各
種捐贈人常常提出的疑問就是「別人在做什麼」。因此，
訓練有素的遊說人員應當先使捐贈者對計畫感興趣，向他
們徵求意見，而不只是張口要錢。

(3)籌款活動所需的時間，一般與目標的大小成正比，與目標
受歡迎的程度成反比。

(4)一次籌款活動成功與否，可用四個標準衡量，即質量、數
量、費用和時間。

(5)籌款活動的宣傳工作是持久的，籌款活動結束以後，或者
說籌款目標達到所需款項到手以後，宣傳工作並沒有結
束。大多數捐贈人還想瞭解他們的捐贈是否派上了合適的

用場。公眾有權知道與他們的利益有關的事實。宣傳工作的重點不再是製造聲勢，而是使公眾確信，本組織沒有也不會辜負他們的期望。國外許多非營利組織爲了維護聲譽，在籌款活動結束後或每年定期發表有關報告，詳細開列收支帳目，並鼓勵捐贈人瞭解財務情況，及時回答碰到的問題。

第二節　非營利組織公共關係實務

一、政府公共關係

(一)政府公共關係的涵義

政府公共關係，是以政府爲主體建立、維護和發展各種內外關係，以體現政府根本職能的一種管理思想和實踐活動。

政府，是國家和地方的行政機關，對國家和地方的各方面事務負有指導、規劃、管理、協調、服務、監督、保衛等基本職責。由於政府的工作本身具有公共性，因而它無時無刻都置身在各種公眾關係之中。妥善處理好這些關係，政府就有威望，就有利於形成和諧穩定的社會政治局面；而處理不好這些關係，政府工作就會陷於被動，辦事效率就會降低。

但是，從管理思想方面來看，有政府未必有政府公共關係。這是因爲，公共關係是一種現代管理思想，它有特定的思想體系，它的實踐運作是以這種特定的思想體系爲指導的。因此，從管理思想這一層面來看，只有在公共關係思想指導下的政府行爲

才是政府的公共關係行為，只有理解和掌握公共關係思想的政府才是公共關係主體的政府。

政府公共關係有其特定的內涵和體系，它與其他的政府管理思想有著明顯的區別：

首先，它把政府視為社會管理機關，而不是社會某部分人的權力機關。換言之，政府是社會的代表，而不是社會某些成員的代表。因此，政府代表和謀取的利益是全社會的利益、整體的利益和長遠的利益，而不是自身的利益或部分人的利益，不是個別利益和眼前利益。

其次，它強調政府的溝通職能、協調職能和服務職能，而不是政府的指揮職能。這也就是說，政府不是「官府」而是「民府」，政府不是淩駕於社會之上的權力象徵，而是置身於民眾之中的社會象徵。因此，政府的工作也就是為全民辦事的工作。

再次，它尋求名實相副的良好政府形象，重視和追求順民心、合民意的自我完善，而不是政體僵硬、官官相護、名不副實。政府真正是人民的政府，受公眾的監督，並且有機制保障公眾知曉、評價和選擇的權力。因此，政府真正是向公眾負責的政府。

由此可以看出，自在的政府公共關係與自為的政府公共關係是不同的。前者是一種不自覺的、隱含在政府與公眾中的、不明朗的政府公共關係；後者則是一種自覺的、主動展示和完善政府與公眾關係的、明朗的政府公共關係。現代公共關係學中所說的政府公共關係，專指後一種意義上的政府公共關係。

(二)政府公共關係的特點

政府公共關係是一種特殊類型的公共關係，這種特殊性可以從主體、客體兩個方面來看。

1.主體方面的特點

(1)權威性。政府是國家權力的執行機關和管理機關，在它所轄的國域、區域內享有憲法和法律規定的充分的行政權力，因而它具有權威性。

(2)導向性。政府的導向性表現為政府的立場、意圖、行為等，一經顯露，總會有相應的輿論緊隨其後，總會有支持者和鼓吹者。

(3)代表性。無論哪一種類型的政府，就其標識來說都是所轄全體成員的代表，都要向國域、區域內的全體成員負責，因而它具有代表性。

2.客體方面的特點

(1)普遍性。政府是社會管理機關，具有普遍的社會管理職能，因此，它的客體具有普遍性。

(2)複雜性。政府公共關係客體的複雜性不僅表現為政府公共關係面對的是各種利益群體、觀念群體，這些利益群體和觀念群體對政府有不同的要求，對政府的決策、行為等有不同的反應；而且表現為政府的內部公眾具有顯在和隱在兩個層次。

(三)塑造政府形象的途徑

1.多辦實事，造福於民

全心全意為人民服務，這是一切政府工作的出發點，也是所有政府公共關係活動的根本宗旨。政府形象的好壞，往往不在於它「說」了什麼，而在於它「做」了什麼，取決於它能否為人民群眾切實解決一些困難和問題。推展政府公共關係的著眼點首先

應從辦實事、辦好事著手，加快經濟建設步伐，發展社會公益事業和群眾福利事業，切實提高人民群眾的物質生活與文化生活水準，眞正做到造福於民。只有這樣，政府才可能得到廣大人民群眾眞心實意的擁護和支持，良好的政府形象才能更快地樹立起來。

不遺餘力地爲人民群眾辦實事、辦好事，既是提高政府聲譽的基礎，也是政府公共關係落實的具體表現。要做好這項工作，需要政府工作人員牢固樹立「全心全意爲人民服務」的思想，時刻想到群眾，心中裝著群眾，甘做人民的公僕。與此同時，要善於選準推展工作的突破點，把群眾意見最多、最需要解決的問題，作爲政府辦實事的重點。

2.清廉自潔，勤政為民

勤政廉潔是構成政府形象的一個重要方面。由於政府工作人員代表政府機構行使權力，因而在公眾心目中，政府工作人員是政府形象的具體展現，他們的一言一行都關係到政府的聲譽。尤其是政府領導幹部是否廉潔，他們的思想品德、工作作風、辦事能力如何，直接影響政府工作的效果和政府聲譽的好壞。加強廉政建設，清除腐敗現象，是新形勢下政府塑造自身形象的又一途徑。

聯繫實際，有效糾正不正之風，使政府機構勤政廉潔，當務之急是把各項廉政措施經常化、規範化、制度化。例如，可以把政府領導幹部及其工作人員的有關情況公開，充分發揮群眾監督的作用；定期公布政府工作人員的政績，把廉潔與否作爲考評、升遷的一條重要標準；向社會各界公布政府工作人員尤其是領導幹部享有的經濟待遇、住房分配、福利收入等；實行公開辦事制度，把政府公務活動直接置於群眾的監督之下。

需要指出的是，勤政與廉潔是相互聯繫、相輔相成的。在政府日常工作中，既要為政清廉，又要勤政為民。清除腐敗現象，糾正不正之風，加強廉政建設的目的是為了提高辦事效率，改變工作作風，更有效地發揮政府機構的職能和作用。在保持廉潔的前提下，政府領導幹部和工作人員應保持高度的責任感與強烈的事業心，踏踏實實為群眾做好事、辦實事，提高人民「當家作主」的意識，並使廣大群眾自覺服從政府的領導，主動地配合政府的各項工作。

3.上情下達，取信於民

政府機關可以利用現有的或新開發的資訊傳播管道和媒介，將政府各項方針、政策、法規、決定和其他活動安排告知社會各界，向廣大人民群眾進行說服、解釋、宣傳和教育，以取得他們的信任、理解與支持、配合。例如，國家有關經濟貿易、財政收支、金融運行、國防外交等方面的重大決策，重大建設項目的可行性分析和實施結果，各種政策法規的制訂和公開頒布，各級政府機構的改革、變動和人員的任免，各地發生的突發事件及當地政府採取的解決辦法，國家面臨的人口、能源、交通等方面的難題及現狀，都可以透過一定的傳播管道進行資訊發布，做到上情下達。

新聞媒介是大眾關注的對象，一方面政府機構需要借助新聞傳媒向社會公眾傳達政府各項重大活動情況、大政方針及本地區發生的重大事件，並將社會各界的意見、建議和評論及時反饋回來；另一方面可以利用新聞媒介的輿論監督作用，促進辦事效率的提高和工作作風的改善。

政府公共關係的目的是謀求社會各界公眾的信任與支持。透過協商對話制度，有利於政府管理的民主化和決策科學化，使政

府機構集思廣益，吸收廣大群眾的智慧與力量，儘量避免和減少決策上的失誤。許多實踐表明，各級領導機關的工作只有建立在傾聽群眾意見的基礎上，才能切合實際，少走「彎路」。同時，透過與社會各界人士的協商對話活動，既提高了政府工作的透明度，又增強了群眾的參政、議政意識，明確自己的主人翁角色與社會責任感，使政府與群眾的關係更密切，激發廣大基層組織與人民群眾配合政府工作的積極性、主動性和創造性。

(四)政府與群眾溝通的方式

政府與群眾實施溝通的方式，可劃分為直接溝通、半直接溝通和間接溝通。

1.直接溝通

直接溝通就是政府代表和群眾代表的面對面的溝通。這種「代表」既可能是特定的，也可能是一般的。特定的代表是受指派的，一般的代表是不受指派的。政府成員主動到群眾中去走訪，開調查會、研討會，參加勞動等，都屬於直接溝通的範疇。他們直接與群眾接觸，但這裏的「群眾」實際上不是整體意義上的群眾，而是作為代表的群眾。因為代表總是有一定的局限性的，因而政府成員與群眾的溝通應當經常進行，而且不局限於某一個地點、某一部分群眾。

直接溝通的優點是有直接的交流，可以充分感受對方的意見和情感，可以隨時轉換話題以滿足和引發對方的興奮點，因而雙方的溝通障礙比較小；它的不足之處主要在於溝通的面比較狹窄。為了彌補這種不足，溝通點的選擇就顯得非常重要，同時對於直接溝通中發現和瞭解到的問題應當舉一反三，來解決相似的和相關的問題。

2.半直接溝通

　　半直接溝通是一種介於直接和間接之間的溝通。它既不是面對面的溝通，又不是透過仲介傳遞進行的溝通，例如電話溝通、信件溝通就屬於這一類溝通。電話溝通與面對面的溝通是不一樣的，由於觀察不到對方的表情以及受時間等限制，它不可能像直接溝通那樣充分。而且，由於這種電話溝通一般是群眾給市長或其他政府成員打的，主動者往往在行為進程中處於被動。因為電話是你打的，對方一問「你有什麼事」，你就會自己覺得矮了一截，對方再誠懇，你也會有一種儘快把話講完的潛意識，因而溝通不可能充分。信件溝通也有和電話溝通相似的特點，因而這是一類相對獨立的溝通。

　　半直接溝通對於政府方面來說也是被動的，因為主動者往往不是政府一方。克服這種缺陷的方法有很多，例如政府能經常與群眾進行直接溝通，會促進群眾主動與政府溝通；政府對群眾的來信來電給予高度重視，也會增強群眾主動與政府溝通的願望和動力。所以半直接溝通能否經常進行、能否發揮它獨特的作用，主要還是取決於政府，政府的主動能促動群眾的主動。

3.間接溝通

　　間接溝通是借助於媒介的溝通，其中最主要的是借助新聞媒介的溝通。政府透過報紙、雜誌、廣播、電視等傳播自己的聲音，向公眾進行通報和宣傳，同時又透過新聞媒介瞭解公眾中的問題和呼聲，由此實現溝通。這種溝通具有傳播面廣、資訊量大、溝通容易及時的特點，因而是政府與公眾溝通的主要管道。事實上，就廣大人民群眾及時瞭解政府的決策、政策和行為來說，就政府及時地瞭解社會各方面的情況和群眾的主要呼聲來說，主要都是透過新聞媒介這條渠道。

溝通不僅是形式，更重要的是內容，特別是群眾已經反映的突出問題，政府是否已著手解決、解決的結果怎樣，要對群眾有一個交待。從這個意義上說，政府努力為群眾多辦好事，實際上也是與群眾進行溝通的一種間接的方式。這是一種無聲的資訊和情感方面的溝通。當然，這種溝通能夠與主要管道進行的溝通結合起來，效果會更好。其「效果好」，一方面是政府的實幹能為更多的群眾知曉，另一方面是增加新聞媒介傳播的可信度。

直接溝通、半直接溝通和間接溝通的方式可以互相結合。例如，透過電視或廣播直播和轉播政府與群眾直接的交流、溝通，對現場的政府成員和群眾來說是直接溝通，對視聽群眾和政府來說是間接溝通；報紙有選擇地刊登群眾給政府和政府給群眾的來往信件，是半直接溝通和間接溝通的結合。溝通的具體方式是多種多樣的。以前透過政府各部門與各相關組織，例如政府的教育部門與各種類型的學校、群眾進行上傳下達的間接溝通，這種溝通方式曾經是最主要的一種溝通方式，今天仍然是一種主要的溝通方式，不應當否定它而應當完善它。溝通方式是重要的，但溝通原則更重要。只要真正堅持政府與群眾溝通的主動性、雙向性、及時性、真實性原則，就會廣開溝通管道，設好各種溝通方式，體現政府與群眾溝通的宗旨。

二、學校公共關係

學校是教育機構，包括各種形式、各個層次的大專院校、中小學校、幼稚園及成人教育院校。學校工作的根本宗旨，是教書育人、培養人才。它們大多數屬於非營利組織。

(一)學校公共關係的基本對象

　　任何公共關係工作的起點，都是認真確定面臨的公眾，決定與他們進行雙向交流與溝通的管道，以及所要達到的目標。在學校公共關係中，有各種各樣的公眾必須與之接觸。

1.教師

　　在學校的日常工作中，教師處於能夠與學生、家長及其他有關人員進行有效聯繫的位置，不僅可為公共關係部門提供有價值的反饋資訊和建議，而且還能作為學校公共關係的兼職人員。由於學校的主要任務是教學，透過教學活動培養人才，而教師又在教學過程中產生著主導作用，是一個學校教學質量優劣的關鍵性因素。因此，與教師保持和諧的關係十分重要。

2.學生

　　學生是學校影響力最大的公眾。他們思想活躍，年輕好動，求知欲強。學生在校外經常被視為學校生活的最有權威的解釋者，對學校工作的評價往往在其解釋中反應出來。由於通向社會其他公眾最可靠的途徑是學生，使學生成為有關資訊傳遞的仲介人具有戰略意義。例如，學生家長就主要是透過孩子與學校發生聯繫，對學校產生認識和形成態度的。

　　學生在校期間，是重要的內部公眾之一。他們畢業以後，演變為重要的外部公眾。

3.家長

　　學生家長是支持學校工作的重要力量，也是學校工作及其形象的重要評價者和宣傳者。由於他們對學校的瞭解來源於子弟，所以針對家長的工作不能只靠學生充當媒介，否則家長可能產生

片面認識。學校與家長在幫助學生努力學習、健康成長方面有許多共同語言。因此，在此基礎上透過經常、坦率以及更爲直接的溝通，交換意見，以更好地促進學校各項工作，是以家長爲對象的學校公共關係工作的主要任務。

4.行政、後勤員工

學校中還有一批非教學人員，從事行政、後勤各個方面的工作。他們的工作態度、效率和質量，直接對教師工作、學生學習產生重要影響，甚至成爲學校與師生關係好壞的決定性因素，還可能影響學校與其他外部公衆的關係。例如，學校的秘書，就是學校公共關係工作中的關鍵人物。秘書要回答的問題最多，與家長、學生、教師的接觸多於其他任何人。使他們成爲充滿活力的資訊發布者，是學校公共關係中的重要一環。因此，將行政、後勤員工作作爲重要的公共關係對象，使他們瞭解、支持學校，恪盡職守，努力工作，是不容忽視的公共關係任務。

5.校友

校友包括曾經在校工作、已經調離的教職員工，曾經在校學習、已經畢業的歷屆學生。已走上工作崗位的畢業生，是校友公衆中的主要部分。

校友關係對學校有著特殊意義。離校以後，大多數校友仍然會懷念曾經學習、工作過的地方，願意關心母校的發展。因此，透過公共關係，與校友繼續保持聯繫，使他們的感情由可能自發產生到必然形成，並強化成支持學校工作的推動力量，是一項重要的公共關係任務。國外的不少學校，就將校友作爲主要的籌款對象。

6.兄弟學校

學校與同業公眾之間的關係較爲特殊。同類學校之間不可避免地存在競爭關係；同時，在許多方面又有合作關係，可以相互支持。不同類學校之間又可建立互補關係，如中學爲大學輸送學生資源，大學爲中學輸送師資。

7.社區

任何學校的工作，都離不開社區公眾的支持。中小學校的學生來自社區，大專院校的學生可能要在社區實習、就業；教師、學生的日常生活，如各種商業服務，要依賴於社區。學校要努力使自己成爲社區中人人稱讚的合格「公民」，關心社區的發展。例如，利用其知識、技術、人才優勢，爲社區辦實事；開放學校，增進相互瞭解。

8.工商界

學校與工商界的關係日益密切，彼此之間的合作範圍也在不斷擴大。與工商界建立良好關係，有利於學校爭取經濟上、物質上的援助，有利於教師建立社會實踐、試驗基地，有利於學生就業。

(二)學校公共關係的主要方式

1.學校公共關係的組織方式

在公共關係事業發達的國家，學校一般都很重視公共關係。向社會各界公眾提供資訊，解釋學校的活動以及爭取支持，被視爲學校專業公共關係人員的使命。在美國的大專院校，主管公共關係的是校長或院長。一些規模較大的大學裏，有專門負責發展和大學生關係的副校長，領導發展辦公室。辦公室下設兩個部

門,一個負責與校友聯繫,一個負責其他公共關係。其他學校也設有公共關係主任,並配有助手。

事實上存在的公共關係工作,不是由某一個部門負責,而是學校內部的許多機構、人員分擔的。例如與學生公眾關係,既有學校的學生工作部門,又有教務、宣傳等部門;除了教師,還有一批思想政治工作者。與教師公眾的關係,除了主要領導、人事師資部門,還有工會等。受傳統的影響,學校推展的事實上存在的公共關係工作,通常都以溝通內部各種關係為主,較少以外部公眾為活動對象。

2.學校公共關係的傳播方式

一般來說,學校與公眾進行溝通的主要目標,是為了增強公眾對教育的認識,制止有關誤傳和謠言;進行教學改革或推出其他新措施時,獲得公眾的接受與合作;爭取公眾及社會支持,籌措充足的經費。在這個方面,國內外學校並無較大差別。在具體的傳播方式上,學校多用以下媒介:

(1)校報、學報和其他出版物。大專院校多有自己的校報和學報,定期或不定期出版。校報主要反應學校的有關動態,學報則刊登學校的科研成果。校報讀者面廣,有內部師生員工,外部的兄弟院校。學報主要向專業人員、有關單位發行。校報在公共關係工作中,完全可以發揮更大作用,例如向學生家長、校友及其他公眾寄送,使之成為保持聯繫和相互溝通的主要途徑。學報反映一個學校的學術水準,是擴大學校社會影響的基本媒介。大學和中小學校有時還出版其他印刷品,如情況通報、紀念畫冊等。

(2)壁報、櫥窗和宣傳欄。主要用於內部溝通,特點是運用方便、及時、迅速,不需要較多的複雜設備和技術。

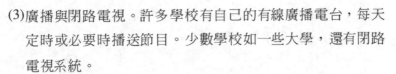

(3)廣播與閉路電視。許多學校有自己的有線廣播電台，每天
　　定時或必要時播送節目。少數學校如一些大學，還有閉路
　　電視系統。

(4)校長接待日。有的學校設立校長接待日，定時接待師生員
　　工，傾聽他們的呼聲。

(5)意見箱。在學校的公共場所或活動集中的地點，掛設意見
　　箱，是聽取內部公眾意見的常用辦法，可以避免面談中的
　　心理壓力及某些不便。

(6)走訪。在大專院校，校長走訪教職員工，校長及教師走訪
　　學生宿舍，校長及教師拜訪社區有關人士，是增進管理階
　　層關係、師生關係和社區關係的有效方式。中小學校則經
　　常進行家訪，以便與家長保持密切關係。

(7)信函。學校在放假之前，常有「告家長書」，介紹一個學
　　期結束的學校工作，下學期的打算和重要安排；有《學業
　　報告單》，彙報其子女的學習成績和表現。平時在有必要
　　的情況下，學校有關部門或班主任也會給家長發函。

(8)座談會。學校經常召開教師、員工、學生或家長座談會，
　　就重大問題互通情況，交換看法。

(9)校慶及其他紀念活動。學校往往邀請校友代表、師生員
　　工、家長代表、各界人士參加。這是擴大學校影響，與各
　　界公眾聯絡感情的重要方式。

(10)新聞發布會。向新聞界介紹學校的有關情況，爭取透過
　　　他們廣為宣傳。

　　許多學校長期以來已經建立了極為廣泛的內部溝通管道。許
多媒介不僅可用於內部公共關係，還能有效用於與外部公眾的聯
絡與溝通。但有些學校對公共關係還缺乏一個明確的認識，還較

少用公共關係的眼光去審視和充分發揮這些管道的作用，其效果往往只能靠日積月累地緩慢形成。

三、醫院公共關係

醫院是重要的醫療衛生保健機構。醫院的職責是救死扶傷。依據人道主義精神，對患者細心、周到、熱情；爲病患提供配套服務（從掛號、登記、診治、批價付帳、取藥，到吃、住、行、休息）並合理收費。三者的最佳結合，是醫院形成良好的社會形象的重要基礎。

(一)醫院與患者公眾之間的關係

患者是醫院的重要公眾。雖然大多數的醫院都是非營利組織，但是患者對於醫院，在性質上仍像顧客對於營利組織那樣重要。醫院向病患收取費用，一般不是爲了創造利潤，而是彌補開支，以維持正常的運轉。但是，一所醫院如果沒有患者光顧，恐怕也就失去了存在的基本價值。

醫院處理與患者公眾之間的關係，傳統上是以良好的內部公共關係爲基礎，要求醫護人員想病人之所想，急病人之所急，依靠一定的醫術水準、良好的醫德爲其排憂解難。例如，一些病患因疾患會有異常之舉，醫護人員應表現出極大的耐心，體貼和關心他們。不少醫院都把努力做好醫護人員的工作，促使他們自覺自願地爲病友提供禮貌、熱情周到的高水準服務，作爲公共關係的重要任務。

醫院工作引入市場營銷職能，爲推展針對患者的公共關係活動提供了新的視角。比如在美國，人們對醫院能否應用市場營銷還有不少爭論。《威斯康辛醫學》雜誌在一九八二年七月號就

說：「市場營銷這個詞對醫生來說，馬上會聯想到廣告、遊說、宣傳和重商主義。而有史以來醫學界就認為，醫生對患者進行遊說是不道德的，也有失專業氣度。他們相信，他們的工作成效應該建立在他們自己所具有的長處上面。」但是此後兩年裏，美國醫院主管市場營銷的院長、副院長的數量，還是從二十五個增加到近四百個。正如一家醫療中心的公共關係主任所言：「醫院注意的是非營利性的服務，他們要評價這些服務，看看他們為人們提供的好處究竟在哪裏。正因為如此，醫院的公共關係越來越多地和市場營銷聯繫到一起——使醫院在經濟上也獲得實惠。」

　　在以患者為對象的公共關係工作中引入市場營銷，首先是從端正醫院本身對患者公眾的態度開始的。醫院必須樹立全心全意為病友服務的觀念。美國著名的市場營銷學者菲立普‧科特勒，將醫院的組織類型，依其對患者所持的基本觀念劃分為三種。一種是無反應性組織，對公眾的需要、態度、愛好或滿意程度不聞不問；一種是隨機反應性組織，它們有興趣瞭解患者的需要，並鼓勵公眾詢問或提意見；還有一種是高度反應性組織，依靠系統的資訊反饋程序，如正式的民意調查、患者小組會等。提供哪些醫療服務及如何提供這些服務的決定，第一種類型的組織是由醫院自己來做，即對患者的態度是「我們能做什麼，就提供什麼服務」；後兩種類型的醫院，作決定時必須考慮公眾的要求，即「患者需要什麼，我們就提供什麼服務」。為此，美國的醫院透過四種途徑瞭解公眾，即消費者加入理事會，消費者提建議，蒐集當地公眾的要求，進行行為科學和社會科學研究。醫院和公眾之間能夠直接接觸，並能客觀地瞭解醫療服務應該達到的要求。以此為前提，醫院與患者之間的公共關係不僅基礎更為扎實，而且為公共關係的應用開拓了更為廣泛的領域。

　　向公眾進行預防保健的宣傳教育工作，公共關係也能發揮更

加積極作用。醫院掌握著一定的設備、經驗和關於患者行爲表現
的知識，有助於實施這種影響廣泛的活動，這還是一個與公衆展
開對話的有效手段。比如，讓醫務人員舉辦有關某種疾病患者康
復問題的講座，更能向社會展示醫院對其服務範圍內的公衆的關
心、體貼。

(二)醫院與新聞媒介的公共關係

醫生和醫院歷來是新聞媒介重視的「新聞源」。新聞媒介對一
所醫院的聲譽影響很大。有利的報導，可以提高醫院的知名度、
信譽度，吸引患者；不利的報導，會損壞醫院的名聲。新聞媒介
是醫院藉以影響其他外部公衆的重要途徑。

如何將醫院的重大事件公諸於衆，不斷樹立醫院的良好形
象，是醫院與新聞媒介的公共關係中的一個關鍵。醫院應有自己
的發言人，專門回答記者的提問。發言人的姓名、電話號碼、接
待時間等，應當告訴電話總機及醫院其他所有可能接到新聞界電
話的部門，並通報有關新聞機構。向新聞媒介提供的材料，要注
意保護當事人的隱私權，不能把患者當作嘲笑的對象，內容要準
確，有些消息的公布要經過有關主管批准。在開誠佈公地對待新
聞媒介的同時，還要妥善處理好可能涉及的與其他公衆的關係。

四、軍隊公共關係

軍隊是執行政治任務、保衛國家安全的武裝集團。作爲社會
組織中的一員，軍隊爲了實現自身的目標，順利完成肩負的特殊
任務，同樣必須依靠內部公衆的團結和外部公衆的支持。

(一)軍隊公共關係工作的必要性

(1)軍隊的社會性,是其必須推展公共關係工作的客觀基礎。
軍隊作為一種社會組織,與其他社會組織一樣,不可能脫
離社會孤立存在,必然與社會和公眾產生相互依賴的關
係。例如軍隊的兵員來自於社會,其官兵與社會各界公眾
有著千絲萬縷的聯繫;軍隊的給養要依靠社會提供等等。
因此,軍隊要使國家和人民理解他們的使命,支持其工
作,增強公眾的國防意識,就必須透過公共關係活動進行
廣泛有效的宣傳和溝通。

(2)戰爭與和平的矛盾,是軍隊應用公共關係工作的根源。戰
爭是一種殘酷的行為,但往很多時候卻是實現和平的唯一
手段。由於公眾普遍歡迎和平、反對戰爭,社會對戰爭的
支持有時難以自發產生。軍隊為了向公眾表明其發動或參
與戰爭的正義性和必要性,爭取公眾的理解和支持,同樣
需要應用公共關係來達到目的。

(3)和平環境為軍隊的公共關係創造了有利條件,也提出了更
高的要求。和平時期,軍隊與公眾的交往與戰時不同,不
僅交往的時間更為穩定長久,交往的範圍更加廣泛,而且
交往中的平等互利意識增強。因此,軍隊與其外部公眾之
間,較戰時更容易出現某些不盡協調之處。善於利用公共
關係,是彼此加強聯繫和團結,消除誤解或矛盾的有效途
徑。

(二)軍隊公共關係工作的一般特點

軍隊公共關係工作的根本目的,是建立和維持良好的形象,
這與其他社會組織並無區別。但是,由於軍隊自身的特殊性質,

其公眾的期望及平時、戰時的任務會有所不同。

(1)軍隊在履行其使命的運行過程中,對內要與全體軍人、兄弟單位,對外要與駐地政府、社會公眾、軍人家屬、新聞媒介和物資供應部門發生交往。由於面對的主體不同,作為公共關係工作對象的公眾,對其要求和期望也必然有別於其他社會組織。軍隊首先要瞭解和掌握這些特徵,選擇相應的手段傳播與溝通,才能有效地應用公共關係。

(2)在和平時期,軍隊公共關係工作的重要方式,是為社會提供服務。例如,國內外軍隊都經常提供空中、海上和高山救援行動;一旦發生洪水、地震、爆炸等重大的天災人禍,最先抵達災區運送物資、搶救傷患的也往往是軍隊。軍隊訓練有素,紀律嚴明,向社會提供這一類服務往往更有效率。由於這一類事件經常是公眾和新聞媒介關注的重點,軍隊的英勇行為和湧現的英雄模範人物,常常成為贏得公眾稱頌和讚譽的典型,並產生強烈的轟動效應。

(3)由於軍隊工作的特殊性,軍隊在外部公眾眼裏,往往籠罩著一層神秘的色彩,既誘發著公眾的好奇心理,又容易成為妨礙加深瞭解的屏障。因此,在和平時期,軍隊公共關係工作的一個重點是如何加強與社區公眾的聯繫。軍隊透過積極參加地方經濟建設、軍民共建、擁政愛民等活動,積極發展與地方的關係。有些國家的軍隊,透過接待社區公眾訪問軍事基地,組織指揮部門的軍官接受記者採訪,邀請新聞媒介參觀軍事演習等,達到增進瞭解、宣傳自己的目的。

(4)在戰爭時期,軍隊的公共關係工作更為複雜。例如,對外要向公眾介紹戰爭進程、戰鬥情況,說明戰爭的意義,爭

取他們的合作和支持；對內要提高軍隊士氣等等。有些國家的軍隊，戰時還應用公共關係向敵方進行心理戰。

五、新聞機構公共關係

新聞機構是借助大眾為傳播媒體，向社會報導各種新聞及其他有關資訊的社會組織，如報社、雜誌社、電臺、電視臺、廣播站等。從公共關係工作的角度來說，新聞機構是其他社會組織與廣大公眾溝通資訊、協調關係的主要媒介，又是許多社會組織的重要公眾對象。從新聞機構自身來看，作為社會組織，它們同樣需要公眾的合作和支持，提高知名度和信譽度，才能順利完成其使命。

新聞機構的公共關係，有其自身特點。一方面，新聞機構的公眾主要是讀者、聽眾或觀眾。他們人多面廣，居住分散，而且往往與新聞機構缺之直接聯繫。因而，新聞傳播主要是一種單向傳播。另一方面，新聞機構向社會提供的是特殊的精神產品。產品的信譽要建立在真實可信和為公眾喜聞樂見的基礎之上，產品的質量要經過全社會的共同檢驗。因此，新聞機構的公共關係工作，要重點放在以下幾個方面：

(1)建立自己的特殊形象，並使之為廣大公眾所熟悉、認同。無論一個新聞機構屬於營利組織或非營利組織，都要透過某些帶有營利性色彩的活動籌集資金，改善自身發展的條件。例如，透過刊登廣告增加收入，彌補開支。一個新聞機構，只有其「主產品」——如報刊、節目等辦得生動、活潑，受到社會歡迎，在讀者、聽眾或觀眾中有市場，客戶才願意找其刊登廣告。因此，就像營利組織中的企業，

新聞機構也要有自己的特色，並在這個特色之上建立起有別於其他新聞機構的形象。以有關讀者、聽眾或觀眾爲公共關係的主要對象，並確定自己服務的工作範圍，定期進行調查研究，隨時掌握公眾各方面的變化，是建立特殊形象工作的重要基礎，也是新聞機構公共關係的首要任務。

(2) 透過社會交往，加強與公眾的雙向溝通。雖然新聞機構可以在報章雜誌的欄目版面和廣播電視的節目中增加公眾的反饋資訊，例如辦好讀者來信專欄、聽眾或觀眾之友節目等，以改善新聞媒介單向傳播的格局，但這畢竟有限。借助公共關係，可以增進雙方的交流。比如舉辦讀者諮詢活動；編輯人員與讀者見面，交換看法，徵求意見，介紹報紙、刊物或電視臺、電臺的特點、今後的打算等；召開各類公眾代表座談會，邀請老訂戶、撰稿人、社會名流參加，聽取他們的批評建議；還可舉辦慶典活動、知識競賽，與企業合辦文藝、體育活動等。這些都是很受公眾歡迎，能增進相互瞭解和合作的公共關係方式。

(3) 新聞機構要保持廣泛的資訊來源，既要靠編輯、記者的辛勤勞動，還要靠廣大公眾和其他社會組織的大力支持。例如，爭取他們撰寫稿件，提供新聞線索，積極配合採訪等。一般來說，大多數社會組織和公眾都希望成爲新聞媒介注意的對象，願意透過報刊、電視和廣播，使自己的甜酸苦辣爲社會所知曉，事業和成就得到應有的重視和承認。所以，新聞機構推展社會公共關係活動有著良好的條件和社會基礎，應該積極、主動地與社會各方面聯繫，建立各種關係網絡，更好地推展工作。

(4) 保證精神產品的質量，這是新聞機構努力的目標。運用公共關係，可以及時瞭解公眾對「產品」質量的評價，爲決

策提供必要的依據。同時，推展公衆評選活動，讓公衆評出好新聞、優秀專欄節目等，既可以吸引公衆對新聞機構關心、支持，又可以提高新聞機構的社會聲譽。

六、群衆團體公共關係

(一)群衆團體公共關係活動的個性特色

群衆團體是有廣泛的群衆基礎，執行專門的功能，結構相對鬆散的非營利組織。一般由集體與具有一定資格的個人組成，如各種專業學術團體、社會各界的聯合會等。由於其本身的特點，群衆團體公共關係的目標，除了一般社會組織公共關係的共同要求，還有自己的個性特色或不同層次。

(1)致力於樹立一種高於一般社會認識水準和道德要求的公共形象。比如，使公衆認可和接受組織所擔當的崇高社會道義責任，瞭解組織為社會作貢獻的獻身精神。

(2)在社會輿論的形成過程中，保持和發揮自身的獨特優勢作用。群衆團體在社會利益關係的格局中，一般處於較超然的位置，其內部成員也多有較高的文化知識水準和社會公德規範。因此，他們對社會各種問題的看法，往往容易受到社會各界重視，甚至成為公衆輿論的主要傾向。例如，群衆團體的公共關係可以在兩方面顯示作用，一是透過參政議政，顯示自身價值，爭取社會各界的理解與承認；二是以身作則，在社會各界公衆中，帶頭建立一種良好的社會行為作風，並對不良風氣勇於抨擊。

(3)積極參與和組織各種社會活動。大多數的群衆團體都屬於

互益性組織，但是它們仍然有必要積極開展各種公益目標
的社會活動，才能眞正樹立它作爲社會大家庭中一個合格
成員的基本形象。否則，這種「互益」難免給公衆留下自
私的印象。各種圍繞公益目標的社會活動，參加的原則是
自願、平等，而且沒有商業色彩，所以公衆對此有著普遍
接受的心理基礎。由於群衆團體一般財力有限，在這一類
社會活動中，主要發揮倡議、發起、組織、聯絡、協調等
領導作用。這一類活動既能使社會及廣大公衆受益，又能
擴大自身影響，還能在與社會各界的溝通中獲得廣泛的幫
助和支持。

(二)群眾團體公共關係工作的主要任務

(1)一般的營利組織如各種工商企業，內部團結多以共同利益
或統一政策爲基礎。群衆團體內部，其成員由於地位不
同，性質、特點、目標、觀念有別，利益可能大相逕庭。
要使每個成員都能滿意，團結一致，非營利組織困難更
多。所以，群衆團體的內部公共關係工作，不僅十分艱
巨，而且更爲重要。一般來說，有關公衆既然願意加入某
一群衆團體，說明他們在利益、理想、興趣、目標和觀念
等方面，仍有不少一致的地方。求同存異，以「同」作爲
內部公共關係的出發點和歸宿點，以「同」作爲內部溝通
的依憑，圍繞著「同」提供服務，使內部公衆之間在「同」
的前提下互利互惠，是群衆團體公共關係工作和重要任
務，也是其內部公共關係工作能否成功的關鍵所在。在增
進內部公衆的團結，加強溝通，提高組織的內聚力方面，
一些群衆團體創造、使用了許多行之有效的方法。如定

期、不定期召開各種會議，發行內部刊物，組織聯誼活動，為內部公眾推展工作牽線搭橋，為他們的正當利益公開辯護，幫助他們培養人才、推薦人才等等。

(2)與政府交往，是群眾團體的一項重要的外部公共關係的工作。透過與政府公眾的聯繫和溝通，群眾團體可以及時瞭解有關政策、方針，準確把握精神實質，還可對政府的態度、行為和政策產生影響。這種資訊交流工作的結果，不僅對組織自身從事的事業和內部公眾的利益，還將對整個社會的發展產生積極的推動作用。因此，群眾團體與政府公眾之間關係的著眼點，應當是爭取成為政府的智囊團、顧問和朋友，主動向政府獻計獻策，幫助政府解決問題。另一方面，群眾團體要經常向政府有關部門彙報本組織的發展、規劃和工作情況，主動徵求意見。在舉辦各種社會活動時，還可積極邀請政府有關部門及其首長參加。

(3)群眾團體主要依靠自籌經費，經費不足幾乎是一個普遍性的問題，籌款活動成為其公共關係工作的重要任務。群眾團體的經費來源，主要是會費、贊助、募捐及有關活動收入。收繳會費本是一件容易的事，有的群眾團體卻很難，原因是內部成員對組織意見很大。這要靠扎實的內部公共關係工作，處理好內部關係的解決，比如增強對會員的吸引力，提高組織宗旨範圍內各種服務的質量、數量。爭取贊助和募捐，是更為艱巨的公共關係工作。還有一些群眾團體，透過各種創收活動籌款。創收活動一定要有公共關係色彩，儘量減少甚至避免「商業味」。

練習、思考題

1. 非營利組織的公共關係與營利組織相比有何區別？
2. 非營利組織的公共關係具有哪些作用？
3. 政府機關如何與群眾進行溝通？
4. 學校應當怎樣推展公共關係工作？
5. 面對患者，醫院如何進行公共關係工作？
6. 軍隊為什麼要重視公共關係？
7. 新聞機構公共關係工作的重點在哪裏？
8. 試分析群眾團體公共關係的主要特徵。

傳播網 4

公共關係學

主 編 者／熊源偉

出 版 者／揚智文化事業股份有限公司

發 行 人／葉忠賢

執 行 編 輯／閻富萍

美 術 編 輯／周淑惠

登 記 證／局版北市業字第 1117 號

地　　　址／台北市新生南路三段 88 號 5 樓之 6

電　　　話／(02)2366-0309　2366-0313

傳　　　真／(02)2366-0310

網　　　址／http://www.ycrc.com.tw

E - m a i l ／book3@ycrc.com.tw

郵 撥 帳 號／14534976

戶　　　名／揚智文化事業股份有限公司

法 律 顧 問／北辰著作權事務所　蕭雄淋律師

印　　　刷／鼎易印刷事業股份有限公司

I S B N／957-818-416-6

初 版 一 刷／2002 年 9 月

定　　　價／新台幣 500 元

國家圖書館出版品預行編目資料

公共關係學 = Public relations / 熊源偉主編
. -- 初版. -- 臺北市：揚智文化, 2002[民
91]
　　面；　公分. --（傳播網；4）

ISBN 957-818-416-6（平裝）

1.公共關係

541.84　　　　　　　　　　　91011011